新型城镇化进程中的
新市民信息服务研究

孙红蕾 著

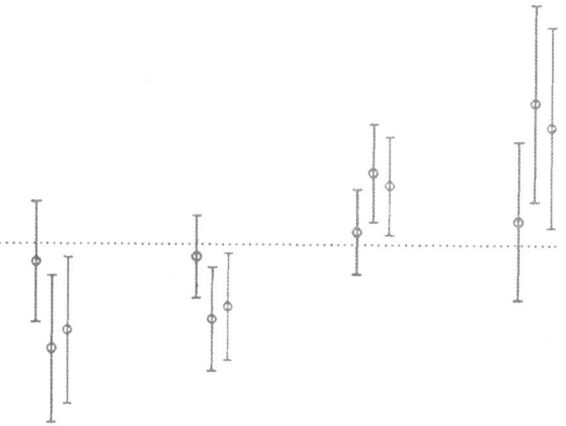

南京大学出版社

图书在版编目(CIP)数据

新型城镇化进程中的新市民信息服务研究 / 孙红蕾著. —南京：南京大学出版社，2021.12(2023.3 重印)
ISBN 978-7-305-25257-0

Ⅰ.①新… Ⅱ.①孙… Ⅲ.①市民-社会服务-信息化-中国 Ⅳ.①D669.3

中国版本图书馆 CIP 数据核字(2021)第 278453 号

出版发行	南京大学出版社		
社　　址	南京市鼓楼区金银街 8 号	邮　编	210093
出 版 人	金鑫荣		

书　　名 **新型城镇化进程中的新市民信息服务研究**
著　　者　孙红蕾
责任编辑　郭艳娟
封面设计　赵　庆

照　　排　南京紫藤制版印务中心
印　　刷　盐城市华光印刷厂
开　　本　787×960　1/16　印张 18.5　字数 291 千
版　　次　2021 年 12 月第 1 版　2023 年 3 月第 2 次印刷
ISBN 978-7-305-25257-0
定　　价　68.00 元

网　　址：http://www.njupco.com
官方微博：http://weibo.com/njupco
官方微信：njupress
销售咨询热线：(025)83594756

* 版权所有，侵权必究
* 凡购买南大版图书，如有印装质量问题，请与所购
　图书销售部门联系调换

序

郑建明

南京大学信息管理学院教授

  新型城镇化是基于我国城乡发展现状提出的创新发展模式,是关乎国家长治久安的战略性决策。新型城镇化的背景赋予了揭示信息化效果的重要视角,即人的发展视角。通过这一视角,不仅可以明晰新型城镇化的发展趋向、存在价值、实践意义,还可以发现新型城镇化的本质——新型城镇化的问题,归根结底是人的发展的问题。积极推进新市民融入城市生活,完成市民身份角色的转换,是人的城镇化建设的核心工作和基本指向。

  随着新型城镇化的发展,新市民的概念范畴进一步扩大,但已有研究多将新市民群体界定为游离于城市文化与农村文化两大板块边缘的"边缘人",认为其在融入城市生活的过程中需要获得大量信息(如政府政策、就业保障、子女教育以及生活娱乐等),以维持城市生活的正常进行,但由于受到自身传统生活方式、行为习惯、受教育水平及信息能力等因素的影响,在信息获取、利用和共享等方面很难满足和适应城市生活的信息需求,大部分新市民的市民化也仅完成了居住地地理迁移或是户籍身份的转变,实际上在城市中多聚集于"城中村""棚户区"中,其所处信息环境以及文化氛围仍然维持在市民化之前的状态,开展新市民信息服务研究成为题中之义。

  随着新型城镇化进程的推进,新市民的服务需求日益受到国家和社会的重视,一些城市率先开展了一系列新市民服务活动,如天津市构建了"新市民综合信息服务平台",杭州市建立了"新市民之家",上海市开设了"新市民生活馆",张家港市设立了"新市民事务中心",等。但在实践中,由于信息服务机构网络布局不合理、供求不对接等问题的存在,针对新市民开展的信息服务大都缺乏连续性、系统性与整体性,即使信息服务形式多样,新市民信息需求仍然无法得到满足。与此同时,由于当前缺乏专门的信息服务媒介与系统的信息服务体系,因此针对新市民的信息服务多是新市民公共卫生服务体系下的一个较小分支,并且多是针对技能水平较低、文化素养较差的新市民群体,忽略了新市民群体中的另一个重要组成部分——技能水平高、受教育程度高的新市民群体,相较于其他新市民而言,他们的文化素质更高、信息意识更强,对于信息、知识、文化的需求更加迫切,具有较强的时代性、发展性、双重性与边缘性的独特群体特征。不可否认,已有研究成果为新市民信息服务理论研究与实践发展提供了良好借鉴,但是综观这些成果,研究者对于新市民信息服务问题的研究多集中在新市民信息服务需求、面向新市民的图书馆服务、新市民信息服务平台等方面,多以农民工为新市民代表作为研究对象,且极少考虑新市民信息行为特征以及新城镇信息服务发展环境特点。因此,从信息生态视域出发,系统、深入地对新市民信息服务展开研究是必要而迫切的。

新市民信息服务是一个伴随新型城镇化发展而衍生出的新课题和新研究方向,是对新型城镇化理论研究的有益补充。孙红蕾在南京大学攻读硕士学位时就研究相关论题,她的博士学位论文以新市民信息行为模式为研究对象,从对新市民等相关概念的界定出发,借鉴图书馆学理论、社会信息学理论、信息行为学理论以及移民相关理论,在对新市民信息行为构成要素与影响因素进行分析的基础上,识别新市民信息行为的内在机理,并通过模型构建与验证,分析每种影响因素对新市民信息行为的影响力,进而提出新市民信息行为模式的优化机制,为进一步开展新市民信息服务理论研究以及实践研究奠定了基础。

我申报的"新型城镇化进程中的信息化问题研究"获准立项为 2014 年度国家社会科学基金重点项目(项目编号:14ATQ006),孙红蕾博士作为课题组成员,承担新市民信息行为研究的任务。攻读博士研究生阶段,她将新市民信息行为作为自己的研究方向,并以新市民信息行为模式为研究对象,完成了博士学位论文。博士论文完成后,孙红蕾博士并没有停止对新市民信息问题的研究,在新市民信息服务发展模式、新市民信息服务平台构建、新市民信息服务体系构建、新市民信息服务治理机制等方面取得了一些新的研究成绩，充实了研究内容，形成了《新型城镇化进程中的新市民信息服务研究》一书。本书以新市民信息服务为研究对象，从信息生态视域出发，在诠释新市民信息服务理论依据与研究现状的基础上，深入分析新市民信息服务实践现状与发展环境以及新市民信息行为特征，进而对新市民信息服务平台、服务体系、服务治理机制展开深入研究，内容系统而全面。

综观全书，确有一些值得肯定之处。既往研究中，通常将新市民群体等同于农民工群体或是失地农民群体，这在一定程度上使一部分新市民的信息服务需求被忽视，本书综合学者研究、媒体报道、政策文件等资料对新市民概念进行界定，分析新市民群体的特殊性，从整体视角出发提出界定新市民的四个标准，并以此为基础展开新市民信息服务研究，这是本书的亮点之一。值得强调的是，新市民信息服务是新型城镇化发展衍生出的新课题和新研究方向，虽然国外已有一些移民信息服务研究，但是针对我国新市民信息服务的研究较少，本书立足于中国本土社会—文化情境，从人、环境、服务、治理等多维视角对新型城镇化进程中新市民信息服务展开系统研究，既对新型城镇化理论研究进行了有益补充，也为相关机构的实际工作提供了可以借鉴的内容。

目前，与新型城镇化相关的信息服务研究越来越受到专家学者的关注。虽然本书的研究内容还可以进一步丰富和完善，但是，我相信它必会给关心相关课题研究与实践的人员以启迪，也必将促进新市民信息服务研究的发展。与此同时，我也希望孙红蕾博士能够继续发扬勤思、励学、敦行等学风，勇于开拓、精进不止，在艰苦而充满乐趣的科学研究活动中取得新的成绩。

致　谢

　　未觉池塘春草梦,阶前梧叶已秋声。八年前的我,除了考研四本参考书上的内容,对图情领域一无所知,迷茫地只身背着行囊来到南京大学。而南京大学六年的求学路,让我收获了丰富知识和诸多荣誉,产生了研究兴趣与研究热情,成为一个有思想、会独立思考的人。这期间有太多的感谢想要表达。

　　经师易求,人师难得。感谢我的恩师郑建明教授,不畏我愚钝,悉心培养。研一初入师门时,每周与我谈心,指引我方向,给我足够的时间缓慢前行,叮嘱我重视积累,鼓励我大胆尝试;在研二逐渐学会写论文,开始飘飘然,重"量"轻"质"时,叮嘱我要沉下心做"研究",而非做"论文";在研三我择偶出现困惑时,给我正向指引,教我与人交往要看其言行;在硕博交接、我论文质量迟迟提高不了时,让我不求甚解地多读书、拓宽视野;在博二出国接受联合培养前,叮嘱我一年时间稍纵即逝,要合理规划,利用出国学习机会,多读原著,学习研究方法;在博三我通宵达旦、疏于锻炼身体的时候,让我注意休息;在此书选题、开题、撰写、修改、定稿过程中,倾心尽力,对标题段落、谋篇布局、整体逻辑等方方面面进行指导。

　　感谢叶鹰老师的推荐,让我有幸追随印第安纳大学的 Pnina Fichman 教授与 Susan Herring 教授学习一年。两位教授不仅在科研上给予我指导,在论文写作、学术报告等方面积极引导,还让我深刻感受到了女性的力量,体悟到女性也可以有所作为,消除了初始因性别而产生的学术自卑感。

　　感谢在南京大学求学六年中,我的每一位任课老师。感谢陈雅、叶继元、杨海平、吴建华、刘千里、张志强、孙建军、裴雷、徐雁、欧石燕、赵仁铃、成颖、胡广伟、华薇娜、黄奇、李刚、邵波、沈固朝、苏新宁、王昊、袁勤俭、朱庆华、朱学芳等老师。

感谢王锰师兄八年来在科研、生活上的指点与扶持，尤其是在我刚开始写论文毫无章法、屡屡碰壁的阶段，将科研经验倾囊相授，不厌其烦地帮我审稿、提修改建议。感谢闵超博士和张一涵博士在我求学求职时的帮助与指引，感谢印第安纳大学的陈珮莹、张晨薇、步一、田慧心、杨盛楠长期以来给予的情感支持和科研互勉。感谢同门同窗一直以来的鼓励与关怀。

感谢我曾教过的南京大学成人教育学院的同学们，虽然上课时我是老师，但是课下他们教会了我很多社会知识，给我鼓励与支持，让我喜欢上站讲台的感觉，有勇气去做一个老师。感谢刘馨焱、徐军花、张昊天、王超等同学在我寻找新市民访谈对象过程中以及发放问卷过程中的热心帮助。

感谢在研究中积极配合的新市民们，是他们的支持帮助与鼓励建议使我坚信本项研究的意义，不断完善与修正研究中的不足之处，并希望对新市民信息行为及信息服务的相关理论研究，可以帮助万千新市民在城市更好地生活。

本书得到了国家社会科学基金重点项目"新型城镇化进程中的信息化问题研究"（项目编号：14ATQ006）和国家社会科学基金重点项目"面向智慧服务的多源多维公共文化数据治理及政策保障研究"（项目编号：19ATQ001）的支持。在此表示诚挚的感谢！

最后，感谢我的家人一如既往的支持，尤其是我的先生范鹏飞博士，在这项研究进行时，不辞辛苦，与我一同访谈研究对象，帮忙转录部分访谈录音，协助我完成参考文献格式调整工作，并担下生活中的诸多琐事，让我专注于此项研究。

目 录

第一章　新市民信息服务概述 …………………………………… 1
  1.1　新市民的内涵与特征 …………………………………………… 1
      1.1.1　国内关于"新市民"术语的理解 ………………………… 2
      1.1.2　新市民的基本特征 ……………………………………… 5
      1.1.3　新市民与移民的异同 …………………………………… 6
      1.1.4　本研究对新市民的界定 ………………………………… 11
  1.2　新市民信息服务的内涵与特征 ………………………………… 13
      1.2.1　新市民信息服务的内涵 ………………………………… 13
      1.2.2　新市民信息服务的逻辑起点 …………………………… 15
      1.2.3　本研究对新市民信息服务的界定 ……………………… 17
  1.3　新市民信息服务的相关理论 …………………………………… 17
      1.3.1　图书馆学基础理论 ……………………………………… 17
      1.3.2　信息学理论 ……………………………………………… 22
      1.3.3　服务相关理论 …………………………………………… 34
      1.3.4　移民相关理论 …………………………………………… 36

第二章　新市民信息服务研究述评 ……………………………… 43
  2.1　新市民信息需求 ………………………………………………… 44
      2.1.1　信息需求内容 …………………………………………… 45

2.1.2　信息需求动机 …… 51
　2.2　新市民信息行为 …… 53
　　　2.2.1　信息获取行为 …… 53
　　　2.2.2　信息利用行为 …… 64
　　　2.2.3　信息共享行为 …… 64
　　　2.2.4　新市民信息行为影响因素研究 …… 66
　　　2.2.5　新市民信息行为模型研究 …… 75
　2.3　新市民信息服务 …… 77
　　　2.3.1　图书馆信息服务 …… 77
　　　2.3.2　社区信息服务 …… 79
　　　2.3.3　政府信息服务 …… 81
　　　2.3.4　其他信息服务 …… 82
　2.4　现有研究的特点与不足 …… 83

第三章　新市民信息服务发展模式 …… 86
　3.1　政府主导式 …… 86
　　　3.1.1　模式特征 …… 87
　　　3.1.2　典型案例：天津市滨海新区 …… 89
　3.2　图书馆—社区协作式 …… 92
　　　3.2.1　模式特征 …… 93
　　　3.2.2　典型案例：加拿大多伦多公共图书馆 …… 94
　3.3　中外新市民信息服务发展模式对比分析 …… 98
　　　3.3.1　相似之处 …… 98
　　　3.3.2　不同之处 …… 98

第四章　新市民信息服务发展环境扫描 …… 100
　4.1　环境扫描及其应用 …… 100
　　　4.1.1　环境扫描 …… 100
　　　4.1.2　策略转换 …… 101

|||| 4.1.3　环境扫描与策略转换的关系 ·········· 102
4.2 以环境扫描为导向的新市民信息服务发展环境分析 ········· 103
|||| 4.2.1　直接环境扫描 ····················· 103
|||| 4.2.2　间接环境扫描 ····················· 106
|||| 4.2.3　新市民信息服务发展环境分析 ·············· 112
4.3 新市民信息服务发展策略转换 ·················· 113
|||| 4.3.1　发展方向定位 ····················· 113
|||| 4.3.2　策略转换模式 ····················· 113
|||| 4.3.3　策略转换路径 ····················· 114

第五章　新市民信息行为特征分析 ·················· 116

5.1 新市民信息贫困成因及应对策略 ·················· 116
|||| 5.1.1　新市民与信息贫困的关系 ················ 116
|||| 5.1.2　新市民信息贫困的成因 ················· 118
|||| 5.1.3　新市民信息脱贫的对策 ················· 120

5.2 新市民信息行为模式 ······················· 125
|||| 5.2.1　相关概念分析 ····················· 125
|||| 5.2.2　研究思路与样本选择 ·················· 131
|||| 5.2.3　编码与范畴提炼 ···················· 133
|||| 5.2.4　新市民信息行为影响机制 ················ 140
|||| 5.2.5　新市民信息行为模式的理论框架 ············· 144

5.3 新市民信息行为偏好 ······················· 152
|||| 5.3.1　调研内容与方法 ···················· 152
|||| 5.3.2　新市民信息需求偏好 ·················· 158
|||| 5.3.3　新市民信息获取行为偏好 ················ 161
|||| 5.3.4　新市民信息交流行为偏好 ················ 165

5.4 新市民信息服务采纳行为影响机制 ················ 168
|||| 5.4.1　概念模型 ······················· 168
|||| 5.4.2　量表开发 ······················· 178

5.4.3　量表应用 …………………………………………… 198
　　　5.4.4　模型验证 …………………………………………… 203

第六章　新市民信息服务平台建设 …………………………… 209
　6.1　新市民信息服务平台建设的切入层次 ……………………… 209
　　　6.1.1　宏观层面——从平台建设方案切入 ………………… 210
　　　6.1.2　中观层面——从公共信息服务平台切入 …………… 210
　　　6.1.3　微观层面——从社区信息服务平台切入 …………… 214
　6.2　新市民信息服务平台建设方案 ……………………………… 215
　　　6.2.1　建设目标 …………………………………………… 216
　　　6.2.2　建设原则 …………………………………………… 216
　　　6.2.3　总体架构 …………………………………………… 217
　6.3　新型城镇化进程中公共信息服务平台建设 ………………… 218
　　　6.3.1　概念界定 …………………………………………… 219
　　　6.3.2　结构 ………………………………………………… 220
　　　6.3.3　整体架构 …………………………………………… 224
　　　6.3.4　运作机制 …………………………………………… 227
　　　6.3.5　建设策略 …………………………………………… 232
　6.4　新市民社区信息服务平台建设 ……………………………… 235
　　　6.4.1　解析 ………………………………………………… 236
　　　6.4.2　建设的必要性 ……………………………………… 238
　　　6.4.3　建设策略 …………………………………………… 240

第七章　新市民信息服务体系建设 …………………………… 245
　7.1　学术价值与现实意义 ………………………………………… 247
　　　7.1.1　学术价值 …………………………………………… 247
　　　7.1.2　现实意义 …………………………………………… 247
　7.2　新市民信息服务体系框架及其构成要素 …………………… 250
　　　7.2.1　理论体系 …………………………………………… 250

7.2.2 技术体系 ········· 251
7.2.3 内容体系 ········· 252
7.2.4 人才体系 ········· 253
7.2.5 供给体系 ········· 253
7.2.6 治理体系 ········· 255

7.3 新市民信息服务体系构成要素间的逻辑关联 ········· 256
7.4 新市民信息服务体系的整体框架 ········· 257

第八章 新市民信息服务治理机制 ········· 259

8.1 新市民信息服务治理机制内涵辨析 ········· 259
  8.1.1 何谓"治理"？ ········· 259
  8.1.2 新市民信息服务治理 ········· 259
  8.1.3 本研究对新市民信息服务治理机制的界定 ········· 260

8.2 新市民信息服务治理机制的特性 ········· 260
  8.2.1 协同性 ········· 260
  8.2.2 系统性 ········· 261
  8.2.3 层次性 ········· 261
  8.2.4 社会文化性 ········· 261

8.3 新市民信息服务治理的责任机制 ········· 262
  8.3.1 构建"1+n"治理主体模式 ········· 262
  8.3.2 激励社会力量参与新市民信息服务治理 ········· 263
  8.3.3 助推新市民参与新市民信息服务治理 ········· 263

8.4 新市民信息服务治理的工作机制 ········· 264
  8.4.1 治理目标 ········· 264
  8.4.2 治理方案 ········· 265
  8.4.3 治理内容 ········· 265

8.5 新市民信息服务治理的保障机制 ········· 266
  8.5.1 加强新市民信息服务治理制度建设 ········· 266
  8.5.2 完善新市民信息服务治理的法律法规 ········· 267

附录 ·· 268
  附录1　访谈提纲 ····································· 268
  附录2　正式调查问卷:新市民信息行为偏好调查 ············ 270
  附录3　正式调查问卷:新市民信息服务采纳行为调查 ········ 275

第一章 新市民信息服务概述

1.1 新市民的内涵与特征

研究新市民信息服务首先要对"新市民"这一概念的内涵和外延进行明确界定。国内对于新市民的研究主要集中在经济学、教育学、社会学等领域[①],从新市民的人力资本重组、自身与子女教育、社会身份重塑、社会参与和城市融入等方面展开研究,呈现出多元化、跨学科的格局,为认识新市民的本质特征提供了扎实的研究基础[②]。但是,这种多元化、跨学科的格局也导致了一个问题,即定义的角度与尺度千差万别,关于"新市民"的概念界定并未达成共识。这种千差万别不仅体现在已有研究中学术界定的差异,还体现在政府政策制度、新闻媒体报道与信息服务供给上。例如,《佛山市新市民积分制服务管理办法》中将新市民界定为在佛山工作或居住的非佛山户籍人员[③];张家港市在《关于加快新市民同城化待遇步伐的实施意见》中将新市民界定为持张家港居住证或有效期内的暂住证在张家港居住的人员[④];《黔西南州新市民建立住房公积金制度暂行办法》将新市民界定为包括黔西南州就业的进城落户农民在内的在黔西南州范围内参加易地扶贫搬迁、进

---

① 徐芳.国内外新市民城市融入信息行为研究综述[J].情报资料工作,2018(4):80-88.
② 张必兰,吴诗贤,吴华安,等.城市新市民信息素养问题研究述评[J].重庆工商大学学报(自然科学版),2014,31(12):102-107.
③ 佛山市人民政府办公室.《佛山市新市民积分制服务管理办法》[EB/OL].[2018-09-03]. http://www.fslgb.gov.cn/laws/fszcfg_1/201709/t20170914_6303790.html.
④ 张家港市人民政府.《关于加快新市民同城化待遇步伐的实施意见》[EB/OL].[2018-09-03]. http://www.zjgldrk.cn/zjgzg/showinfo/moreinfo.aspx?categoryNum=06.

入城镇就业或劳动转移的就业人口①。

虽然"新市民"是一个本土化概念,但是在已有研究中频繁出现国外移民相关研究,因此,本节首先对国内已有研究中对新市民概念的界定进行梳理总结,接着对新市民与移民的概念异同进行分析,最后提出本研究对新市民这一概念的界定标准。

1.1.1 国内关于"新市民"术语的理解

"新市民"这一称谓是实践影响理论而产生的概念,其产生与我国对流动人口管理的实践探索紧密相关。② 1958年,为了计划经济体制与工业化目标的实现,我国户籍制度明确规定了城乡界限,对人员流动进行严格控制。改革开放40余年来,随着经济的发展与社会的变迁,我国城镇化率从初始的17.9%上升到63.89%③,原有的社会分层与带有计划经济体制印记的户籍制度逐渐出现不适应性,为保证全民共享改革开放成果,我国流动人口政策也随之发生了调整④。1984年,国务院颁布了《关于农民进入集镇落户问题的通知》,对农村人口到中小城镇生产生活放松限制,准许农民进入县城以下的城镇、集镇务工经商,我国流动人口规模进入快速增长阶段⑤;2006年,国务院进一步发布了《关于解决农民工问题的若干意见》⑥,该文件是针对农民工问题的第一个系统性政策文件,提出"公平对待、一视同仁"的基本原则,自此,公平理念成为对待流动人口问题的基本理念并加以贯彻,如2012年《国家基本公共服务体系"十二五"规划》从制度上为流动人口享

---

① 黔西南州住房公积金管理中心.《黔西南州新市民建立住房公积金制度暂行办法》[EB/OL].[2018-09-03]. http://www.qxn.gov.cn/ViewGovPublic/notice.5/230005.html.

② 于海燕.新居民公共服务供给机制研究——基于浙江省的实证调查[D].长春:吉林大学,2016.

③ 国家统计局.第七次全国人口普查公报解读[EB/OL].[2021-05-22]. http://www.stats.gov.cn/tjsj/sjjd/202105/t20210512_1817336.html.

④ 国家卫生健康委员会.《中国流动人口发展报告2018》内容概要[EB/OL].[2018-12-31]. http://www.199it.com/archives/813002.html.

⑤ 中国政府网.国务院关于农民进入集镇落户问题的通知[EB/OL].[2018-12-31]. http://www.gov.cn/zhengce/content/2016-10/20/content_5122291.htm.

⑥ 中国政府网.国务院关于解决农民工问题的若干意见[EB/OL].[2018-12-31]. http://www.gov.cn/zhuanti/2015-06/13/content_2878968.htm.

受基本公共服务提供保障①。随着流动人口管理实践的发展，流动人口如何转化为新市民这一问题引起国家与政府的高度重视，许多相关政策与规划相继实施。2012年年底，党的十八大报告对加快户籍制度改革提出新要求，指出要"有序推进农业转移人口市民化"，全面推进市民化成为流动人口管理的核心任务②。2014年年初，中共中央、国务院印发《国家新型城镇化规划（2014—2020年）》③，坚持"以人为本"，倡导"以人的城镇化为核心"，加快"户籍制度改革和基本公共服务均等化"。同年，《关于进一步做好为农民工服务工作的意见》④与《关于进一步推进户籍制度改革的意见》⑤相继颁发，新时期流动人口管理的政策框架初步形成。2017年年底，党的十九大报告要求"破除妨碍劳动力、人才社会性流动的体制机制弊端"，破除阻碍人口流动的壁垒，推进新型城镇化的发展进程。⑥ 2019年，李克强在政府工作报告中指出，推动"人员往来便利化"，"让城市更加宜居，更具包容和人文关怀"。⑦ 2021年，《中华人民共和国国民经济和社会发展第十四个五年规划和2035年远景目标纲要》进一步提出要"深入推进以人为核心的新型城镇化战略"，"统筹推进户籍制度改革和城镇基本公共服务常住人口全覆盖"。⑧

随着我国流动人口管理实践的发展，学界日益关注流动人口的问题，进

---

① 中国政府网.国务院关于印发国家基本公共服务体系"十二五"规划的通知[EB/OL].[2018-12-31].http://www.gov.cn/zwgk/2012-07/20/content_2187242.htm.
② 中国社会科学网.在中国共产党第十八次全国代表大会上的报告[EB/OL].[2018-12-31].http://www.cssn.cn/zt/zt_xkzt/mkszyzt/mksdc/ddlx/hjt/201804/t20180426_4215674.shtml.
③ 中国政府网.中共中央 国务院印发《国家新型城镇化规划（2014—2020年）》[EB/OL].[2018-12-31].http://www.gov.cn/gongbao/content/2014/content_2644805.htm.
④ 中国政府网.国务院关于进一步做好为农民工服务工作的意见[EB/OL].[2018-12-31].http://www.gov.cn/zhengce/content/2014-09/30/content_9105.htm.
⑤ 新华网.国务院印发《关于进一步推进户籍制度改革的意见》[EB/OL].[2018-12-31].http://money.163.com/14/0730/10/A2D4RJ5800254TI5.html#from=relevant#xwwzy_35_bottomnewskwd.
⑥ 人民网.习近平在中国共产党第十九次全国代表大会上的报告[EB/OL].[2018-12-31].http://cpc.people.com.cn/n1/2017/1028/c64094-29613660.html.
⑦ 新华社.李克强说，促进区域协调发展，提高新型城镇化质量[EB/OL].[2019-03-07].http://www.gov.cn/premier/2019-03/05/content_5370672.htm.
⑧ 新华网.（两会受权发布）中华人民共和国国民经济和社会发展第十四个五年规划和2035年远景目标纲要[EB/OL].[2021-4-31].http://www.xinhuanet.com/2021-03/13/c_1127205564_9.htm.

而从不同的学科视角对流动人口及相关概念进行研究与探索。在这之中，"新市民"作为流动人口的相关概念之一，广受关注。但是，由于研究视角与研究目的不同，学者们对"新市民"概念的界定千差万别，代表性的称谓包括新居民[①]、新移民[②]、半市民、准市民[③]、都市乡民[④]、农转非、城市流动人口[⑤]、城市外来人口[⑥]以及城市新移民[⑦]等。

于海燕[⑧]从学科视角出发对这些称谓进行梳理，指出新市民概念从人口学视角分析，包括移民、流动人口、人户分离人口等；从管理学视角分析，包括外来人口、外来务工经商人口、城市新移民、新居民等；从社会学视角分析，最主要的称谓是新市民。

朱振亚[⑨]以内涵为依据，对当前使用"新市民"称谓的研究进行分析与归纳，认为新市民的内涵可以划分为如下五种：一是封建社会后期出现的新兴市民阶层；二是新市民小说中的现代都市生活中市民文化的的创造者；三是具有新时期市民应具有的新素质、新觉悟的现代都市人；四是相对于传统户籍体制下生活在城市中具有"非农业户口"旧市民而言，社会主义市场经济体制下的城市市民；五是进城农民工、失地农民等城市外来农村移民，这一内涵成为越来越多研究中新市民的指向。

孙红蕾和郑建明[⑩]从户籍的角度对新市民进行定义，将新市民的本质界定为二元结构户籍制度下农民向市民转化的过渡阶段，处于未完成市民化

---

① 于海燕.新居民公共服务供给机制研究——基于浙江省的实证调查[D].长春:吉林大学,2016.
② 吴诗贤,张必兰.农转城新市民信息素养与城市社会融合度的神经网络映射模型[J].图书情报工作,2013(23):48-52.
③ 任远,邬民乐.城市流动人口的社会融合:文献述评[J].人口研究,2006(3):87-94.
④ 王兴周.都市乡民:中国城市化的新难题[N].中国社会科学报,2015-06-26(B1).
⑤ 陈永泽.新市民融合中的城市政府作用研究[D].上海:同济大学,2007.
⑥ 黄晓燕.新市民社会融入维度及融入方式——以天津市外来人口为例[J].社会科学家,2010(3):100-104.
⑦ 陈海平.城市新移民问题研究[D].长沙:湖南师范大学,2006.
⑧ 于海燕.新居民公共服务供给机制研究——基于浙江省的实证调查[D].长春:吉林大学,2016.
⑨ 朱振亚."新市民"称谓及其内涵研究述评[J].华中农业大学学报(社会科学版),2015(4):82-88.
⑩ 孙红蕾,郑建明.新市民社区信息服务创新与思考[J].图书情报知识,2015(5):74-81.

的准市民、半市民状态,是一个中性概念,其"新"在于市民化程度的不完全,市民时间较短。新市民按其市民化的能动性划分,可分为两部分:一部分是主动向城镇迁移的流动人口,以进入城镇就业的农民工以及毕业落户城市的高校毕业生为主;另一部分是因城市扩建失去原有土地的城郊农民。新市民按其迁移距离的远近可以分为城郊农民、城市周边农村村民、经济落后地区务工人口三个部分。

1.1.2 新市民的基本特征

相较于老市民而言,新市民具有以下四个基本特征。

一是流动性。这是新市民最直接的外在特征。新市民的流动性主要体现在两方面。一方面,新市民中绝大部分人口为进城务工的农民工,这些农民工在市民化过程中多因受到户籍或制度的限制而停滞在半市民阶段,徘徊在城乡之间,从而出现了"就业在城市,户籍在农村;劳力在城市,家属在农村;收入在城市,积累在农村;生活在城市,根基在农村"的"半城镇化"现象[1]。另一方面,因城市扩建而被城市化的新市民同样面临着两难境地:向前无法融入城市生活,向后无法退守农村原有生活;向前无法均等享受城市福利,向后失去原有土地及土地附属福利。因而,他们成为城市中的新生流动人口。

二是多重弱势。新市民群体介于农民群体和市民群体二者中间,普遍存在低受教育程度、低技能、低收入、简陋住房等问题,相较于市民群体而言,在经济、文化、技能、生活等方面均处于劣势地位,因而成为城市社会中的弱势群体。与此同时,新市民群体中,还包括儿童、老人、妇女、残疾人、文盲等自然弱势群体,进而在市民化过程中成为多重弱势群体。

三是内部文化距离较大。新市民群体成分极其复杂,不仅包括老一代传统农民工、偏远地区务工人口、城郊失地农民,还包含受教育程度相对较高、具备一定信息素养的"80后""90后"新生代农民工[2];既包含接受过高等

---

[1] 庄荣盛.以人为核心的新型城镇化能走多远[J].社会科学,2014(3):55-58.
[2] 张鹏翼.社会融入还是排斥?当微博遇到"新生代"农民工[J].中国图书馆学报,2013(3):70-71.

教育的大学生和研究生,也存在基本没有接受过文化教育的文盲。人口成分的复杂性在一定程度上催生了新市民群体内部价值观、文化素养、信息能力等多方面的差异性,致使新市民群体内部文化距离较大。

四是身份获得与角色认同不同步。原有城乡结构产生的社会距离使新市民和原有市民的相互印象往往并不好,并对彼此存在一定的抵触性[①],因此,新市民群体在市民化过程中出现被边缘化和自边缘化并存的问题,身份获得与角色融入不同步。2018年,我国人口城镇化率为59.58%,而同期依据户籍人口口径统计出的城镇化率仅为43.37%[②],16.21%的差额表明了当前城镇化进程中人口城镇化与人的城镇化的分裂性[③],更突显了新市民身份获得和角色认同不同步的特征。

1.1.3 新市民与移民的异同

新市民是城市化进程中所衍生的城市新兴群体,其产生与我国城乡二元经济结构、二元结构户籍制度密不可分,因此,"新市民"是一个根植于我国特殊的社会文化环境的本土化概念。

学者在研究新市民时通常基于国外移民相关理论或借鉴移民信息行为的研究成果,认为新市民与国外移民的概念"类似"[④],可以"等值转换"[⑤],或"基本等同"[⑥⑦⑧]。例如,林玲指出长期居住在城市的农民工群体本质上是受到制度限制而未获得城市系统正式认可的中国城市新移民[⑨];在已有的对新市民亚群体——农民工的研究中,一些学者指出国外并不存在"农民工"

---

① 盖雅明,王洪宁."新市民"文化素质提升策略探析[J].河北学刊,2014(3):197-199.
② 国家统计局.中华人民共和国2018年国民经济和社会发展统计公报[EB/OL].[2019-03-02].http://www.stats.gov.cn/tjsj/zxfb/201902/t20190228_1651265.html.
③ 任远.人的城镇化:新型城镇化的本质研究[J].复旦学报(社会科学版),2014(4):134-139.
④ 郭文昭.新媒体环境下新市民信息素养研究——以福州市为例[D].福州:福建师范大学,2017.
⑤ 张钰歆.新市民信息素养现状及提升对策研究[D].福州:福建师范大学,2017.
⑥ 吴诗贤,张必兰.权利贫困视角下的新市民信息障碍成因分析[J].新世纪图书馆,2013(10):16-18.
⑦ 张必兰,吴诗贤,刘军.农转城新市民信息素养评价标准综述[J].新世纪图书馆,2015(10):92-96.
⑧ 徐芳.国内外新市民城市融入信息行为研究综述[J].情报资料工作,2018(4):80-88.
⑨ 林玲.农民工家长的教育信息获取[J].中国教师,2009(11):49-50.

的概念,也没有针对农民工的专门研究,但是关于"移民"的相关研究在某种意义上值得借鉴[1][2],要更好了解农民工的信息行为,必须对农民信息行为和其他国家移民信息行为的相关研究进行比较分析[3]。此外,国外亦有研究指出移民行为是跨越民族或政治界限的、相对永久的人口运动,从技术上讲,移民可以是外部的,也可以是内部的,这主要取决于到新地区或国家的移民人口的来源。例如波多黎各人迁移到美国,从文化角度来看,可以认为这种移民是外部的,但是,从政治角度来看,波多黎各人是美国公民,也可以认为这种移民是内部的,也就是说波多黎各人的迁移与任何美国人迁移到另一个州的情况没有什么不同。[4]

但是,任何与人相关的研究都应结合所处社会文化环境进行审视。[5]大多数其他国家并不存在二元结构的户籍制度,其社会文化情境与我国不同。例如,我国流动人口主要由农村入城务工人口与跨区域迁移的城镇人口组成,且不同群体在融入迁入城镇生活的形式上差异显著,有其特性,因此,一些学者指出在对我国流动人口进行研究时,既不可将流动人口局限在"农民工"这一概念范畴内,亦不能将其与国外移民人口的研究等同。[6]与此同时,在国外研究中,对新移民的概念定义较为宽泛,主要指行政区域范围内"新来的人"[7],既包括从其他国家向本国移民的新移民,也包括国内由其他区域迁移到本区域内的新居民,新市民并不一定具有迁入

---

[1] 苗婷秀.新生代农民工择业过程中信息行为相关问题研究——基于昆明市南坝人力资源中心的实证调查[D].昆明:云南大学,2012.

[2] 任靖.新媒体使用对新生代农民工城市融入的影响研究[D].郑州:郑州大学,2017.

[3] WANG F, CHEN Y. From potential users to actual users: Use of e-government service by Chinese migrant farmer workers [J]. *Government Information Quarterly*, 2012, 29: S98-S111.

[4] RODRIGUEZMORI H. The information behavior of Puerto Rican migrants to central Florida, 2003-2009: Grounded analysis of six case studies use of social networks during the migration process [J]. *Proquest Llc*, 2009, 127.

[5] KLING R, MCKIM G, KING A. A bit more to IT: Scholarly communication forums as socio-technical interaction networks [J]. *Journal of the Association for Information Science & Technology*, 2003, 54(1): 47-67.

[6] 王子敏,张梦.社会融合与流动人口网络信息需求的关系研究[J].南京邮电大学学报(社会科学版),2017,19(3):58-68,120.

[7] LINGEL J. Information practices of urban newcomers: An analysis of habits and wandering [J]. *Journal of the Association for Information Science and Technology*, 2015, 66(6): 1239-1251.

地的"户籍"或是"国籍"①,在很大程度上与其迁出地保持不可割舍的关系,其社交圈依旧以其固有的圈子为主②。此外,在国外的新市民相关群体信息行为的研究中,种族色彩相对较重,许多学者在研究中多是就某一个族群进行切入,如Gómez③通过参与式观察和非结构化访谈对拉美裔移民,特别是非法拉美裔移民在美墨边界、西雅图和哥伦比亚的城市卡利三个不同环境中的信息实践(信息搜索行为、使用行为和共享行为)进行了研究;Khoir等人④利用在亚裔移民中的抽样调查结果,构建了包括信息需求、信息搜索行为、信息分享行为以及信息场在内的亚裔移民信息行为概念框架等。

综合国内外学者对于新市民研究与移民研究关系的分析,新市民与移民间具有以下异同。

相同之处除流动性大、内部文化差异大外,还表现在以下三点。(1) 多重弱势。一项关于以色列移民信息行为的研究发现,移民在以色列不仅存在着信息弱势问题,还面临着职业地位低、工资低、工作危险性高等问题⑤,以色列劳动力市场最不受欢迎的家政工作等低技能工作主要由移民工人来完成⑥,这些社会中的边缘化群体为了满足日常需求,建立了自己的社区服

---

① NEWELL B C, GOMEZ R, GUAJARDO V E. Information seeking, technology use, and vulnerability among migrants at the United States-Mexico border [J]. *Information Society*, 2016, 32(3): 176-191.

② YOON K. Korean migrants' use of the internet in Canada [J]. *Journal of International Migration and Integration*, 2017, 18(2): 547-562.

③ GOMEZ R. Vulnerability and information practices among (undocumented) Latino migrants [J]. *The Electronic Journal on Information Systems in Developing Countries*, 2016, 75: 93-121.

④ KHOIR S, DU J T, KORONIOS A. Linking everyday information behaviour and Asian immigrant settlement processes: Towards a conceptual framework [J]. *Australian Academic & Research Library*, 2015, 46(2): 86-100.

⑤ BEN-ISRAEL H. Revisiting CEDAW's recommendations: Has anything changed for migrant workers in Israel in the last two years? [EB/OL].[2018-12-31]. www.idwfed.org/en/resources/revisitingcedaws-recommendations-has-anything-changed-for-migrant-workers-in-israel-in-the-last-twoyears/@@display-file/attachment_1.

⑥ BRONSTEIN, J. Information grounds as a vehicle for social inclusion of domestic migrant workers in Israel [J]. *Journal of Documentation*, 2017, 73(5):934-952.

务(如教会、社交俱乐部、幼儿园等)①。由此观之,这与我国新市民在国内劳动力市场的境遇颇为相似,许多新市民虽然因务工、拆迁等生活在城市,但是仍处于相对孤立的圈子中,其子女在主要由新市民亚群体构成的学校就读,如打工子弟小学②。(2)边缘性(marginalized)或中间性(in-between)。新市民与移民都面临着为了争取文化身份或社会认同而挣扎在原籍地与现居地之间的处境。Baron 等人③通过研究西雅图外来工人信息行为发现,许多工人处于一种中间性的世界中,既不属于西雅图,也不再属于原籍地,他们中大多数认为自己在西雅图的生活是过渡性的,在美国取得成功后仍然会回到自己的祖国。孙红蕾和郑建明④对新市民的研究同样提及了这一特征。(3)连通性(connected)。随着现代信息通信技术的发展以及互联网的普及,移动电话与计算机成为新市民与移民同原籍地的家庭与亲友保持联系的重要工具。这些工具不仅以独特的方式帮助他们管理当前的生活与创建新的社交网络,还帮助强烈需要情感与精神支持的他们突破经济、文化与距离障碍,提供了与远方家人和朋友保持亲近的、经常性的相互联系的可能性,维持了他们与家乡的日常新闻和文化的链接⑤,使他们能以网络为中介参与传统文化活动、共同庆祝节日⑥。值得注意的是,这种连通性一方面为二者提供了丰富的情感支持,另一方面也增强了其中间性特征。⑦

---

① KEMP A, RAIJMAN R. Migrants and workers: The political economy of labor migration in Israel, Van Leer Jerusalem Institute and Hakibbutz Hameuchad [J]. *Economic Life*, 2008, 79: 238-241.

② 古丽给娜.北京和上海打工子弟学校办学情况对比及分析借鉴[J].中国市场,2017(16):91-92.

③ BARON L F, NEILS M, GOMEZ R. Crossing new borders: Computers, mobile phones, transportation, and English language among Hispanic day laborers in Seattle, Washington [J]. *Journal of the American Society for Information Science & Technology*, 2014, 65(1):98-108.

④ 孙红蕾,郑建明.新市民社区信息服务创新与思考[J].图书情报知识,2015(5):74-81.

⑤ 雷蔚真.信息传播技术采纳在北京外来农民工城市融合过程中的作用探析[J].新闻与传播研究,2010,17(2):88-98,111.

⑥ BARON L F, NEILS M, GOMEZ R. Crossing new borders: Computers, mobile phones, transportation, and English language among Hispanic day laborers in Seattle, Washington [J]. *Journal of the American Society for Information Science & Technology*, 2014, 65(1):98-108.

⑦ BARON L, GOMEZ R. International Conference on Social Implications of Computers in Developing Countries, May 22-24, 2017 [C]. Cisco Indonesia, Sanata Dharma University, 2017.

新市民与移民的不同之处主要表现为以下四点。(1)迁移范围。跨国迁移与跨地方迁移有着不同的本质。① 虽然我国经济发展与社会文化在城乡之间、不同地域之间存在一定差异,但是总体而言是在一国范围之内,有着共同的文化基础,例如深受儒家思想影响、家庭观念较强等。(2)政策导向。我国人口流动不仅与经济发展有着密切联系,还与政府政策有着紧密关联,从实施户籍制度规定"城""乡"二元、差别化城市户口与农村户口,到人口流动放开、积极推进人口城镇化,再到如今加速推进"人的城镇化""人员往来便利化",这些都与我国的政策变化密不可分。同时,受到我国二元城乡制度影响,部分新市民(如农民工)出生在农村,虽然迁移到城市,但其信息行为与农民信息行为紧密相连。② (3)社会文化背景。如前所述,新市民及它所含的亚群体如农民工等,是我国从农业国向工业国转变过程中所出现的新兴群体,深受我国社会文化背景的影响③,是相对本土化的概念。国外与我国发展路径有较大差异,因此,并没有直接对应的新市民、农民工概念。(4)人口规模。我国拥有世界最多人口,2017年我国流动人口规模达2.44亿④,与2017年世界范围内的移民人口规模仅相差0.14亿⑤,如此庞大的群体在一国范围内流动与迁移是世界独有的,进而也赋予了新市民独特性。

总而言之,在对新市民进行研究时,可以将国外相关移民研究作为"他山之石",如在探究我国城乡间移民信息素养教育中参考近百年密切关注移民信息教育与服务的美国的相关实践⑥⑦。但是,务必对二者间的差异之处

---

① 雷蔚真.信息传播技术采纳在北京外来农民工城市融合过程中的作用探析[J].新闻与传播研究,2010,17(2):88-98,111.

② 陆浩东.新城镇化进程中农民工信息素养教育与信息消费能力长效互动机制研究[J].农业图书情报学刊,2017,29(2):5-11.

③ 黄录良.新媒体背景下农民工获取信息路径研究[J].科学与信息化,2017(22):24-27,29.

④ 国家统计局.中华人民共和国2017年国民经济和社会发展统计公报[EB/OL].[2019-02-24].http://www.stats.gov.cn/tjsj/zxfb/201802/t20180228_1585631.html.

⑤ 联合国官网.2017年《国际移民报告》:南南国家之间的移徙更重要[EB/OL].[2019-02-24].https://news.un.org/zh/story/2017/12/311862.

⑥ 张必兰,吴诗贤,吴安华,等.城市新市民信息素养问题研究述评[J].重庆工商大学学报(自然科学版),2014,31(12):102-107.

⑦ 张钰歆.新市民信息素养现状及提升对策研究[D].福州:福建师范大学,2017.

保持警惕,以批判性的视角借鉴国外移民相关研究,如 Lingel 等人①使用"跨国移民"这一术语来指代广义的移民,即包括可能与"移民"一词无关的人,如交换生(exchange students)、游客(tourists)和临时工(temporary workers),其中交换生和游客显然与我国"新市民"概念相去甚远,并不适用于我国新市民的研究。此外,在已有的农民工信息行为研究中,一些学者参考了国外农民进城务工的相关研究。国外并不存在二元结构的户籍制度,农民入城成为产业工人并未受到户籍限制,且这种流动主要发生在国外城市化的早中期。② 因此,国外的相关研究参考性较差。

1.1.4 本研究对新市民的界定

综上所述,从狭义上讲,新市民主要是指具有流动性特征,对城市各种信息基础设施较为陌生,信息能力较差,普遍存在低受教育程度、低技能、低收入、信息意识薄弱等问题的新市民。③ 相较于市民群体而言,新市民群体在经济、文化、技能、生活等方面均处于劣势地位,广泛存在着综合素质落后、信息技能差、信息贫困等问题④,是城市的边缘人和仅完成地理迁移与户籍转换的"半市民"或"准市民"⑤,并在城市自发形成"城中村""新市民社区",面临"信息孤岛""信息鸿沟"等困境,这不仅使其成为城市社会中的信息弱势群体之一,也使城镇发展中仍面临人力资源充沛但信息人才严重缺失的问题⑥。不难发现,狭义的新市民概念是基于信息贫困的假设之上。从广义上讲,新市民的概念外延极广,指在地理位置迁移后,原有生活状态发生明显转变的城市新居民,在这些新居民中,既包括新市民的精英部分,即

---

① LINGEL J, NAAMAN M, BOYD D M. ACM Conference on Computer Supported Cooperative Work & Social Computing [C]. ACM, 2014.
② 苗婷秀.新生代农民工择业过程中信息行为相关问题研究——基于昆明市南坝人力资源中心的实证调查[D].昆明:云南大学,2012.
③ 盖雅明,王洪宁."新市民"文化素质提升策略探析[J].河北学刊,2014(3):197-199.
④ 杨兰芝,刘庆,王春红.面向新型城镇化的社会化信息服务创新机制研究[J].情报科学,2015(3):56-59.
⑤ 陈永泽.新市民融合中的城市政府作用研究[D].上海:同济大学,2007.
⑥ 刘国斌,毛晓军.我国新型城镇化进程中的公共信息服务保障问题研究[J].情报科学,2017(1):62-66.

城市发展中的人力资本,如近年来各大城市争相引入的海外高级人才,又包括面临多种生存困境的进城务工人员。

然而,随着我国新型城镇化进程的推进,新市民的概念范畴日渐扩大,二元结构的户籍制度限制逐渐转变为户籍制度的限制,若继续使用原有的界定,势必导致新市民群体的不完整性,从而大大削弱对新市民群体研究的有效性和科学性。随着新型城镇化的发展,新市民的概念范畴会日渐扩大,格式化的新市民概念很难满足当前及今后实践发展的需要。基于此,结合国内不同学科对新市民的概念界定、新市民与移民概念的异同,以及当前我国社会文化情境,本研究对新市民的界定采用以下四个标准。

(1) "新"之所在。随着我国户籍制度改革的进一步发展以及人口流动限制的放开,新市民的"新"不在于市民化程度的完全与否以及成为市民时间的长短,而在于原籍地与常住地的差异。相较于出生于该城镇的原生市民而言,新市民的原籍并不在当地,进入本地后面临着创建新的社交网络、形成新的行为方式、适应新的文化习惯等境况。"新市民"是与"本地原生市民"相对应的中性称谓,本质上是与本地原生市民一样的市民,与本地原生市民一样对本地的发展做出贡献并同样享受城市的公共服务和社会福利。

(2) 统计区域。新市民是生活在城镇的公民,基于此,在统计区域确定上以我国城镇为准,包括"农村—城镇流动""城镇—城镇流动"两个部分,而不包括"农村—农村流动""城镇—农村流动""我国城镇—其他国家流动""我国农村—其他国家流动"。新市民流动类型如表1.1所示。

表1.1 新市民流动类型表

序号	原籍地	当前常住地	流动类型
1	A省B市农村	A省B市城市	AB农→AB城
2	A省B市农村	A省C市城市	AB农→AC城
3	A省B市农村	D省E市城市	AB农→DE城
4	A省B市城市	A省C市城市	AB城→AC城
5	A省B市城市	D省E市城市	AB城→DE城

（3）流动目的。新市民进入城镇的目的包括投靠亲属、随迁、拆迁安置、就业、上学、人才引进、工作调动，但是与 Lingel、Naaman 和 Boyd[①] 的研究不同，本研究不仅不包括短期停留及过境人员，还排除了与"移民"一词无关的交换生和游客。同时，在后期研究中发现，以上学为目的的在读学生与新市民的信息行为并不相同，因此，在本研究中，以上学为目的的在读学生被排除在外，但是以上学为目的、目前已工作人员和以其他目的进入城市的学生（如随迁学生）包括在内。此外，由于难民与移民的信息行为并不相同[②]，如民族广播是难民获取健康信息最主要的途径，却是移民最不喜欢的健康信息获取途径[③]，因此，在借鉴国外相关研究时，有关难民信息行为的研究被排除在外。

（4）稳定性。新市民需要在城镇拥有固定住所，其中稳定住所不仅包括自购住房与单位住房，还包括租住的房屋。但是，这种稳定性并不局限于户籍必须迁移到当前所在地，即在当地落户，因为在实践中发现，许多新市民因为积分不够、居住时间未满足要求等问题，很长一段时间内只持有当地的居住证。

1.2 新市民信息服务的内涵与特征

1.2.1 新市民信息服务的内涵

长久以来，关于信息服务内涵的理解一直莫衷一是。已有研究从不同视角和不同层面对信息服务是什么进行了揭示与界定。总体而言，目前关

---

① LINGEL J, NAAMAN M, BOYD D M. ACM Conference on Computer Supported Cooperative Work & Social Computing [C]. ACM, 2014.

② MACHET M, GOVENDER K S. Information behaviour of recent Chinese immigrants in Auckland, New Zealand [J]. *South African Journal of Libraries & Information Science*, 2012, 78(1): 25–33.

③ LEE S K, SULAIMAN-HILL, CHERYL M R. Providing health information for culturally and linguistically diverse women: Priorities and preferences of new migrants and refugees [J]. *Health Promotion Journal of Australia Official Journal of Australian Association of Health Promotion Professionals*, 2013, 24(2): 98–103.

于信息服务的定义具有广义和狭义两种。广义的信息服务泛指通过各种方式向用户提供和传播信息的活动,包括信息产品的开发、加工、生产、传播、流通等一系列行业,即信息服务产业范围内所涉及的所有活动[①]。从构成来看,广义的信息服务主要包括以下四个方面:一是信息收集,是开展信息服务要完成的前期准备,涵盖相关信息搜寻、分析筛选不同渠道信息、甄别剔除无效或虚假信息等具体工作;二是信息加工,主要是对收集信息进行深加工,促进信息增值,在一定程度上决定了信息服务质量的高低;三是信息传递,是指通过各种渠道,利用不同媒介,将有价值的、满足用户需求的信息提供给用户;四是信息反馈,这是升级信息服务的关键,主要是通过对用户进行跟踪反馈,不断完善服务内容与方式,确保信息服务工作正常运行。[②]

狭义的信息服务有两种解释:一是从服务主体出发,指代专职信息服务机构面向用户信息需求而进行的信息产品开发、加工、传递活动[③];二是从信息管理过程出发,专指信息管理活动中提供信息这一环节,将信息服务定义为以信息搜索、组织、加工、重组能力为基础,向用户提供所需信息的一种服务。从概念组成上看,第二种狭义信息服务包括两个层面:一是收集、组织、分析、序化分散在各种载体上的信息,将它们以便捷实用的形式表现出来;二是在研究用户信息行为及其信息需求的基础上,将有价值的信息提供给有需要的用户。

新市民信息服务由"新市民"与"信息服务"两个概念组合而成,是新型城镇化发展过程中二者相互作用的产物。国内外学者对新市民信息服务的概念尚无统一的界定。经渊、郑建明从公共服务视角出发,认为新市民信息服务"虽然可归结到广义的城市信息化、智慧城市建设中,但更多是一种用户驱动行为,其理论出发点和终点在于以公共信息资源的开发利用来满足城镇居民的信息诉求,达成新型城镇化进程中实现'人的城镇化'核心目标"[④]。钱旦敏从技术赋能的视角出发,将新市民信息服务定义为

---

① 杨志芳.信息管理基础[M].西安:西安交通大学出版社,2008:158.
② 刘国庆.新型城镇化进程中新市民信息需求与精准服务研究[D].哈尔滨:黑龙江大学,2020.
③ 艾新革.信息服务理论基础浅析[J].图书馆界,2011(5):14-16.
④ 经渊,郑建明.新型城镇化进程中公共信息服务理论问题研究[J].数字图书馆论坛,2017(4):56-61.

"以计算机技术、网络技术、数据库技术和通信技术等现代信息技术为基础,处理、整合、开发和应用信息资源,以满足新市民个人、群体及机构的信息服务需求"[①]。刘国庆从精准服务的视角出发,指出新市民信息服务"要根据当地的实际情况,包括当地信息服务设施的建设情况、用户的信息素养情况等"[②]。

1.2.2 新市民信息服务的逻辑起点

新市民信息服务的逻辑起点是新市民信息服务发展中最简单、最一般、最基本、最本质的属性,是新市民信息服务从无到有的发展动因。具体而言,新市民信息服务发展包括公共性、保基本性、社会—技术性、人本性等四种基本特性。

(一)公共性

新市民在新的信息环境中往往面临多重障碍,新市民信息服务不仅需要满足新市民的信息需求,还需要帮助其解决各种困境,攻克多重障碍。因此,新市民信息服务的发展应当是站在城市长远的利益的角度,为广大新市民提供普惠、平等服务,需要具有非排他性、非竞争性,不以营利性为目的,并体现人文关怀,而这进一步决定了新市民信息服务的供给应当是免费或者低价的。根据保罗·萨缪尔森(Paul Samuelson)的理解,公共产品是指社会所有成员可以消费均等的产品,当一个成员得到一个单位产品,社会其他成员也可以得到相同单位的产品,这一理解的潜在假设是所有人对公共产品的消费是相同和均等的。[③] 由此可见,萨缪尔森对于公共产品的定义同样适用于新市民信息服务,公共性是新市民信息服务的基本属性之一。

(二)保基本性

新市民群体具有较强的异质性,虽然内部也包括信息能力较强、经济收入较高、教育背景较好的高层次人才,但是新市民群体内大部分亚群体是存

---

① 钱旦敏.新市民健康信息精准服务模型构建研究[D].南京:南京大学,2018.
② 刘国庆.新型城镇化进程中新市民信息需求与精准服务研究[D].哈尔滨:黑龙江大学,2020.
③ 胡唐明,郑建明.公益性数字文化建设内涵、现状与体系研究[J].图书情报知识,2012(6):32-38.

在信息贫困与多重弱势的,信息素养相对较差,受教育程度相对较低。与此同时,通过已有研究中新市民信息需求类型与内容的分析也可发现,虽然新市民信息需求类型较为复杂,涉及生活中的方方面面,但是最主要的信息需求动机是解决日常生活中遇到的实际问题,信息需求层次主要集中在生理需求层面与安全需求层面。基于此,在新市民信息服务发展过程中,需要强化多元信息服务主体"保基本"的职责,确保可以为新市民群体提供基本而有保障的信息服务和产品,进而不断满足其日益增长的信息需求。

（三）社会—技术性

社会与技术是相互影响、互依共存的关系,社会的发展作用于技术的研发设计、内嵌价值、应用效果等,技术的发展也反作用于社会构型的塑造①。新市民信息服务根植于这样一种社会—技术交互的情境中,以这种情境为支撑,并受到这一情境因素的深刻影响,具有显著的社会—技术性。具体而言,这种社会—技术性体现在两个方面:一方面,不同社会—技术情境下的新市民信息服务的存在形式与服务支撑不同;另一方面,新市民信息服务的过程受到社会与技术交互结果的影响,而非社会要素或技术要素中某一种要素的单独影响。

（四）人本性

新型城镇化突显"人本位"要义,核心在于人的城镇化,是户籍城镇化、土地城镇化、观念城镇化与心理城镇化的集成体,是物质形态与意识形态全方位的统一过程②,强调城镇化与市民化同步发展。虽然新市民信息服务会以多种新兴技术为助力,但归根到底其服务的核心是"人",其最根本的特性是"以人为本",发展的根本目的是将新市民信息服务置于我国特定的社会文化情境中,成为可以"落地"为人所用的、可以满足新市民日益增长的信息需求的服务。但是,相较于传统意义上的将"人本"直接等同于"以用户为中心",新市民信息服务发展中的"人本性"既强调在社会、技术、文化、服务、人的互动中将用户作为核心要素,也要求探索如何挖掘服务供给者的智慧,开发出可以更好满足新市民多元信息需求的服务发展新形态。

---

① 郑建明,孙红蕾.智慧公共文化服务发展战略[J].图书馆论坛,2020,40(9):13-19.
② 刘群.新型城镇化背景下公共图书馆的服务策略[J].图书情报工作,2014(13):51-55.

1.2.3 本研究对新市民信息服务的界定

基于对新市民信息服务相关定义、逻辑起点的综合分析,本研究将新市民信息服务定义为:多元主体以满足新市民个人和群体信息需求为目标,依托互联网技术、平台技术、ICT技术等现代技术,综合开发利用城镇各部门及公众生产生活所产生或衍生的数字资源,并以便捷高效的方式向新市民个人和群体提供有价值信息的各种活动的集合。新市民信息服务内容包括就业、维权、医疗、教育、政策、法规、娱乐、文化等;新市民信息服务主体包括政府、图书馆、社区、非营利性组织、学校、媒体等。

1.3 新市民信息服务的相关理论

1.3.1 图书馆学基础理论

(一)图书馆学五定律

20世纪20年代末30年代初,近代图书馆出现初期,印度图书馆学家S.R.阮冈纳赞(S.R.Ranganathan,1892—1972)在实际工作中发现,由于缺乏系统的理论指导实践,图书馆实际工作的开展并没有从一个整体的、全局的视角出发,各个工作环节间相对孤立、缺乏联系。基于此,1931年,阮冈纳赞[①]在出版的《图书馆学五定律》(*The Five Laws of Library Science*)一书中提出了被誉为"不可逾越的金科玉律"和图书馆"职业最简明的表达"的"图书馆学五定律"[②],该理论不仅从根本上阐明了图书馆应该为之努力的目标——使图书馆真真正正成为读者的图书馆[③],还蕴含浓厚的人文主义精神,体现出"以人为本"的思想[④]。"图书馆学五定律"具体如下。

---

① 希·拉·阮冈纳赞著,夏云、王先林等译.图书馆学五定律[M].北京:书目文献出版社,1988:36.
② 黄俊贵.图书馆原理论略——从阮冈纳赞五定律及戈曼新五定律说起[J].中国图书馆学报,2001(2):5-10.
③ 叶鹰.图书馆学基础理论的分析表述及其逻辑结构[J].大学图书馆学报,2005(3):6-10,26.
④ 冯琼.图书馆学新老五定律与图书馆人文关怀[J].图书馆论坛,2007(1):63-65.

(1) 书是为了用的。这条定律反映了近代图书馆"藏"与"用"间的主要矛盾,改变了传统的"书为收藏"的概念,指出"用"是"藏"的目的与结果,图书馆藏书是为了保存,更是为了利用,藏而不用就无法实现藏书的社会功用。[①] 为使读者能够畅通无阻地"用书",图书馆应清除"人"与"书"间的多重障碍。[②] 这条定律不仅在当时产生了巨大影响,对当下图书馆实践的开展也有重要的指导意义。社会信息化环境中,信息的存储与获取模式发生了天翻地覆的变化,信息流通、传播与共享等方式从根本上发生了改变,但是不变的是使用户通过各种途径更加便捷有效地获取所需的信息,满足自身信息需求,这些都是"书是为了用的"这一定律的直接体现。[③] 为新市民提供信息服务,也要从"用"出发,坚持一切为了"用"。

(2) 每个读者有其书。该定律不仅改变了封建社会"书为特定的少数人"的理念,指出图书馆要向所有人敞开怀抱,不应以等级、性别、年龄、种族、城乡、文化水平、健康与否等为限制,要使所有人能平等享有利用图书馆的权利。[④] 该定律还对图书馆藏书的质量与数量提出了新要求,既要保证每个读者都有书可用,又要最大限度满足读者的实际需求。[⑤] 在社会信息化环境中,这一定律不仅适用于图书馆为读者提供服务的问题,而且适用于各种面向用户的服务。以新市民信息服务为例,新市民群体内部文化差距极大,针对新市民的信息服务开展不仅要平等对待、一视同仁,还需要全方位、多层次地考虑新市民内部各种亚群体间的区别与差异,为新市民查找准确的信息提供便捷的信息服务。

(3) 每本书有其读者。这条定律与上一条定律紧密相连,但侧重于图书馆工作的有效性,其核心思想在于让所有的图书能准确找到潜在的读者,提升潜在读者利用馆藏的能力,从而提高图书馆馆藏资源的利用效率。以当前的大流通模式为例,为了让每种馆藏资源都能最大限度地服务于读者,

---

① 黄俊贵.图书馆原理论略——从阮冈纳赞五定律及戈曼新五定律说起[J].中国图书馆学报,2001(2):5-10.
② 王玮.帕累托原则与阮冈纳赞图书馆学五定律[J].图书与情报,2002(1):7-9.
③ 吴慰慈.图书馆学基础[M].北京:高等教育出版社,2004:73-74.
④ 王玮.帕累托原则与阮冈纳赞图书馆学五定律[J].图书与情报,2002(1):7-9.
⑤ 黄俊贵.图书馆原理论略——从阮冈纳赞五定律及戈曼新五定律说起[J].中国图书馆学报,2001(2):5-10.

图书馆不仅要最大限度地展示馆藏、实行开架阅览,还需通过各种方法积极开展宣传导读活动(如通过微信公众号发送阅读推荐)、主动提供信息咨询服务。[①] 根据这一定律,仅仅为新市民找到其所需信息远远不够,还需将各种有价值的服务提供给新市民,以满足其潜在信息需求。

(4) 节省读者的时间。这条定律与"书是为了用的""每本书有其读者"一脉相承,重申读者的利益高于一切,并强调要重视读者的时间成本。在社会信息化环境下,互联网使信息的交流与传播变得高效、快速、便捷,馆藏资源数字化使馆藏资源共享冲破了时空限制,用户可以足不出户便知天下事,但是信息呈几何级数上涨,用户要在良莠不齐的信息中找到真正需要的信息,通常需要耗费大量的时间。同时,对于许多新市民,尤其是农民工而言,在城市务工,业余时间非常有限,因此是否可以帮助其快捷高效地获得信息,十分关键。

(5) 图书馆是一个生长着的有机体。图书馆适应时代需要而产生,具有生长着的有机体的一切属性。社会信息化环境中,人类对图书馆需求日益多样和复杂,图书馆同样在持续调整内在结构与运行机制,充实自身的功能,借助各种新兴技术创新服务方式,进而满足社会需求,实现自身长远的发展。因此,为新市民提供信息服务要根据新市民的需求不断调整服务制度,创新服务形式。

总体而言,阮冈纳赞的图书馆学五定律充分诠释了以读者为导向、"以人为本"的基本理念,强调在实际工作中需要处处以人的需求为逻辑起点,从读者和用户的视角分析与处理问题,从而保证图书馆这个发展的有机体可以吐故纳新、生生不息,不断满足社会的需求,发挥更积极的作用。

与阮冈纳赞的"图书馆学五定律"相对应,1995 年,美国学者克劳福特和戈曼在其出版的《未来的图书馆:梦想、乌托邦与现实》一书中提出了"图书馆学新五律"[②]。虽然"图书馆学新五律"试图突破"图书馆学旧五律"的时代局限性,颇具新意地将图书馆的社会功能定位为"知识传播",但是其整

[①] 丁安.大流通服务模式对图书馆学五定律的诠释——以辽宁工业大学图书馆为例[J].辽宁工业大学学报(社会科学版),2018,20(6):55-57.

[②] 叶鹰.图书馆学基础理论的分析表述及其逻辑结构[J].大学图书馆学报,2005(3):6-10,26.

体内容对"图书馆学旧五律"并不具有发展和创新意义①,同时相对于"旧五律"而言,"新五律"对本文的指导意义有限,因而在此不再赘述。

（二）分类法理论

分类是人类思维的基本形式与认识世界的基本方法,是根据事物的特征、属性进行聚类与分组,并依据一定的次序将区分结果系统组织的活动。一个完整的分类通常包括两个方面:一是根据事物的属性分组,将具有相同特征或属性的对象聚类形成对象集合,将不具备这些特征或属性的实物区分开;二是将区分出来的对象集合按照集合间的关系进行排序,按照异同点将这些类中的对象进一步分组②。以中国图书馆分类法为例,在社会科学门类中,以接近的方式对语言、文学、艺术等内容紧密相连的类目进行设类,从而较好反映相关门类间的关联性③。

不同的分类标准会产生不同的分类结果,以网络用户分类为例,Taherdoost等人④梳理了过往研究中根据不同标准对网络用户的分类。根据用户经验可以将用户分为新手(novice)和专家(expert);根据用户的动机可以将用户分为网上冲浪用户(net-surfing browsers)、目标导向用户(goal-directed users)和合作用户(cooperation)⑤;根据地理位置可以将用户分成内部用户(internal users)和外部用户(external users)⑥。

分类法不仅涉及日常生活中的方方面面,还广泛应用于工作实践中,如被广泛应用的《中国图书馆分类法》《冒号分类法》《杜威十进分类法》等。学

---

① 黄俊贵.图书馆原理论略——从阮冈纳赞五定律及戈曼新五定律说起[J].中国图书馆学报,2001(2):5-10.
② 马张华.信息组织(第三版)[M].北京:清华大学出版社,2008:77.
③ 叶继元.信息组织[M].北京:电子工业出版社,2010:210.
④ TAHERDOOST H, SAHIBUDDIN S, JALALIYOON N, et al. International Conference on Advanced Computer Science Applications and Technologies, December 23-24, 2013 [C]. Kuching, MALAYSIA: IEEE, 2014.
⑤ SNYDER I. Hypertext: *The Electronic Labyrinth* [M]. Melbourne: Melbourne University Press, 1996.
⑥ LINDROOS K. Use quality and World Wide Web [J]. *Information and Software Technology*, 1997, 39: 827-836.

者们还将分类法应用到具体的研究领域,如 Herring[①] 运用分面分类法设计了计算机中介话语(computer-mediated discourse)的二维分类方法,分为媒介维度和情境维度。其中,媒介维度包括同步性、技术维度(单向、双向)、持久性、信息缓冲区的大小、沟通渠道、匿名性、公开性、过滤能力、引用程度等9个下位类,情境维度包括参与者结构、参与者特征、参与目的、讨论主题、态度、活跃性、规范性、编码(语言)等8个下位类。此外,用户分类研究也是分类法在科学研究中的一个重要方面。De Silva 和 Riloff[②] 根据 Twitter 推文内容的语言特征将用户分为组织用户和个人用户。Liu 和 Fan[③] 通过改进的决策树算法,依据价值维度和情境维度将移动用户分为基础服务用户、电子服务用户、Plus 服务用户和 Total 服务用户四类。Birkland[④] 通过对17位老年人及其亲朋的访谈发现,依据老年人信息行为差异,可以将这一群体分为以下五种类型:爱好者(the Enthusiast)、实用主义者(the Practicalist)、社交主义者(the Socializer)、保守主义者(the Traditionalist)、防守主义者(the Guardian)。

(三)对新市民信息服务研究的适用性

虽然图书馆学基础理论中一些经典理论提出的时间较早,但是对当前环境中面向用户的信息服务仍有较强的指导意义与适用性,对于反对信息垄断、提倡信息平等共享、解决信息贫困具有重要参考意义。[⑤] 与此同时,无论新旧图书馆学五定律还是分类法理论,其中有一个重要的核心理念,即"以人为本",强调用户的异质性、用户需求的多样性、用户服务的针对性。这与新型城镇化的核心"人的城镇化"具有高度一致性。

---

① HERRING S C. A faceted classification scheme for computer-mediated discourse [EB/OL].[2018-09-30].http://www.languageatinternet.org/articles/2007/761/index_html.

② SILVA L D, RILOFF E. Proceedings of the Joint Workshop on Social Dynamics and Personal Attributes in Social Media, June 27 2014 [C]. Baltimore, Maryland, USA: Association for Computational Linguistics, 2014.

③ LIU D S, FAN S J. A modified decision tree algorithm based on genetic algorithm for mobile user classification problem [J]. Scientific World Journal, 2014: 468324.

④ BIRKLAND J L. Older adults information and communication technology (ICT) use: Discovery of five user types [J]. The Gerontologist, 2016, 56(Suppl_3): 729.

⑤ 黄俊贵.图书馆原理论略——从阮冈纳赞五定律及戈曼新五定律说起[J].中国图书馆学报,2001(2):5-10.

新型城镇化进程中，随着城镇化水平的提升，新市民群体会日趋壮大，与之而来的是新市民内部亚群体的增多和新市民间异质性的增强，进而使新市民信息行为模式千差万别。因此，在新市民信息服务研究中，需以新市民为中心，强调新市民的异质性，这不仅决定了后续政策与服务的精准程度，还影响着新市民相关信息服务与信息政策的有效程度。

1.3.2 信息学理论

（一）信息生态理论

（1）理论概述

信息生态（information ecology）是生态学与信息管理学交叉衍生的新概念，这一概念最早由德国学者拉斐尔·卡普罗[①]在《信息生态进展》一文中正式提出，用来表达生态观念和日益变得重要和复杂的信息环境之间的关联[②]。信息生态理论的研究对象主要包括信息人、信息资源和信息环境。具体而言，信息人即信息主体，是信息活动的真正主导者，是整个信息生态系统的核心要素。信息人并非专指某一个人，而是个人与社会群体所有可以接收和加工信息的具有主观能动性的信息生命主体。信息资源即信息本体，或简称"信息"，是整个信息生态系统中最基本的要素，既是构成信息环境的基础，又是信息人及信息活动中不可或缺的对象要素，可以说，信息人是在创造与使用信息中表达与实现自我并进一步与信息环境相互作用的，有什么样的信息就有什么样的信息人与信息生态[③]。信息生态环境是指信息人在活动过程中所能接触到的所有将对其产生直接或间接影响的信息生态因子的总和[④]，具体而言，包括信息本体、信息时空、信息伦理、信息科学技

[①] CAPURRO R. Towards an information ecology: Contribution to the NORDINFO international seminar "Information and Quality"[C]. Royal School of Librarianship, Copenhagen, 23 - 25 August 1989.

[②] O'DAY V L. Information ecologies[J]. The Serials Librarian, 2000, 38 (1 - 2): 31.

[③] 张新明, 王振, 张红岩. 以人为本的信息生态系统构建研究[J]. 情报理论与实践, 2007(4): 531 - 533.

[④] 王晰巍, 靖继鹏, 李思永. 基于信息生态视角的产业链形成及传导机理研究[J]. 情报理论与实践, 2010(4): 18 - 20, 9.

术、信息基础设施等①。信息、信息人和信息环境构成了信息生态系统的基本框架,同时系统中广泛存在的各类信息生态因子与信息人通过无时无刻不在发生的相互作用,推动着整个系统的变化与发展②。

(2) 信息生态理论对新市民信息服务研究的适用性

信息生态理论的内核就是人与信息环境的关系,倡导信息生态的平衡和信息生态系统各项功能的充分实现。③ 信息生态视域下,新市民信息服务研究是从人的发展的视角出发,考察信息人即新市民面临怎样的信息环境、做出了怎样的信息行为,并深究触发这些信息行为出现的原因以及为新市民更好提供信息服务的有效方法;新市民信息服务研究不仅关注信息量与信息环境的差距,还对信息人的信息行为与信息素养的差距进行考察。信息生态理论与新型城镇化建设高度契合,对新市民信息服务研究有较强的理论指导意义,将其应用于新市民信息服务研究将为我们打开一个全新的视角。

(二) 社会信息学理论

(1) 核心思想

社会信息化环境中,信息通信技术(以下简称"ICTs")使信息要素化并强力渗透到社会各个领域,创新社会发展范式,重塑社会结构,成为社会发展的核心生产要素和战略性资源。在此背景下,一门充分考虑ICTs、设计、实现、管理、使用ICTs的人,以及其所处社会情境(主要包括制度情境和文化情境)三者间互动关系的跨学科——社会信息学(Social Informatics)在20世纪80年代初应运而生,它对计算机应用的社会方面问题进行研究。④

社会信息学理论认为人与ICTs间的关系应被置于社会情境中,并强调人、ICTs、社会情境之间动态和复杂的关系。社会信息学通过提供情境依据,帮助研究者批判性质疑有关ICTs的和被认为是理所应当的假设、观念

---

① 周秀云,娄策群.信息生态群落演替的概念、过程与特征[J].情报理论与实践,2011(6):12-14.
② 任珊珊,刘慧.国内外信息生态理论与应用研究[J].信息系统工程,2014(1):81-83.
③ 肖希明,唐义.信息生态理论与公共数字文化资源整合[J].图书馆建设,2014(3):1-4,16.
④ KLING R, TILLQUIST J. Conceiving IT-enabled organizational change [EB/OL]. Rob Kling Center for Social Informatics Working Paper Series, 1998, WP-98-02.http://scholarworks.iu.edu/dspace/handle/2022/175

和论述,调整基于这些想当然的假设和叙述的对 ICTs 使用的不准确的理解和不切实际的期望,探究 ICTs、用户、团体、组织以及社会之间的关系,重新审视 ICTs 相关的设计、ICTs 政策的制定以及与 ICTs 技术有关的社会公平问题。

近年来,随着全球化发展与文化交流的增多,社会信息学研究人员在坚持研究 ICTs 社会问题中情境重要性,将以人为本的方法应用于 ICTs 的设计、实现和使用问题研究的同时,开始关注新时代下如何对计算机化与社会关系研究的方法进行重新调整和设计,探索可以将社会信息学与其他社会—技术方法区分开的新方向。

随着 ICTs 的迅猛发展以及全球化背景下不同文化交流的增进,社会信息学与社会文化的联系日益密切,越来越多的学者将视角转移到 ICTs 的文化相关性、文化影响力等方面。2014 年 11 月 1 日,美国信息科学与信息技术学会年会中"社会信息学特别兴趣小组"开设十周年之际,在印第安纳大学 Rob Kling 社会信息学研究中心主办的主题为"连接认知文化与智慧社区"的研讨会上,众多学者共谋社会信息学的未来发展。[①] 与会学者就如何建立和维护社会信息学与认知文化之间的联系展开讨论,如 Sanflippo 和 Fichman[②] 主张将社会信息学转移到另一个方向,即研究 ICTs 与社会/多元文化结构之间的关系,理清各种不同的社会技术关系模式,并指出在一个日益全球化和文化日益多元的环境中,社会信息学关于情境重要性的洞见对于理解 ICTs 与个人、群体和社会之间复杂关系是非常重要且关键的。

(2) 对新市民信息服务研究的适用性

相对于国外移民信息行为研究而言,新市民信息行为根植于中国社会文化土壤,与中国社会文化价值观紧密相连。例如,新生代农民工虽然从传

---

① 10th Annual Social Informatics Research Symposium:Connecting (Epistemic) Cultures and (Intellectual) [EB/OL].[2018 - 09 - 30]. https://www.asist.org/publications/bulletin/feb-15/10th-annual-social-informatics-research-symposium/.

② SANFLIPPO M, FICHMAN P. The evolution of social informatics research (1984 - 2013):Challenges and opportunities. In Fichman, P. and Rosenbaum H. (eds), *Social Informatics:Past, Present and Future* [M]. Cambridge, UK:Cambridge Scholarly Publishers, 2014.

统的乡土社会走向现代城市社会,但是以血缘和地缘为纽带形成的人际关系格局仍然存在并成为其信息获取的主要来源①,其信息行为仍延续着"乡土中国的差序格局"②。虽然多元化的城市生活会对新生代农民工原有的人际关系进行分解,但是新生代农民工很难在短期内对充满不确定性的新的人际关系产生信任,加之他们在城市生活中的文化存在处于大众意识的边缘,因此,传统的文化价值观仍然对新生代农民工的信息行为产生深刻影响,使新生代农民工在信息行为上异于都市同龄人。③ 与此同时,虽然新兴技术的发展以及互联网的普及为人们获取信息带来了丰富的信息源,但是信息的泛在性并不等同于信息被利用。虽然新生代农民工相对于老一代农民工在信息能力上有所提高,大多能够使用手机上网并拥有微信等社交工具,但是使用目的很少是查询资料、浏览就业信息或是投简历求职,大多数还是为了娱乐交友④,如追剧、打王者荣耀(游戏)或是聊天,并未真正利用信息、发挥信息在城市生活与立足的作用⑤。

  社会信息学强调以一种批判性的视角重新审视"理所当然"的问题,理解社会信息学方法会使研究人员、设计人员和管理人员对信息服务开发、设计和供给的情境的重要性更加敏感,从更加科学、理性、批判的视角去探索和分析新市民信息服务问题。在分析新市民信息服务问题时不仅要参见相关的国内外研究,还应考虑我国当前社会文化情境、社会技术情境,将问题置于动态发展的中国社会文化情境之中。虽然移民信息行为与新市民信息行为有较多相似之处,但是由于所处的社会文化背景不同,新市民信息服务偏好会存在差异。因此,在参考借鉴国外移民信息服务研究成果的同时,也需要时刻警醒社会文化对个体信息服务偏好的巨大影响。

---

① 杨哲,王茂福.新生代农民工信息能力与城市融入研究[J].中国名城,2014(8):29-33.
② 费孝通.乡土中国 生育制度[M].北京:北京大学出版社,1998.
③ 郑欢,江颖红.新生代农民工的信息行为与传播责任[J].广告大观(理论版),2012(1):4-11.
④ 陆浩东.新城镇化进程中农民工信息素养教育与信息消费能力长效互动机制研究[J].农业图书情报学刊,2017,29(2):5-11.
⑤ 成华威,刘金星.新生代农民工信息素养现状及培养路径探析[J].情报科学,2015,33(2):105-108,120.

（三）信息行为理论

（1）理论概述

信息行为的概念源起于1948年英国皇家学会科学信息会议上对"信息需求与利用"行为的描述。然而，早期学者并未对信息行为概念进行全面而深入的分析，没有探究这一概念的科学性与本质。20世纪70年代起，信息行为逐渐成为相关研究的核心概念。相对而言，最早对信息行为本质进行深入探究的是Feinmen等人，他们将信息行为概括为三种类型：行为主体内在的、行为主体间的以及行为主体外在的信息行为。[①] 当前，信息行为研究内容可以概括为两类：一是行为解析，即对信息行为发生过程的分析；二是影响因素分析，具体包括信息行为的产生原因、效果评估、行为主体等研究方面。

在信息行为解析方面，国内外学者多以行为个体的"信息需求"为起点，侧重对特定行为过程的理论框架构建，关注某一特定情境中具体信息行为方面，如对健康信息寻求行为、政府公共服务数据利用行为、社会化共享及协作行为等问题的分析，重视如何开发与设计信息系统以更好满足个性化需求。总体而言，研究重心从"系统中心论"逐步过渡到"用户中心论"后，又渐渐转向"认知中心论"，用户群体细分程度日益加深。

在信息行为影响因素分析方面，国外学者的研究起步较早，并提出了许多经典模型，如意义建构模型[②]、信息寻求六阶段模型[③]、采莓模型[④]等；国内对该方面的研究基本处于介绍、综述和经典模型应用的层面，只有少部分学者在网络信息行为和信息查询行为方面构建了模型，如信息行为基础框架[⑤]、

---

① 彭文梅."信息行为"与"信息实践"——国外信息探求理论的核心概念述评[J].情报资料工作,2008(5):33-36.

② DERVIN B. From the mind's eye of the user：The sense-making qualitative-quantitative methodology [J]. *Qualitative Research in Information Management*, 1992, 9: 61-84.

③ KUHLTHAU C C. Inside the search process：Information seeking from the user's perspective [J]. *Journal of the American Society for Information Science*, 1991, 42(5): 361-371.

④ BATES M J. The design of browsing and berrypicking techniques for the online search interface [J]. *Online Information Review*, 1989, 13(5): 407-424.

⑤ 杨露.国外信息行为模型研究[J].情报探索,2012(2):33-35.

网络环境下教师信息行为模型①等。

(2) 对新市民信息服务研究的适用性

新型城镇化的背景赋予了揭示信息化效果的重要视角,即人的发展视角。② 新型城镇化的本质问题,是人的发展的问题。基于信息行为经典理论与模型开展新市民信息行为研究,准确把握新型城镇化进程中新市民的信息行为特征,不仅可以为开发、设计和供给新市民信息服务提供理论支持与决策依据,还有利于促进新市民信息服务效能的提升,进而积极推进新市民融入城市生活,完成市民身份角色的转换。

(四) 信息场理论

(1) 理论概述

信息场(information ground)这一概念最早由华盛顿大学教授 Fisher(早年姓 Pettigrew)在 1998 年对社区诊所信息服务的研究中提出。③ 她指出信息场可以出现在任何时间、任何地点,因此这种信息场出现的时间点是千差万别的,并且通常是在意想不到的地方。但是,信息场本身的出现并非专门为了提供信息,而是基于工具性目的,即提供信息只是社会交互的一个副产品,例如为了给予或是接受医疗保健、头发护理、修理自行车、销售产品等。虽然人们聚集到一起主要是受诸如接受足疗等工具性目的驱使,但是他们的互动从他们进入信息场的那一刻起就是社会性的。当进入信息场并参与场内的社会互动时,人们之间关于日常生活或特定情况的对话其实就是在正式或非正式地对不同主题的信息进行分享,并且这种信息分享是多向的。例如,人们可以主动提供信息,参与两个人或多个人的交流,同时充当信息需求者、中间人(intermediaries/negotiators)或信息供给者。然而,这正是信息分享的方式,是确定这个临时环境为信息场的条件。虽然信息场中的信息交换过程与一般情况下的信息交换过程非常类似,即人们经常

---

① 王其冰.网络环境下的教师信息行为分析模型研究[J].中国教育信息化,2013(4):39-43.
② 孙红蕾,钱鹏,郑建明.信息生态视域下新市民信息贫困成因及应对策略[J].图书与情报,2016(1):23-28.
③ PETTIGREW K E. The role of community health nurses in providing information and referral to the elderly: A study based on social network theory [D]. London: The University of Western Ontario, 1998.

间接地表达他们的信息需求,然后专业人士或是其他社会类型人士需要通过交流技巧识别出他们的真实需求,但是在这里,人们不会像在社区信息中心或是公共图书馆参考咨询台那样的正式场合直接表达出其信息需求,很少会直接问某个人"我在哪里可以找到 X"。相反,他们都是通过随意的社交互动如闲谈或是唠家常来表达其信息需求的。人们有时会有目的地利用这种偶然的互动作为了解他人当前遇到的困境或是追踪先前信息交换的结果,有时会通过类似于 Erdelez(1997) 和 Williamson(1998) 描述的方式偶然地共享信息,虽然没有人表现出对这种信息的需求。此外,由于全社会的各个层面都有可能出现信息场,因此信息场可能会产生区域性或全球性的影响,尤其是当人们在日常生活中创造和利用信息场时。我们越了解信息场在何处会出现并在不同人群间如何产生和存在,就能越好地设计出促进信息流动的方法。

  1999 年,Fisher 和她的同事通过对加拿大社区足疗门诊的护士和老年患者的日常信息分享行为的实证研究,特别是对足疗诊所内老年人和护士、其他人之间信息流的分析,进一步基于情境理论分析框架,从情境的空间层面再次深化了这一概念[1],将信息场定义为"由共同完成既定的某项任务的人暂时创造的一种协同环境,但在这种环境中产生了一种促进人们自发或偶然地共享信息的社会氛围"。Fisher 对信息场的暂时性做了进一步解释,这种暂时性是指当信息场内成员分开时,信息场也会消失,至少直到下次有计划或是偶然聚集到一起前这个信息场不会再出现。在这期间,人们生活中会出现新的情况,观察到各种各样的地方事件或是全球性事件,人们会获取新的信息,当他们在下一个信息场再见面时这些信息会被共享。例如在她所用的案例中,社区足疗诊所的选址具有临时性,不同社区并不一定相同,然而,无论是在医院或老年公寓的公共休息室中,还是在教堂或服务俱乐部的地下室中,诊所总是一样的,因为参加诊所活动的人的社会类型相同,即护士、老年人、志愿者接待员以及其他偶尔需要足部护理的人。因此,

---

[1] PETTIGREW K E. Waiting for chiropody: Contextual results from an ethnographic study of the information behavior among attendees at community clinics [J]. *Information Processing & Management*, 1999, 35(6): 801-817.

信息场进一步取决于参与这个场域的人的特定社会类型,即预期会出现在这个场域中会发挥某种预期作用的人,其中也包括与信息流相关的人。例如,一些参与者会通过提供反馈等方式在传播信息、促进信息流动或是交流信息需求等方面比其他人发挥更大的作用。

2004 年,Fisher、Durrance 和 Hinton[①] 在综合 Pettigrew(1998[②],1999[③])的研究成果以及 Chatman(2000)[④]的方法后,进一步识别了信息场理论中七个核心概念(如图 1.1):① 情境丰富(context rich);② 暂时的环境(temporal setting);③ 工具性目的(instrumental purpose);④ 社会类型(social types);⑤ 社交互动(social interaction);⑥ 非正式和正式的信息分享(informal and formal information sharing);⑦ 信息使用的选择性形式(alternative forms of information use)。根据这些核心概念,她们进一步归纳了信息场的七个基本命题:

① 信息场可以出现在任何时间、任何地点、任何个体之间。

② 人们聚在信息场除分享信息外另有一个关键的工具性目标。

③ 不同社会类型参与信息场中,大多数人在信息流中都发挥了预期和重要作用,尽管重要程度不同。

④ 信息流是信息场的副产品,社交互动才是主要活动。

⑤ 参与者在信息场中正式或非正式地与他人分享信息,即信息流出现在多个方向上。

⑥ 人们选择性地使用从信息场获取的信息,并能从中获得身体上、社

---

① FISHER K E, DURRANCE J C, HINTON M B. Information grounds and the use of need-based services by immigrants in Queens, New York: A context-based, outcome evaluation approach [J]. *Journal of the American Society for Information Science and Technology*, 2004, 55(8): 754-766.

② PETTIGREW K E. The role of community health nurses in providing information and referral to the elderly: A study based on social network theory [D]. London: The University of Western Ontario, 1998.

③ PETTIGREW K E. Waiting for chiropody: Contextual results from an ethnographic study of the information behavior among attendees at community clinics [J]. *Information Processing & Management*, 1999, 35(6): 801-817.

④ CHATMAN E A. Framing social life in theory and research [J]. *New Review of Information Behaviour Research*, 2000, 1: 3-17.

交上、情感上、认知上的益处。

⑦ 信息场内存在许多基于人们观点和物理因素的亚情境(sub-contexts)因素,这些亚情境因素共同构成了一个完整的宏观情境(grand context)。

在这项研究中,Fisher 等人①进一步以纽约市皇后区公共图书馆面向移民的扫盲课程为案例,对这七个命题进行了具体的应用,并指出虽然这一课程的授课地点不同,授课时间不同,但因为它们由相同的社会类型人士参加,因此本质上它们是相同的,即参与者出于相同的工具性目的在参与社交互动时正式或非正式地共享信息,并且信息场与这些社会互动密切相关。

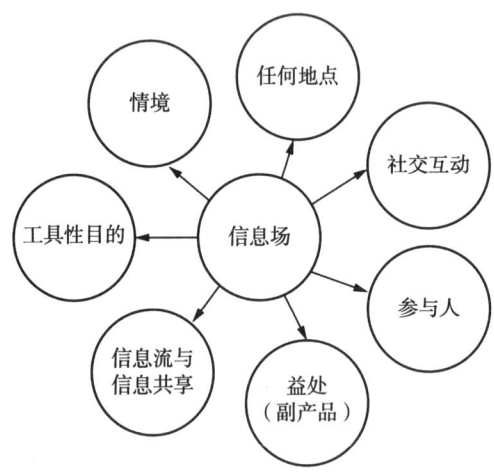

图 1.1　信息场的特点
(参考来源:Fisher, Durrance, & Hinton, 2004)

2006 年,Fisher 等人②在研究西班牙裔移民信息行为时发现,对这些人来说最主要的信息场是教堂、学校和工作场所。此外,其他信息场还包括农场工人的医疗诊所、美发沙龙和理发店、日托中心、车库、KDNA 广播电台

---

① FISHER K E, NAUMER C, DURRANCE J C, et al. Something old, something new: Preliminary findings from an exploratory study about people's information habits and information grounds [J]. *Information Research*, 2005, 10 (2): 10 - 12.

② FISHER K, LANDRY C, & NAUMER C. Information behaviour of migrant Hispanic farm workers and their families in the Pacific Northwest[J]. *Information Research*, 2006, 10(1): e199.

（Fisher 观察到移民们在那里闲逛）、书店和餐厅（必胜客）等。当被要求详细说明为什么认为这些场是获取信息的好地方时，被调查的移民说的原因主要包括：易于沟通、易于与人面对面沟通、有可靠和值得信赖的人或信息源。研究还发现他们在这些信息场中了解的信息五花八门，有生活琐事、八卦、时事政治、日常生活信息、当地历史、家庭问题、计算机信息、英语辅导、就业信息、家庭暴力、法律信息、育儿信息和娱乐信息等。

2007 年，Fisher、Landry 和 Naumer[①] 通过研究信息场内信息流与不同社会空间中人的经历会有怎样变化，提出了以"参与个体相关要素—地点相关要素—信息相关要素"这种三分法来诠释信息场，并指出信息相关要素是使信息场成为重要信息源的最主要原因。表 1.2 参考该研究整理了这些信息场以及每个维度的特征。

表 1.2 信息场维度的特征

参与个体相关	地点相关	信息相关
规模 类型 熟悉度 角色 动机	活动 友好型 舒适性 选址 私密性 气氛	重要性 讨论的频率 如何创建/分享 主题

其中，以信息为中心的信息场是指根据获得的（某些）信息的有用性和重要性确定的地点，包括特定主题、讨论频率以及共享信息的方式。以地点为中心的信息场指的是人们根据几个因素选择的地方，这些因素包括舒适度、场所大小、类型、熟悉度、亲密度、易于到达程度、环境安静程度以及是否允许做多种事情，例如在谈话时吃饭。以人为中心的信息场最直接的表现就是社会活动，来自不同文化背景的人们聚集在各种如英语课程、烧烤派对、社区项目和大学聚会的活动中，进而产生了促进信息交流与共享的信息场的出现。

2007 年，Srinivasan 与 Pyati 指出，通过散居（diaspora）视角了解移民

---

① FISHER K E, LANDRY C F, NAUMER C. Social spaces, casual interactions, meaningful exchanges: 'Information ground' characteristics based on the college student experience [J]. *Information Research*, 2007, 12 (2): e291.

信息行为可以扩大分析移民信息行为的领域,增加一系列新的问题域[①],并将信息场概念扩展到包括在异国的虚拟场,例如海外网站(包括聊天室、新闻网站、博客、社交网站等)。他们指出除了传统意义上的信息场外,信息场还可以包括移民团体的社区中心、公共图书馆以及其他非传统信息场,如餐馆和商店,以满足海外移民社区的需求。基于散居视角,信息场同样包括印度/南亚社区中心、印度教寺庙、社区网站和宗教网站等。

随着信息技术的发展,2010年,Counts和Fisher[②]运用信息场框架对移动信息系统进行了研究,研究发现在这种移动信息系统中正式或非正式的信息共享都会成为沟通过程中的副产品,因此,信息场理论并不一定局限在实体空间中,在虚拟空间等方面同样适用。Khoir、Du和Koronios[③]指出随着在线社交网络的出现,现在应将在线环境视为移民会面和分享信息的新空间。这意味着没有技能和进入这个空间的移民可能处于不利地位,因此,基于Fisher等人[④]的信息场三分法对澳大利亚亚裔移民信息交流行为进行研究,进一步分析与列举了移民参与者为了会面、沟通和共享信息所偏好的信息场,在原有三分法基础上将以地点为中心拓展为以虚拟空间为中心与以现实物理场所为中心。

在信息场理论发展过程中,学者们积极地将信息场理论应用于不同社会文化情境,发现美容院、棒球场、自行车商店、游乐场、纹身店、诊所、教堂、工作场所、俱乐部、餐馆、超市、健身中心、青少年设计日(The Teen Design Days)活动等其他非正式的社交场所和咖啡馆以及移民参加的第二语言课程等均可称为一种促进移民间信息交流与共享、满足移民信息需求的信息场。究其原因在于它们都有一些重要的共同点:在这些地方,人们会自然而

---

① SRINIVASAN R, PYATI A. Diasporic information environments: Reframing immigrant-focused information research [J]. *Journal of the American Society for Information Science and Technology*, 2007, 58(12), 1734-1744.

② COUNTS S, FISHER K E. Mobile social networking as information ground: A case study [J]. *Library & Information Science Research*, 2010, 32(2): 98-115.

③ KHOIR S, DU J T, KORONIOS A. Everyday information behaviour of Asian immigrants in South Australia: A mixed-methods exploration [J]. *Information Research*, 2015, 20(3): e687.

④ FISHER K E, LANDRY C F, NAUMER C. Social spaces, casual interactions, meaningful exchanges: 'Information ground' characteristics based on the college student experience [J]. *Information Research*, 2007, 12(2): e291.

然、有意或无意地分享信息,并且在这里信息分享是多向的(例如,每个人都可以同时是信息的给予者和获取者)。虽然聚集到一起是出于获取信息之外的其他目的(如提高英语语言能力),但是参与者在与项目的其他参与者、家人以及项目工作人员的主动互动交流中获得了其他的益处,通常这种在信息场获得的益处还会以乘数效应对参与者产生更多的好处。

  信息场理论的发展与投入实践,对促进移民融入新环境与面向移民的信息服务的开展具有较强的指导意义。Khoir 等人[1]指出,从政府网站或社会工作者等正式信息来源,移民无法获取到在俱乐部和工作场所所共享的体验信息。Khoir 等人[2]通过调研还发现在亚裔移民中一般和正式的信息需求主要通过互联网来满足,而个人社交网络是用于满足个人信息需求的主要信息来源。非正式场所,如参与者的朋友和熟人家、咖啡馆、购物中心、Facebook、Twitter 和 LinkedIn,对移民来说,是重要的信息场,参与者分享着他们所取得的成就,他们在社区中所做的一切以及在安顿过程中让他们感到焦虑和担忧的原因。研究结果显示,这些处理问题的经验信息可以帮助亚裔移民在澳大利亚更好安顿下来。同时,研究还发现经验分享对于获取、使用和传播信息的方式具有直接且非常显著的影响。在信息场促进信息服务开展方面,在纽约皇后区公共图书馆扫盲课程中,图书馆工作人员通过他们对移民需求的了解和对移民需求的回复可以更好构建这个信息场。他们清楚并理解移民在新环境中遇到的各种困难,例如当地医疗保健的可用性、就业要求和流程、当地的教育系统、获取公民身份的要求、银行系统以及公共交通时间表等。这些工作人员通过信息服务、推荐服务、研讨会、公益课程等方式了解到移民的这些需求,并就如何弥补这些知识差距进行沟通。在这个过程中,员工还发挥了合作者和朋友的作用,成为这些参与者可信赖的专业人士或是导师。目前我国对信息场的研究还比较少,仅有的相关主题的研究也局限在对信息场相关理论产生与发展的介绍或是简单将信息场等同于信息场所的概念。因此,探究信息场理论在我国社会文化背景

---

[1] KHOIR S, DU J T, KORONIOS A. iConference 2014 Proceedings, 2014 [C]. 2014.

[2] KHOIR S, DU J T, KORONIOS A. Linking everyday information behaviour and Asian immigrant settlement processes: Towards a conceptual framework [J]. *Australian Academic & Research Library*, 2015, 46(2): 86-100.

下的应用具有重要的研究意义。

(2) 信息场理论对新市民信息服务研究的适用性

正如 Fisher、Durrance 和 Hinton[①] 所言,在方法论上讲,Fisher 的方法具有很强的转移性,非常适用于分析不同类别或维度的情境,然后综合考虑它们以获得整体性的宏观情境图。通过分解并试图考虑研究中不同利益相关者所处的世界或是亚情境,我们可以更加深入系统地了解他们的世界如何重合并协同作用。同时,当我们通过采取一个宏观视角对信息行为进行探究以及强调信息服务情境的多维性时,我们会得到更深入的结果,分析也变得更加容易。

然而值得注意的是,如前所述,信息场有七个明确的基本命题,即它可以在任何地方出现、有工具性目的、有不同的社交类型、创建社交互动、促进信息共享和流动、促进信息使用并创造利益和情境。从这个角度看,信息场的基本假设是,在社交互动自由且轻松的情况下,信息在许多方向上流动。但是这些命题是基于对移动社交网络用户研究而提出的,因此,在运用到我国新市民信息行为与信息服务研究时,可能需要对它们进行验证、修正或改进。

1.3.3 服务相关理论

(一) 服务创新理论

(1) 理论概述

服务创新理论源自对熊彼特创新理论的深化和发展,因而服务创新的考核标准也主要是参照熊彼特对创新判断的两个考量指标,即是不是被应用于实践的新思想、新方法,以及是否能给它的实施者提供效益。服务创新具有无形性(如通常表现为一个概念、过程或标准)、客户参与性、形式多样性(可以是组织、范式、重组、技术、特色等单一方面的创新或多方面的复合

---

① FISHER K E, DURRANCE J C, HINTON M B. Information grounds and the use of need-based services by immigrants in Queens, New York: A context-based, outcome evaluation approach [J]. *Journal of the American Society for Information Science and Technology*, 2004, 55 (8): 754-766.

创新)、人本性四个基本特征。[①] 服务创新活动主要包括三方面,即增加新的服务、拓展现有服务和改进服务提供方式。[②]

(2) 服务创新理论对新市民信息服务研究的适用性

服务创新理论关于服务创新特征、标准以及形式的研究,对于新市民信息服务创新的具体操作具有较强的参考作用,如新市民社区信息服务创新效益评估机制的制定,可将服务创新的考核标准作为理论依据。

(二) 新公共服务理论

(1) 理论概述

新公共服务理论在以效率为主要目标的新公共管理理论基础上发展而来,用以解决如何充分实现公民权的问题。这一理论最早是由美国亚利桑那州立大学公共事务学院教授登哈特夫妇共同提出。[③] 新公共服务理论倡导公共服务以公民对话协商和公共利益为基础,认为公共服务应该把政策制定和服务供给分开,将公民置于整个治理的中心[④],强调将社会公平原则与经济原则相协调,将以人为本的治理过程和以人为本的服务价值目标相统一,将公共利益与公共部门管理效率相统一,从而实现工具理性与价值理性的统一[⑤]。核心思想包括:服务对象为全体公民;追求公共利益;强调服务的理念;明确责任的复杂性与重要性;倡导新兴的管理模式。[⑥]

(2) 新公共服务理论对新市民信息服务研究的适用性

新公共服务理论所倡导的服务具有普遍性,不仅适用于政府公共部门,也适用于以平等、优质、专业服务为行业核心价值中最为根本价值的信息服务事业,并符合我国新型城镇化事业发展的本质要求,即实现人的城

[①] 原小能.服务创新理论研究述评[J].经济问题探索,2009(11):162-167.

[②] BERRY L L, Shankar V, Parish J T, et al.Creating new markets through service innovation.[EB/OL].[2015-06-09].http://rushkolnik.ru/tw_files/4995/d-4994348/7z-docs/2.pdf.

[③] 辛静.新公共服务理论评析——兼论对中国服务型政府建设的启示[D].长春:吉林大学行政学院,2008.

[④] 珍妮特·V.登哈特,罗伯特·B.登哈特.新公共服务:服务,而不是掌舵[M].北京:中国人民大学出版社,2004.

[⑤] 王玲.新公共服务理论语境下的高校图书馆服务建设[J].图书与情报,2011(5):29-31.

[⑥] 肖希明,曾粤亮.新公共服务理论与公共数字文化服务资源整合[J].图书馆建设,2015(8):38-43.

镇化。因此,从根本上看,新市民信息服务的核心价值理念与新公共服务理论的核心理念是相契合的,与"科学发展观"中的"以人为本"思想是相一致的①。借鉴新公共服务理论启迪新市民信息服务建设思路,对我国新市民信息服务开发、供给与治理的创新具有一定的理论指导作用。

1.3.4 移民相关理论

已有新市民信息行为相关研究多借用移民理论作为研究基础,或以移民信息行为研究作为借鉴。其中使用最为广泛的主要包括人口学的推拉理论、二元经济结构理论,以及社会学的移民适应理论、社会认同理论、社会网络理论和社会质量理论。

(一)人口学移民相关理论

(1)推拉理论

推拉理论是研究人口流动原因与动机问题最重要的理论成果。推拉理论最早由巴格内在其《人口学原理》一书中提出,人口迁移是为了生活条件的改善,所谓拉力就是人口流入地那些可以改善移民生活条件的积极因素,推力就是人口流出地不利的社会经济条件,人口迁移是流入地拉力与流出地推力共同作用的结果。②

(2)二元经济结构理论

1954年,威廉·亚瑟·刘易斯(William Arthur Lewis)在对埃及、印度等国家城市化和城乡关系进行深入研究后,提出了著名的二元经济结构理论。他认为,以村庄为载体的传统农业部门有着丰富的剩余劳动力,如果这些剩余劳动力向以城市为载体的工业部门转移,既可以给农村失业人口增加就业机会,优化农村劳动力人口结构,提升农业生产率,还可以为工业部分带去丰富的人力资源,使两个部门乃至整个社会经济都受益。

20世纪80年代,郭书田、刘纯彬等人在综合二元经济结构理论与我国的实际情况后,指出我国当时是一个以二元户籍制为中心的城乡二元社会结构,一元是由农民组成的农村社会,另一元是由市民构成的城市社会。与

---

① 王玲.新公共服务理论语境下的高校图书馆服务建设[J].图书与情报,2011(5):29-31.
② 庞靓.我国农民工的信息需求及其保障研究[D].武汉:华中师范大学,2012.

这种城乡二元社会结构配套的是由多种二元制度（教育、就业、公共事业、福利保障等）组成的二元社会体系。①

（二）社会学移民相关理论

相较于人口学移民相关理论，社会学移民相关理论偏重于研究移民对新环境的适应、认同、归属以及同化过程中社会心理的转变。

（1）移民适应理论

20世纪初，美国芝加哥社会学派揭开了移民适应理论的序幕，在发展的过程中，这一问题域吸引了大量学者的关注与参与，并形成最具代表性的"同化融合论""族群多元论与族群冲突论""改良型同化论与多元论"这三种理论②。

"同化融合论"与19世纪以来占据社会统治地位的白人"开拓者"强制新移民采用"开拓者"族群文化，有着密切关系。这一理论的核心是外来移民要放弃自身原有文化理念与特质，进而全面认同并融入移民国家中具有社会支配地位的族群。同化并非一个片段，而是相互接触与较量的过程，包括接触、竞争、冲突、调整以及同化等五个阶段，这一过程的结果是移民族群被移民国家具有支配地位的族群同化。同时，同化还进一步分为文化同化、结构同化、婚姻同化、认同同化、行为同化以及公民同化等由低到高的七个层次。③ 相较于其他理论，这一理论的贡献在于揭示了移民融入移民国家主流族群的过程，但是由于这一理论是从移民国家主流族群的立场来看待移民的适应，该理论并不能很好解释移民等非主流族群在移民国家所受的歧视。

在"同化融合理论"的基础上，"族群多元论与族群冲突论"从多元文化的视角对移民适应做了新的诠释。该理论指出移民文化是不可能被移民国家主流文化完全同化的，并且过度突出同化还会进一步出现移民歧视问题。因此，只有以多元的视角出发，充分尊重移民文化，进而使不同文化、价值理念相融合，才能激发社会活力，建构新的社会秩序。

---

① 金洪燕.新生代农民工的图书馆需求研究[D].天津：南开大学，2011.
② DRIEDGER L. *Multi-Ethnic Canada*［M］. Toronto：Oxford University Press，1996.
③ PORTES A，BACH R. Latin journey：Cuban and Mexican immigrants in the United States［J］. *American Journal of Sociology*，1985，62(2)：352.

相较于前两种理论的鲜明特征,"改良型同化论与多元论"认为移民作为非主流族群在被移民国家主流族群同化的同时,改良性地对自身族群的价值、信仰等特质进行了保留①。因此,可以说,这一理论是介乎前两种理论中间的一种理论。

此外,在对北美地区移民行为进行研究的过程中,还产生了一种移民文化适应(acculturation)理论。Berry②指出文化适应是两种或两种以上文化群体,在群体水平上或群体成员间相互接触时所产生的文化和心理的双重变化过程,强调了个体从初始的源文化进入不同文化后所出现的心理和行为的适应过程。基于移民在源文化与主流文化之间同时进行态度和适应模式选择的假设,Berry 提出了移民文化适应的四类模型,即由重视两种文化的整合型、重视主流文化而轻视源文化的同化型、轻视主流文化而重视源文化的分离型以及两种文化都轻视的边缘型组成的模型③。由于该模型较好诠释了个体在多元文化环境中的适应问题,且适用于流动性强的多元文化社会,因此在移民及以及其他跨文化群体的文化适应问题上得到了广泛的应用,如成长在城乡异质文化背景下的"孔雀女"与"凤凰男"的亲密关系问题④、中国留日学生的跨文化适应现状⑤、内蒙古地区汉语教师的跨文化适应问题⑥等。

(2) 社会认同理论

最早提出社会认同理论的 Tafje 将社会认同界定为个体对其所属群体以及这个群体身份带来的情感上与价值观上的重要性认识。⑦ 这一理论的

---

① 文一篇.不同居住模式下农民工的信息接触与城市融入状况研究[D].长沙:中南大学,2011.

② BERRY J W, SABATIER C. Acculturation, discrimination, and adaptation among second generation immigrant youth in Montreal and Paris [J]. *International Journal of Intercultural Relations*, 2010, 34(3):191-207.

③ BERRY J W. Immigration, acculturation, and adaptation [J]. *Applied Psychology*, 2010, 46(1):5-34.

④ 林彬彬,严静."凤凰男"与"孔雀女"的城乡异质型亲密关系及危机化解——基于跨文化适应的视角[J].贵州师范大学学报(社会科学版),2019(1):24-33.

⑤ 张明帅.留日中国学生跨文化适应现状研究[D].延吉:延边大学,2018.

⑥ 任宁.赴蒙汉语教师志愿者跨文化适应案例研究——以三名新疆大学汉硕为个案[D].乌鲁木齐:新疆大学,2018.

⑦ 张钰歆.新市民信息素养现状及提升对策研究[D].福州:福建师范大学,2017.

核心观点在于,个体通过对自我的认知产生族群偏好,对社会分类下与自身相似族群(族群内)的群体产生认同,并出现对族群外群体的偏见。个体在对族群内群体与族群外群体的比较中实现或维持积极的社会认同,进而提高其在社会中的存在价值。当个体感到其社会认同受到威胁时,就会自发采用多种方法来提高社会与族群内群体的认同感;当个体对族群内群体过分自信时,就容易出现族群内群体优于族群外群体的认知,进而出现对族群内外群体间的偏见与冲突。个人认同使个体在时间与空间上明确自己的独特性,即我是我,而非其他人。当个体意识到并强化自身与族群内群体的共性以及与族群外群体间的差异性时,社会认同即出现了。究其根本,个人认同与社会认同都是个体自我意识的体现形式,是自我构念不可或缺的组成部分。

(3) 社会网络理论

社交网络相关研究表明,人们在相互交流中会得到五种具体的帮助:提供解决方案、指向人/资源、重新设定问题、肯定替代方案,以及来源的合法化。[①] De Jong 和 Gardner[②] 发现,社交网络为移民提供了与移民和同化相关的移民目的地选择、初到时的支持、移民目的地的社会经济情况以及如何加入新的社会共同体等相关信息。无独有偶,Dunn 的社交网络理论[③]也将社会互动要素与人的信息化过程(informational processes)相结合。此外,社交网络将新加入的共同体与原来所处的共同体连接起来,从而为移民提供了社会、文化、经济上的连续性,这种双重社交网络(新旧)的发展不仅有助于移民应对同化过程,还能为其提供安全感。[④]

[①] ROB C A, STEPHEN P B B, ANDREW P C. Beyond answers:Dimensions of the advice network [J]. *Social Networks*, 2001, 23(3):215-235.

[②] DE JONG G F, GARDNER R W. Migration decision making:Multidisciplinary approaches to microlevel studies in developed and developing countries [J]. *New York Pergamon*, 1981, 50(1):284-285.

[③] DUNN W N. Social Network Theory [J]. *Science Communication*, 1983, 4 (3):453-461.

[④] RODRIGUEZ-MORI H. The information behavior of Puerto Rican migrants to central Florida, 2003-2009:Grounded analysis of six case studies use of social networks during the migration process [D].Tallahassee:Florida State University, 2009.

(4) 社会质量理论

社会质量理论起源于《欧洲社会质量阿姆斯特丹宣言》(The Amsterdam Declaration on Social Quality of Europe),其中社会质量意为"公民在那些能够改善人们福利状况和提升个人潜能的环境条件中参与其社区社会经济生活的程度"[①]。该理论认为社会质量的高低可从社会经济保障、社会凝聚(社会团结)、社会融合以及社会赋权四个维度来考量。需要说明的是,该理论中社会融合强调的是经济融合、文化融合、心理融合、身份融合以及社会关系融合的集成统一;社会赋权是指通过扩大人们可供选择的范围来增加选择的机会,进而使人们有机会全面参与社会生活。

相对于其他信息服务而言,新市民信息服务的开展更强调公共性和基础性,信息准入门槛较低,更加贴近新市民的诉求和生活,给予新市民更多的参与机会,助其通过用户体验的方式享受市民待遇、融入市民生活。激发其文化归属感和身份认同感,不仅可以加快新市民社会融合的步伐,还可重塑其工作生活区域的信息生态环境,改善城市信息生态圈,进而强化社会凝聚力,提升社会整体质量。

(三) 对新市民信息服务研究的适用性

新市民是一个相对本土化的概念,与我国城乡二元结构制度密切相关,在国外并不存在这一概念,但国外的移民概念与我国新市民的概念有着一定程度的相似性,移民相关研究也多被借鉴到新市民的研究中,因此,移民相关理论对我国新市民的研究具有较强的借鉴与指导意义。

与新市民对城市发展的作用相类似,移民通常在供给人力资源方面发挥积极的国际作用,并且从理论上讲,移民从人力资源丰富的地方转移到供不应求的地方,不仅帮助其自身最大限度地利用机会,还给东道国带来了丰富的人力资源[②]和强劲的经济发展动力[③]。移民将特定技能注入经济体中,

---

① 林卡.社会质量理论:研究和谐社会建设的新视角[J].中国人民大学学报,2010(2):105-111.

② BEJI K. Socio‐Professional Integration of Recent Immigrants in Canada: The Role of Information and Social Networks [J]. *Social Science Electronic Publishing*, 2010, 65(4):562-583.

③ KERR R.Population, Immigration and the Labour Market in Proceedings of the Population Conference, November 12-14, 1997 [C]. The Papa Tongarewa, New Zealand, 1997.

形成该经济体的人力资本存量,是移民带来的另一个好处。① 此外,移民往往会给东道国带来积极的创业态度、职业道德以及与其他文化和市场的宝贵联系,在美国,经济学家几乎一致认为20世纪的移民使美国经济受益颇丰②。虽然移民可能不是经济增长的引擎,但效果是积极的③。这与国务院发展研究中心课题组的发现颇为相似。该课题组通过对农民工市民化与经济增长的关系进行分析发现,市民化人口(农民工及其抚养人口)每增加1000万,经济增长速度会相应增加1%左右。④

同时,跨国移民导致移民与其熟悉的信息环境分离,有时会产生妨碍他们在新社会中充分参与教育、工作和其他日常活动的挑战。⑤ 对比分析我国新市民已有研究,尤其是农民工相关研究,可以发现,这种情况同样出现在我国新市民的身上。并且正如新市民信息行为存在一定特殊性,移民信息行为与一般人群的信息行为也并不相同,如Woodall等人⑥发现,北美华人移民会表现出与一般人群截然不同的健康信息查询行为,并建议健康教育专家在为华人移民规划癌症教育及预防干预计划时,考虑到华人移民对中文媒体的偏好。虽然研究对象存在一定的差异,但是可以看出,其建议对策同样适用于指导我国政府机构制定新市民政策以及相关机构开展新市民信息服务工作,如提供健康信息服务时,需要同时顾及不同民族的新市民的文化背景以及语言偏好的差异。

此外,Benson-Rea和Rawlinson通过研究发现,当代移民,特别是前沿

---

① SOWELL T. Migrations and cultures: A world view [J]. *Society*, 1997, 34(6): 92-94.
② SIMON J L. *The Economic Consequences of Immigration* [M]. Oxford and Cambridge: Basil Blackwell, 1989.
③ SMITH J. "International perspective on demographic and economic impacts of immigration", in *The New Americans: Economic, Demographic, and Fiscal Impacts of Immigration* [M]. Washington, DC: National Academy Press, 1997.
④ 刘世锦,陈昌盛,许召元,崔小勇.农民工市民化对扩大内需和经济增长的影响[J].经济研究,2010,45(6):4-16,41.
⑤ KIM J. Information practices during life transition: Korean immigrant women's everyday life information seeking and acculturation [D]. College Park: University of Maryland, College Park, 2016.
⑥ WOODALL E D, TAYLOR V M, TEH C, et al. Sources of health information among Chinese immigrants to the Pacific Northwest [J]. *Journal of Cancer Education*, 2009, 24(4): 334-340.

技术部门的高技能人才,对国内外经济发展具有显著的积极作用,充足的高技能人力资源不仅是技术进步的必要条件,还可能是这种增长的关键催化剂。[①] 这一研究成果不仅为我国新市民研究与实践提供了理论支持,还为我们打开了一个更广阔的视角,在以新市民为研究对象的过程中,不仅要关注技能较低的弱势群体,还需关注具有高技能的新市民人才。这些人才不仅是新市民群体的重要组成部分,还是我国城市发展与经济腾飞中必需的重要人力资本。

---

① BENSON-REA M, RAWLINSON S. Highly skilled and business migrants: Information processes and settlement outcomes [J]. *International Migration*, 2003, 41(2):59-79.

第二章　新市民信息服务研究述评

目前,学界尚未统一对"新市民"的界定,因此直接以"新市民 AND 信息"作为检索式进行检索将严重影响检全率;同时,"新市民"是一个相对本土化的概念,直接将其翻译以"(new urban resident *)AND(information)"为检索式分别在 Web of Science 数据库、Wiley Online Library 和 Google Scholar 进行检索,检索时间跨度为所有年份,检索结果为 0。究其原因,新市民群体是在我国新型城镇化进程中所产生的新兴群体,其产生与我国特定社会文化环境有着密切关联。因此,本研究设计了"中文检索—西文初步检索—扩展检索"的三阶段检索策略。

第一阶段,中文检索。根据 1.1 节中对新市民概念的分析,新市民又被称为"新居民""都市乡民""农转非""城市新移民""半市民""城市外来人口""准市民",依据其概念内涵,这一群体中既包括"农民工"低学历"流动人口"等底层新市民,也包括"高校毕业生""留学回国人员"等精英新市民。基于此,依据术语学的要求,本研究分别以(新市民+信息)、(新居民+信息)、(都市乡民+信息)、(农转非+信息)、(城市新移民+信息)、(半市民+信息)、(城市外来人口+信息)、(准市民+信息)、(农民工+信息)、(流动人口+信息)、(留学回国人员+信息)、(高校毕业生+信息)等为检索式在 CNKI、万方、维普三大全文数据库进行主题、题名或关键词检索(数据收集截至 2021 年 1 月)。通过逐条筛查并剔除与新市民信息行为研究无直接相关性的研究,缺失摘要、关键字等论文标准规范格式的文献后,发现相关文献共计 146 篇(含期刊论文 107 篇、硕博士学位论文 37 篇和会议论文 2 篇)。

第二阶段,西文初步检索。浏览所得中文相关文献内容及引用西文参考文献后,笔者发现研究人员所引外文文献多以"immigrant""migrant""newcomer"和"outsider"为关键词。因此,在进一步的西文初步检索中,本研究分别以(immigrant * + information)、(migrant * + information)、(newcomer * + information)、(outsider * + information)为检索式在 Web of Science 核心集、PQDT、EBSCO、LISA、EI 进行主题、题名或关键词检索。经过剔除后,筛选出与本研究主题高度相关文献 192 篇(含期刊论文137 篇、硕博士学位论文 22 篇、会议论文 31 篇、书 2 本)。

第三阶段,扩展检索。通过对第二阶段所检文献的引用与被引进行扩展检索,进一步获得 17 篇论文。合计获得 355 条文献。

尽管新市民的概念在实践领域已被广泛应用,但是由于定义尺度不同,学术界明确针对逐渐扩大的新市民群体的信息行为的研究还相对较少。与此同时,基于新市民信息行为与移民信息行为的紧密相关性,为系统全面地掌握国内外新市民信息行为研究现状,并为本研究的后续内容提供支撑,本研究在对新市民及其相关群体信息行为进行综述中,并未按照国内外或某一群体如农民工、失地人口、新移民等进行分类,而是以研究内容为基础,沿着新市民信息需求、新市民信息行为和新市民信息服务这三条脉络对相关研究进行回顾与述评。

2.1 新市民信息需求

在对信息行为进行研究时,大多数学者(如 Dervin、Keelhaul、Belkin、Saracevic)将信息行为发生的原因——信息需求作为首要研究对象。[1] 用户为了完成社会生产生活中的某一具体目标[2]或实现与外界的信息沟通交流,以自己方便的形式表达出来的、及时获取问题解决所需要的、可以解决实际问题的、满足需要和降低不确定性的、完整可靠信息的要求即信息需求。例如,农民工的信息需求是指农民工在生产生活中产生的、与具体问题

---

[1] 姚缘.信息获取、职业流动性与新生代农民工市民化:基于辽宁省的调查[D].沈阳:沈阳农业大学,2013.

[2] 卢喜梅.我国农民工信息需求与信息行为的现状调查及特点分析[D].武汉:华中师范大学,2014.

相联系的对信息的需要。① 从意义建构视角出发,当行为主体意识到因存在某种空白而无法理解的情境出现时,信息需求就会产生,并会通过多种手段来填充这一空白。因此,信息需求产生于行为主体在生产生活遇到问题而感到信息匮乏时。②

行为个体对信息需求的种类和数量因人而异,由此产生的信息获取行为强度也千差万别;在不同时空情境下,纵然行为个体相同,其信息需求也会因情境的不同而存在差异③。但是,一般情况下,新市民群体由于面临着经济、制度、语言、文化、地域、社会等多种障碍,进入新环境后很难满足自身大量的信息需求④。通过文献调研发现,新市民信息需求研究主要集中在信息需求内容与信息需求动机两个方面。

2.1.1 信息需求内容

信息时代,信息对于满足人类基本需求至关重要。⑤ 本研究通过对国内外已有研究的梳理发现,新市民信息需求类型极其复杂,涉及生活中的方方面面。相关学者对新市民信息需求类型进行了分类。如 Khoir、Du 和 Koronios⑥ 将移民信息需求分为三类:一般需求(如住宿、交通和当地文化)、个人需求(如工作、英语识字和网络)和正式需求(即官方需求,如移民、教育和税务援助)。简荣⑦、区晶莹等人⑧利用 KANO 模型将农民工的信息需求分

---

① 陈明星,钱鹏.分化特征:传统农民工信息搜寻行为的内在本质[J].新世纪图书馆,2016(4):31-34,45.
② 陆雪梅.农民工信息服务需求影响因素实证研究[D].广州:中山大学,2010.
③ 梁培.邢台市新生代农民工信息需求研究[D].保定:河北大学,2014.
④ PETERSON K J. Including the culturally excluded and socially forgotten: Information services for Spanish migrant workers in the United States [J]. The Library Quarterly, 2014, 84(3): 390-401.
⑤ BAHARUDDIN M F, MASREK M N, SHOID M S M. Individual differences and information needs: An exploratory study of migrant workers in Malaysia [J]. Journal of Computational & Theoretical Nanoscience, 2017 23(4): 3209-3212.
⑥ KHOIR S, DU J T, KORONIOS A. Linking everyday information behaviour and Asian immigrant settlement processes: Towards a conceptual framework [J]. Australian Academic & Research Library, 2015, 46(2): 86-100.
⑦ 简荣.农民工信息需求研究[D].广州:华南农业大学,2010.
⑧ 区晶莹,俞守华,林泳雄.基于 KANO 模型的农民工信息需求类型实证分析[C]. 中国农业系统工程学术年会,2011.

为基本型、期望型与兴奋型三类。李全喜[①]依据信息对新生代农民工融入城市的影响的显著程度，将新生代农民工融入城市所需信息分为基本生存类与持续发展类两大类。樊露露和井水[②]通过对西安新生代农民工信息需求的调查，将新生代农民工的信息需求归类为经济融入类、社会融入类与心理文化类三类。李英杰[③]通过对潍坊市城市新移民的信息获取行为进行研究发现，新市民需求最强烈的信息是与工作信息相关的问题。王士军和彭忠良[④]根据主题内容将新生代农民工信息需求划分为生活、教育、社交、政策和娱乐五个大类。李琳琳[⑤]依据信息需求层次理论，将农民工信息需求划分为显性需求和隐性需求两大类。陆雪梅[⑥]根据马斯洛需求层次理论将农民工信息需求分为基本生存、社会安全、精神慰藉、社会尊重、追求成长等五类。陶建杰[⑦]综合马斯洛的需求层次理论与韦尔的信息寻求行为等级图，并采用"投射法"将农民工日常所需的主要信息从低到高分为：物质信息（衣食住行）、安全信息（医疗保健）、尊重信息（维权社保）、自我实现信息（子女教育）四类。庞靓[⑧]根据需求理论与恩格斯的三层次需求论、马斯洛的三层次需求论的整合结果，将农民工的信息需求分为基本生存需求、心理情感满足需求、个人发展需求三类。

学者们在研究新市民信息需求类型的基础上还对新市民群体信息需求内容进行了分析。如图 2.1 所示，就业、住房与子女教育是出现最为频繁的三种信息需求内容。

---

① 李全喜.新生代农民工城市融入中的信息短缺问题研究[J].图书馆工作与研究,2014(2):17-20.
② 樊露露,井水.西安新生代农民工社会融合信息需求与服务对策研究[J].当代图书馆,2016(1):19-21.
③ 李英杰.潍坊城市新移民信息获取情况调查[J].潍坊学院学报,2015(5):120.
④ 王士军,彭忠良.论移动新媒体破解新生代农民工信息饥渴的机遇与挑战[J].河北北方学院学报(社会科学版),2013,29(3):60-63.
⑤ 李琳琳.农民工日常生活信息查寻行为模型构建研究[D].重庆:西南大学,2013.
⑥ 陆雪梅.农民工信息服务需求影响因素实证研究[D].广州:中山大学,2010.
⑦ 陶建杰.新生代农民工的信息满意度及影响因素研究——兼与老一代农民工的比较[J].中国青年研究,2013(8):24-30.
⑧ 庞靓.我国农民工的信息需求及其保障研究[D].武汉:华中师范大学,2012.

图 2.1 新市民信息需求内容标签云

然而,通过观察图 2.1 的标签云也可以发现,一些主题频繁出现在图中,但由于不同学者对于新市民信息需求内容表述不同,对于信息需求内容的分类标准也千差万别,因此较为分散。笔者在此基础上,根据信息类型对新市民信息需求内容进行了重新编码与整理,并依据应用较广泛的马斯洛需求层次理论[①]对其所属层次进行归类,具体结果见表 2.1 与图 2.2。

表 2.1　新市民及其相关群体信息需求内容、类型及所属层次

序号	信息类型	所属层次	所含下位类	出现频率
1	就业与职业技能培训	生理需求	就业机会、专业技能、招聘用工、职业技能培训、打工挣钱、招工、工作、工种技能、培训机会、创业信息等	17.44%
2	社会福利与保障	安全需求	社会保障、权益维护、社保、劳资维权、医疗保险、养老保险、失业救助、工伤保险、最低生活保障、签订劳动合同、同工同酬、维权路径等	12.56%

① 陆雪梅.农民工信息服务需求影响因素实证研究[D].广州:中山大学,2010.

续　表

序号	信息类型	所属层次	所含下位类	出现频率
3	医疗健康	安全需求	生理卫生、心理咨询、医疗保健、子女健康、生殖保健、治疗疾病、营养膳食、卫生健康、伦理健康、两性安全等	10.12%
4	自身教育与子女教育	自我实现需求	子女教育、子女入学、性教育、自身再教育、教育政策、继续教育、职业发展教育等	9.30%
5	科技与文化	自我实现需求	精神文化、现代信息技术、农业技术、文化娱乐、宗教活动、当地文化、本地特色、健康文化、科教类信息等	8.60%
6	住房与交通	生理需求	房屋租赁、招工单位宿舍、房源信息、租房补贴、交通信息等	7.09%
7	政府政策	安全需求	落户、政务、时事政策、国家扶贫政策、灾害救助政策、涉农政策、返乡创业优惠政策、惠农政策、农业补贴政策、住房优惠政策等	6.16%
8	休闲娱乐	社交需求	动漫游戏、生活娱乐、影视娱乐、体育赛事、休闲旅游、娱乐资讯等	5.70%
9	经济收入与支出	生理需求	财经信息、购物信息、商品打折、赚钱方式、银行业务、生活费用、家庭收入等	5.12%
10	法规法律与规章制度	安全需求	法律法规、劳动法、法律援助、经济法律、法治、经济法律、法律知识、工资保障制、用工单位规章等	4.77%
11	农业与农村	自我发展需求	农药市场、农产品、科技兴农、农业技术、农产品市场等	3.72%
12	时事新闻	尊重需求	国家社会新闻、本地新闻、国内外社会要闻、国外时政、地方新闻等	2.44%

续 表

序号	信息类型	所属层次	所含下位类	出现频率
13	政治参与	尊重需求	投票选举、参政议政途径、公民身份获得、组织参与、政治程序等	2.09%
14	社会交往与家庭关系	社交需求	社会交往、家庭关系、身边人和事、家人朋友、征婚交友等	1.86%
15	其他	—	生活服务、空间信息、环境信息、灾区信息等	3.02%

图 2.2　编码后新市民信息需求内容标签云

如表 2.1 所示,依据需求层次理论,已有研究中,新市民信息需求内容可分为由低到高的五个层次:一是生理需求层面,这一层次主要包括由衣食住行、租房购物等需求引发的信息需求内容,所含信息类型如就业与职业技能培训[①]、住房与交通[②]、经济收入与支出等;二是安全需求层面,这一层次主要包括由寻求医疗保障、保护自身的合法权益等需求引发的信息需求内

---

① KHOIR S, DU J T, KORONIOS A. Linking everyday information behaviour and Asian immigrant settlement processes: Towards a conceptual framework [J]. Australian Academic & Research Library, 2015, 46(2): 86–100.

② 姚缘.信息获取、职业流动性与新生代农民工市民化:基于辽宁省的调查[D].沈阳:沈阳农业大学,2013.

容,所含信息类型如社会福利与保障①、医疗健康②③④⑤⑥⑦、政府政策、法律与规章制度⑧等;三是社交需求层面,这一层次主要包括由融入所在群体、增强归属感等需求引发的信息需求内容,所含信息类型如休闲娱乐、社会交往与家庭关系等;四是尊重需求层面,这一层次主要包括由争取他人尊重、追求市民平等待遇等需求引发的信息需求内容,所含信息类型如时事新闻⑨、政治参与等;五是自我发展需求层面,这一层次主要包括由实现创业等理想抱负、追求更好生活、培育下一代等需求引发的信息需求内容,所含信息类型如自我教育与子女教育⑩、科技与文化、农业与农村等。

但是,值得注意的是,以上分类是将已有研究中的新市民多种亚群体以及新移民的信息需求内容整理而成的新市民信息需求一般化内容,而非我国当前实际发展中的新市民信息需求内容。因此,后文将以此为基础制定问卷,投入实践,对它进行检验,以发现我国当前发展中新市民信息需求内容特点。

---

① 苗婷秀.新生代农民工择业过程中信息行为相关问题研究——基于昆明市南坝人力资源中心的实证调查[D].昆明:云南大学,2012.

② 苏晓馨.城市外来人口健康与医疗服务利用行为研究:以上海为例[D].上海:复旦大学,2012.

③ 钱旦敏.新市民健康信息精准服务模型构建研究[D].南京:南京大学,2018.

④ THOMSON M D, HOFFMAN-GOETZ L. Colon Cancer information preferences of English-as-a-second-language immigrant women: Does language of interview matter?[J]. Journal of Cancer Education, 2010, 25(2): 229 – 235.

⑤ MARGARIDA G D M, GASPAR T, SIMONS-MORTON B, et al. Communication and information about "safer sex": Intervention issues within communities of African migrants living in poorer neighborhoods in Portugal[J]. Journal of Poverty, 2008, 12(3): 333 – 350.

⑥ ÅKERMAN E, ESSÉN B, WESTERLING, R, et al. Healthcare-seeking behaviour in relation to sexual and reproductive health among Thai-born women in Sweden: A qualitative study [J]. Culture, Health & Sexuality, 2017, 19(2): 194 – 207.

⑦ 李莹,林功成,陈霓.性健康信息在农民工群体的传播研究——以问题解决情境理论为基础[J].人口与发展,2016,22(2):82 – 90.

⑧ 胡晓鹰.珠三角新生代农民工信息需求与服务对策研究[J].图书馆论坛,2011,31(5):42 – 44,111.

⑨ 姚缘.信息获取、职业流动性与新生代农民工市民化:基于辽宁省的调查[D].沈阳:沈阳农业大学,2013.

⑩ 胡晓鹰.珠三角新生代农民工信息需求与服务对策研究[J].图书馆论坛,2011,31(5):42 – 44,111.

2.1.2 信息需求动机

信息需求始于某些动机因素。[①] 通过文献调研,新市民信息需求动机可归类为以下五个类型。

(一)基于前文所提需求层次理论所衍生的信息需求动机:满足工作需求;解决日常生活中遇到的实际问题;获取新闻,了解外界情况;满足个人兴趣爱好/休闲娱乐;提升知识技术水平/文化素养;提高生活质量等。具体而言,李琳琳[②]在其农民工日常生活信息查询行为研究中发现,农民工日常生活信息行为的动机大多是任务型的,如为了满足个人兴趣爱好、解决生活中遇到的实际问题,同时,打发时间以及习惯性行为也是农民工日常生活信息查询行为的重要动机。武晓丽、王晓云、刘瑞芳[③]通过调研发现新生代农民工获取信息最主要的两个动机分别是休闲娱乐与提升个人知识技术水平,此外,提高生活质量与满足工作需求也是其获取信息的重要动机。杨玺[④]在对失地农转非居民日常生活信息查寻行为进行研究时发现,解决日常生活中的实际问题是绝大多数失地农转非居民日常生活信息查询的主要目的,并且这种动机并未受搬迁与否影响。张钰歆[⑤]在对农民工、失地农转非与自愿迁居城市农民的信息素养进行调查时发现,提高文化素养与丰富业余生活是这些新市民有意识搜寻信息的最主要动机。文一篇[⑥]在探究群居与散居两种不同居住模式下农民工信息行为差异时发现,获取新闻和娱乐消遣是散居与群居农民工最主要的信息需求动机。

(二)寻求归属感与存在感也是新市民寻求信息的一种动机。Walsh

---

① SHOHAM S, STRAUSS S K. Immigrants' information needs: Their role in the absorption process [J]. *Information Research*, 2008, 13(4): 4.
② 李琳琳.农民工日常生活信息查寻行为模型构建研究[D].重庆:西南大学,2013.
③ 武晓丽,王晓云,刘瑞芳.新生代农民工信息需求调查研究——以河北省为例[J].图书馆工作与研究,2013(3):99-103.
④ 杨玺.失地农转非居民日常生活信息查寻行为研究[D].重庆:西南大学,2014.
⑤ 张钰歆.新市民信息素养现状及提升对策研究[D].福州:福建师范大学,2017.
⑥ 文一篇.不同居住模式下农民工的信息接触与城市融入状况研究[D].长沙:中南大学,2011.

和 Horenczyk 指出归属感和存在感将使移民在新的国家获得更好的体验①,是移民信息行为的一种重要动机。Navarrete 和 Huerta② 在对移民 ICT 使用研究时发现,寻求归属感是移民日常生活中一种重要的信息需求动机,并指出这种寻求归属感的动机亦是社区意识的一种体现形式。与之相类似,Lingel③ 在对城市新来人口信息行为进行研究时发现,闲逛(wandering)同样是外来人口进入新环境中所采取的一种信息行为,这种行为的主要动机是了解周围事物或环境(如附近小区、邻居等),建立归属感。此外,Nedelcu 和 Wyss④ 发现实时了解家人亲友的情况、保持一种存在感是移民使用 ICT、产生信息需求的重要动机。

(三)一些新市民最初的信息行为是没有明确动机的,但是偶遇到相关信息后,这些无意识获得的信息会促使他们开始有目的的查找更多信息。例如,Cristina 等人⑤在研究美国巴西移民母亲的儿童健康信息查询行为时发现,这些移民母亲本身并没有明确的动机,只是偶然从不同信息源(如医疗工作者、巴西朋友、巴西媒体等)获得了相关信息,而这些偶遇到的信息触发了她们进一步去搜寻更多相关信息的行为。

(四)学者们还对新市民 ICT 应用动机进行了研究。研究发现移民使用 ICT 的动机主要包括熟悉新环境;与原籍地亲友保持联系;获取最新信息;满足工作求职需求;加强子女教育等⑥。其中,与原籍地亲友保持联系是

---

① WALSH S, HORENCZYK G. Gendered patterns of experience in social and cultural transition: The case of English-speaking immigrants in Israel [J]. *Sex Roles*, 2001, 45(7): 501 - 528.

② NAVARRETE C, HUERTA E. Hawaii International Conference on System Sciences [C]. Hawaii: IEEE Computer Society, 2006.

③ LINGEL J. Information practices of urban newcomers: An analysis of habits and wandering [J]. *Journal of the Association for Information Science and Technology*, 2015, 66(6): 1239 - 1251.

④ NEDELCU M, WYSS M. 'Doing family' through ICT-mediated ordinary co-presence: Transnational communication practices of Romanian migrants in Switzerland [J]. *Global Networks*, 2016, 16(2): 202 - 218.

⑤ CRISTINA L A, MOURA A C A, TAVARES M M M, et al. Exploring how Brazilian immigrant mothers living in the USA obtain information about physical activity and screen time for their preschool-aged children: A qualitative study [J]. *BMJ Open*, 2018, 8(8): e021844.

⑥ ACHARYA B B. A systematic literature review on immigrants' motivation for ICT adoption and use [J]. *International Journal of E-Adoption*, 2016, 8(2): 34 - 35.

促使移民开始使用 ICT 的最重要动机[①]。

（五）一些学者在实际研究中,甚至直接将信息需求内容作为信息需求动机,如卢喜梅[②]、黄录良[③]均在研究中指出,技能培训信息、帮助子女教育信息与学习知识信息是他们调研的农民工样本获取信息的三种最主要的动机。

在新市民信息需求动机已有研究中,研究者多将其与信息获取动机相等同,主要是由于信息需求动机是触发信息行为个体寻求与获取信息的主要原因。但是,笔者认为,正如前文所述,信息需求动机与人的日常生活需求紧密相连,更具体化,而信息获取动机出现于信息需求动机之后,会受到以往经历的影响并偏重于对不同信息源的选择标准,即 TAM 模型中所提的有用性与易用性的感知。如俞守华、周玉意、区晶莹[④]发现在所有影响农民工信息接受态度因素中,信息接受动机影响最为显著。

2.2 新市民信息行为

在分析新市民信息行为时,本节首先从新市民信息行为构成要素（信息获取行为、信息使用与交流行为）出发,紧接着对新市民信息行为影响因素与新市民信息行为模型等方面进行述评。

2.2.1 信息获取行为

信息获取是信息行为的构成要素之一,在动机驱使下对信息源进行筛选并有选择获取信息[⑤],不仅包括选择获取信息途径（如家人朋友、广播电

---

① GONZALEZ V, CASTRO L A, RODRIGUEZ M. Technology and connections Mexican immigrants in the U.S. [J]. *IEEE Technology & Society Magazine*, 2009, 28(2): 42-48.

② 卢喜梅.我国农民工信息需求与信息行为的现状调查及特点分析[D].武汉:华中师范大学,2014.

③ 黄录良.新媒体背景下农民工获取信息路径研究[J].科学与信息化,2017(22):24-27,29.

④ 俞守华,周玉意,区晶莹.农民工信息接受行为影响因素研究[J].图书情报工作,2010,54(15):44-48.

⑤ 李小明.已婚外出就业女性劳动力信息获取及职业流动的调查分析[D].沈阳:沈阳农业大学,2017.

视、公共文化机构等)、获取信息策略(如求助亲友、上网检索、读书看报等)，还包括信息获取过程中所遇到各种障碍。本小节将对信息获取行为的每一部分逐一进行综述。需要说明的是，本研究将信息获取行为与信息查找行为等同。

(一) 信息获取渠道与信息源

1976 年，在联合国教科文组织出版的《文献术语》中，信息源被界定为"为满足信息需求行为个体获取信息的来源"[①]。基于这个定义，一切生产、贮存、加工以及传播信息的源泉均能被认为是信息源。而信息源根据其出现的时间顺序、传播方式、与人关系的密切程度等分类标准又可以进一步划分为不同的分类体系。通过文献调研发现，已有研究对新市民信息源的划分主要有以下两种。

(1) 强关系信息源与弱关系信息源

强关系信息源。依据差序格局理论[②]，以血缘为纽带的宗族关系是乡村首要的信息源[③]。然而，有学者指出，虽然这种信息源具有可信度高、方便等好处，但是这种有着强关系的社会关系网络同质性比较高、信息范围较窄，例如，随着农民工进城时间的增长，其社交关系网络规模虽然有所扩大，但是质量并未提升[④]，长期以此为信息源在一定程度上会限制新市民融入城市生活。

弱关系信息源。1973 年，Granovetter 提出了"弱关系假说"，并指出通过弱关系信息源可以获取更好的就业机会。然而，我国学者在研究中发现，虽然弱关系信息源可以冲破同质性高的社交关系网络的局限[⑤]，具有提高新市民社交关系网络质量、拓宽新市民信息视野、增加新市民与城市互动、加速新市民融入陌生城市生活等好处，但是在中国文化背景下，只有通过强关

---

① 甘春梅,李玥.社交媒体作为信息源:使用偏好、使用原因与判断依据[J].信息资源管理学报,2016,6(3):44-49.

② 费孝通.江村农民生活及其变迁[M].兰州:敦煌文艺出版社,1997.

③ 陆文聪,谢昌财.社会关系、信息网络对新农民工收入的影响——基于熵均衡法的实证分析[J].中国人口科学,2017(4):54-65,127.

④ 张岩,梁耀丹,屠海晶.农民工就业信息获取渠道及使用效能的实证研究——基于新媒体的应用视角[J].辽宁大学学报(哲学社会科学版),2017,45(1):121-130.

⑤ GRANOVETTER M S. The strength of weak ties [J]. *American Journal of Sociology*, 1973, 78(6): 1360-1380.

系信息源才能够获得更好的工作,Granovetter 的这一论点在中国并不适用①。

(2) 不同构成结构的信息源

根据信息源构成结构的不同,又可将信息源划分为传统大众媒体信息源、人际关系信息源、网络信息源、其他信息源等。

传统大众媒体信息源。李小明在对已婚外出女性农民工信息获取行为的研究中发现,除了常见的亲朋好友以及新认识的农民工与本地人外,大众传媒(报纸、街头广告)是已婚外出女性农民工初始就业与职业流动过程中重要的信息源。② Goodall 等人③对老年移民信息获取行为研究后发现,由于缺乏学习和使用 ICT 的兴趣,老年移民在很大程度上并不使用网络获取日常生活中的信息,但是为解决日常生活中的问题与提高生活质量,他们会通过各种方式从多个信息源获得他们在社会中生存所需的信息,大多数老年移民更倾向于通过传统大众媒体来获取信息。Woodall 等人④通过对比分析生活在温哥华和西雅图的北美华人移民健康信息行为发现,生活在温哥华的华人移民更偏好通过报纸获取健康信息,生活在西雅图的华人移民更偏好通过电视获取健康信息。此外,一些学者发现,虽然信息技术进步飞速,但是传统印刷媒体仍然是新市民的重要信息源,而社交媒体通常被移民当作与他人交流而非寻求信息的工具。⑤⑥

---

① BIAN Y. Bringing strong ties back in: Indirect ties, network bridges, and job searches in China [J]. *American Sociological Review*, 1997, 62(3): 366-385.

② 李小明.已婚外出就业女性劳动力信息获取及职业流动的调查分析[D].沈阳:沈阳农业大学,2017.

③ GOODALL K, WARD P, NEWMAN L. Use of information and communication technology to provide health information: What do older migrants know and what do they need to know? [J]. *Quality in Primary Care*, 2010, 18(1): 27-32.

④ WOODALL E D, TAYLOR V M, TEH C, et al. Sources of health information among Chinese immigrants to the Pacific Northwest [J]. *Journal of Cancer Education*, 2009, 24(4): 334-340.

⑤ KHOIR S, DU J T, KORONIOS A. Linking everyday information behaviour and Asian immigrant settlement processes: Towards a conceptual framework [J]. *Australian Academic & Research Library*, 2015, 46(2): 86-100.

⑥ 陆浩东.新城镇化进程中农民工信息素养教育与信息消费能力长效互动机制研究[J].农业图书情报学刊,2017,29(2):5-11.

人际关系信息源。又被称为社交网络信息源。社交网络相关研究表明,人们在相互交流中会得到五种具体的帮助:提供解决方案;指向人/资源;重新设定问题;肯定替代方案;来源的合法化。[1] Harris 和 Dewdney 指出人们在寻求信息时,倾向于从朋友、亲戚或同事等人际关系征求易于获取的信息,并进一步延伸到家族、关系密切的朋友与邻居。[2] 这种强烈偏好主要根植于移民原籍地文化中的家庭主义(familialism),即使他们离开原来所处的社会环境,这种偏好仍然存在[3]。De Jong 和 Gardner[4] 发现,社交网络为移民提供了与移民同化相关的移民目的地选择、初到时社会支持、移民目的地社会经济情况以及如何加入新的社会共同体等相关信息。Dunn 的社交网络理论[5]也将社会互动要素与人的信息化过程(informational processes)相结合。此外,社交网络将新加入的共同体与原来所处的共同体连接起来,从而为移民提供了社会、文化、经济上的连续性,这种双重(新旧)社交网络的发展不仅有助于移民应对同化过程,还能为他们提供安全感[6]。Todd 和 Hoffman-Goetz[7] 研究加拿大老年华裔移民的癌症信息行为发现,癌症信息最主要的三种获取来源依次是医生、社区中心和家人朋友。Lingel[8]进一步对移民的人际关系网络进行细分发现,朋友是人际关系网

---

[1] ROB C A, STEPHEN P B B, ANDREW P C. Beyond answers: Dimensions of the advice network [J]. *Social Networks*, 2001, 23(3): 215-235.

[2] HARRIS R M, DEWDNEY P. *Barriers to information: How formal help systems fail battered women* [M]. Westport, CT: Greenwood Press, 1994.

[3] RODRIGUEZMORI H. The information behavior of Puerto Rican migrants to central Florida, 2003-2009: Grounded analysis of six case studies use of social networks during the migration process [D]. The Florida State University, 2009.

[4] DE JONG G F, GARDNER R W. Migration decision making: Multidisciplinary approaches to microlevel studies in developed and developing countries[M]. New York: Pergamon, 1981.

[5] DUNN W N. Social network theory [J]. *Science Communication*, 1983, 4 (3): 453-461.

[6] RODRIGUEZMORI H. The information behavior of Puerto Rican migrants to central Florida, 2003-2009: Grounded analysis of six case studies use of social networks during the migration process [D]. The Florida State University, 2009.

[7] TODD L, HOFFMAN-GOETZ L. A qualitative study of cancer information seeking among English-as-a-second-language older Chinese immigrant women to Canada: Sources, barriers, and strategies [J]. *Journal of Cancer Education*, 2011, 26(2):333-340.

[8] LINGEL J. Information tactics of immigrants in urban environments [J]. *Information Research—An International Electronic Journal*, 2011, 16(4):e500.

络中最主要的组成部分,移民非常重视朋友这一信息源,虽然朋友中很多人只是与移民来自同一国家并生活在东道国的熟人。肖永英和何兰满[1]在研究低收入者信息行为时发现,包括新市民在内的城市低收入者很少利用网络获取信息,人际交流是其获取信息的重要渠道。李英杰[2]研究潍坊市新移民的信息获取行为发现,人际网络是城市新移民最重要的信息源,其中,朋友优先,同事、兄弟姐妹等次之。

网络信息源。Ahmed 与 Veronis[3] 对加拿大渥太华四个有着不同民族文化的移民社区(中国移民社区、拉美裔移民社区、索马里移民社区以及南非移民社区)开展了大规模调查,发现以网络为代表的多元文化媒体在移民社区内与社区间使用率上存在明显差异,而移民类型对使用率的影响程度微乎其微,影响使用率的因素主要包括多元文化媒体的可用性、移民在加拿大居住时间的长短以及家庭收入情况。此外,任婕[4]发现网络是农民工获取政府信息最主要的信息源,而农民工在通过网络获取政府信息时,使用微信(65.53%)、百度(53.4%)和腾讯新闻(47.57%)等资讯客户端的频率要远超政府电子政务系统(9.22%)。

除以上三种重要的信息源外,按照结构的不同,新市民常用信息源还包括政府机构与专业人士、信息服务机构、电信业务、学校与培训机构、民间组织、社区、工作单位、其他(如劳务市场[5])等。如 Gómez、Newell 和 Guajardo[6] 通过采访墨西哥边界城市诺加莱斯市的移民和移民援助工作者,对美墨边境附近的非法移民是如何寻求、获取、理解和利用信息进行了研究,发

---

[1] 肖永英,何兰满.城市低收入者日常生活信息获取行为实证分析——以广州市海珠区为例[J].图书情报工作,2011(7):76-81.
[2] 李英杰.潍坊城市新移民信息获取情况调查[J].潍坊学院学报,2015(5):120.
[3] AHMED R, VERONIS L. Multicultural media use and immigrant settlement: A comparative study of four communities in Ottawa, Canada [J]. *Journal of International Migration and Integration*, 2017, 18(2):587-612.
[4] 任婕.农民工政府信息需求及获取渠道调查研究[J].图书馆研究与工作,2018(9):22-26.
[5] 李小明.已婚外出就业女性劳动力信息获取及职业流动的调查分析[D].沈阳:沈阳农业大学,2017.
[6] NEWELL B C, GOMEZ R, GUAJARDO V E. Information seeking, technology use, and vulnerability among migrants at the United States-Mexico border [J]. *Information society*, 2016, 32(3):176-191.

现在边境地区,人际交流并不是移民获取信息的最重要渠道,手机才是边境移民最偏好的信息获取路径。然而,也正是手机信息使他们更容易被侵害,一旦手机通讯录中记录的家庭成员或其他联系人的电话号码被泄露,他们就会成为犯罪分子敲诈勒索的目标。Komito 和 Bates[①] 研究了爱尔兰地区波兰和菲律宾移民的信息实践,并发现尽管移民中绝大多数人都能使用互联网,但他们除了从家人和朋友那获取信息外,最重视的信息源是职业介绍所等信息服务机构。对以上新市民信息源研究中出现的信息获取渠道进行可视化,结果见图2.3。

图 2.3　新市民及其相关群体信息获取渠道标签云

为进一步将这种分类清晰化,笔者通过对已有文献进行调研与总结,根据信息源内容构成的不同将新市民信息获取的多种渠道整合与重新编码,并根据各种信息源性质的不同对其进行归类,具体结果见表2.2与图2.4。

表 2.2　新市民及其相关群体信息获取渠道及所属信息源类型

序号	所属信息源类型	所含信息获取渠道	出现频率
1	传统大众传媒	广播、电视、报纸、宣传册	30.64%
2	人际交往	家人、亲戚、朋友、老乡、同事、同学	24.79%

---

① KOMITO L, BATES J. Migrants' information practices and use of social media in Ireland: Networks and community [J]. *Computer Science*, 2011: JD-02-2017-0023.

续 表

序号	所属信息源类型	所含信息获取渠道	出现频率
3	网络	互联网以及各种以互联网为依托的网络应用程序(如微信、微博)	17.83%
4	政府机构与专业人士	政府部门、医生	8.64%
5	信息服务机构	信息中介机构、信息咨询机构、信息服务机构(图书馆、档案馆等)	6.69%
6	电信业务	手机语音提示、手机短信通知	3.90%
7	学校与培训机构	学校、各种培训机构	1.67%
8	民间组织	宗教组织、公益性组织	1.11%
9	社区	社区物业、社区诊所、社区超市	0.97%
10	工作单位	自己和家人的工作单位	0.70%
11	其他	劳务市场	3.06%

如表2.2所示,将已有文献中对新市民信息获取渠道的研究进行可视化展示,结果如图2.4所示,网络与电视、广播、报纸等传统大众媒体在新市民信息源研究中出现最为频繁,其次是家人、亲戚、朋友、老乡等人际关系信息获取渠道。

图2.4 新市民及其相关群体信息源标签云

值得注意的是,在对新市民信息获取渠道的研究中,一些学者发现新市民信息源与信息获取渠道的偏好并非一成不变,例如王学勤、刘勇①调查浙江省农民工信息行为后发现农民工获取信息的主要来源为电视与网络,这与2010年李桂华②的调研结果,即只有较少数农民工使用网络获取信息相距甚远。究其原因,王学勤与刘勇指出,随着互联网的普及与全民文化素质的提升,通过网络获取信息已经成为大部分农民工的一种生存技能。

(二)信息获取策略

信息获取策略是指个体搜索、获取和使用信息的方法。新市民信息获取策略非常多样,从传统意义上的求助亲友、上网搜索、咨询信息服务机构、接收手机短信通知,到参加所在地区专项的旅游团③,再到当需要方向信息时寻找使用智能手机的人、使用谷歌翻译制作购物清单、在自己的社区闲逛等④。总体而言,新市民信息获取策略可以分为主动和被动两种。

(1)主动的信息获取策略

在新市民主动的信息获取策略中,既包括依赖社交关系(农村亲友、新结识的城市工友、本地人)打听信息,也包括通过听广播、看电视、网络搜索(含手机上网与电脑上网)等。随着信息技术的发展,网络搜索成为新市民获取信息的重要策略。任婕⑤对农民工政府信息获取策略进行研究发现,最主要的三种策略分别为使用手机上网查询、询问亲友/熟人与使用电脑上网查询。但是,也有学者指出,无论技术进步到何种程度,移民总是更倾向于面对面互动,因为互动中的面部表情有助于人际信任的建立,进而推动彼此自发共享信息⑥。

---

① 王学勤,刘勇.浙江省农民工的信息行为分析与服务对策研究[J].图书馆,2014(1):88-91.

② 李桂华.当代公共图书馆用户:需求、行为与结构[M].成都:四川大学出版社,2010:226-228.

③ BARUCHSON-ARBIB S, SHOHAM S, KAUFMAN STRAUSS S. Information needs of North American immigrants to Israel [J]. *Journal of Information, Communication and Ethics in Society*, 2007, 5(2/3): 185-205.

④ LINGEL J. Information tactics of immigrants in urban environments [J]. *Information Research—An International Electronic Journal*, 2011, 16(4): e500.

⑤ 任婕.农民工政府信息需求及获取渠道调查研究[J].图书馆研究与工作,2018(9):22-26.

⑥ KHOIR S, DU J T, KORONIOS A. Everyday information behaviour of Asian immigrants in South Australia: A mixed-methods exploration [J]. *Information Research*, 2015, 20(3): e687.

相关学者还发现,即使是同一种信息获取策略,由于个体偏好的差异,在具体行动上也会存在差别。例如,Yoon[①]在研究加拿大韩裔移民如何使用移民国家数字媒介的过程中,发现韩裔移民在互联网使用与通过网络获取信息方面并不存在困难,但是他们在通过网络与他人交流沟通时倾向于使用韩语,并且主要活跃在移民国家的韩国社区内。

此外,通过信息中介帮助(brokering)来获取信息同样是新市民依赖社交关系主动获取信息的一种重要策略。Goodall等人发现很多提供给老年人的信息实质上是在其家庭中共享的,有时老年人对于与自身密切相关的信息并没有直接发言权,特别是当他们不会说东道主国家的语言时[②],而且相较于其他主动通过社交关系获取信息的策略,采用这种策略的老年移民通常只有非常弱的话语权。

(2) 被动的信息获取策略

相较于主动的信息获取策略而言,被动的信息获取策略通常没有明确目的,或是在缺乏相关信息获取能力的情况下采取的策略。例如部分已婚外出务工女性获取就业信息与职业流动信息主要是通过劳务市场、用人单位直接到农村招工,或通过政府机构和本村组织的劳务输出。[③]

学者们还对新市民采取不同信息获取策略的原因进行了分析,例如程薇薇[④]发现农民工群体因为代际不同,其信息获取策略也有较大差异,相比而言,老一代农民工主要采取咨询他人等较为单一的信息获取策略,新生代农民工会采取上网查询与搜索、观看电视、读书看报、咨询他人等多样化的信息获取策略,并且上网查询与搜索日渐成为新生代农民工获取信息最主要的策略。

---

① YOON K. Korean migrants' use of the Internet in Canada [J]. *Journal of International Migration and Integration*,2017,18(2):547-562.

② GOODALL K T, NEWMAN L A, WARD P R. Improving access to health information for older migrants by using grounded theory and social network analysis to understand their information behaviour and digital technology use [J]. *European Journal of Cancer Care*,2014,23(6):728-738.

③ 李小明.已婚外出就业女性劳动力信息获取及职业流动的调查分析[D].沈阳:沈阳农业大学,2017.

④ 程薇薇.新生代农民工信息获取权利实现研究[D].郑州:郑州大学,2014.

(三)信息获取障碍

(1) 感知与行动的分离

感知与行动的分离主要表现在两方面。一是感知有用与付诸行动间的分离,如 Åkerman 等人[①]发现虽然移民女性表达了对性健康信息与生育信息的需求,但是她们中的大多数人不会在移民国家查找相关信息。Sibal 与 Foo[②]基于低收入移民通常是信息贫困者的假设,研究了新加坡菲佣的信息寻求和使用行为,发现菲佣虽然认为满足自身信息需求的信息能力对于许多低技能移民是不可或缺的,但是他们通常不具备这种能力。陈永波[③]发现随着互联网的普及,农民工意识到上网的重要性,虽然他们频繁上网,但是其上网主要目的是娱乐与沟通交流,而非查询信息,对他们而言网络的主要作用是娱乐与交流。孙耀明、梁捍江[④]也发现虽然新生代农民工大都拥有计算机使用技能和移动设备,但其上网目的主要是休闲娱乐,极少是查询信息,并且由于他们并未考虑将网络作为信息获取渠道的可能性与重要性,当他们需要对诸多繁杂信息进行运用、判断时,往往会无所适从[⑤]。二是感知有用与实际收效的分离,如 Somerville 与 Walsworth[⑥]研究了印度移民信息获取行为,发现这些移民对正式(formal)信息源的预期使用效果与实际实用这些信息源的结果之间存在明显差异。

(2) 多重弱势

新市民的信息获取障碍往往与经济障碍、文化障碍、制度障碍等紧密相连,并互相影响。例如,Flagler[⑦]研究了非洲女性移民信息获取障碍,发现

---

① ÅKERMAN E, ESSÉN B, WESTERLING R, et al. Healthcare-seeking behaviour in relation to sexual and reproductive health among Thai-born women in Sweden: A qualitative study [J]. Culture, Health & Sexuality, 2017, 19(2): 194-207.

② SIBAL H T, FOO S. A study on the information seeking behaviour of Singapore-based Filipino domestic workers [J]. Information development, 2016, 32(5): 1570-1584.

③ 陈永波. 我国农民工电子政务服务需求调查与满意度模型构建[D]. 天津:南开大学,2010.

④ 孙耀明,梁捍江. 新生代农民工的信息获取研究[J]. 河南科技,2013(7):233.

⑤ 徐艳霞. 新生代农民工的信息需求及其实现途径[J]. 理论探索,2010(2):94-96.

⑥ SOMERVILLE K, WALSWORTH S. Information sources and knowledge transfer to future migrants: A study of university students in India [J]. Asian and Pacific Migration Journal, 2015, 24(1): 28-50.

⑦ FLAGLER J. The information age? Resource accessibility for African immigrant women [D]. Waterloo: University of Waterloo, 2009.

相较于男性移民,女性移民受到较强的信息限制,究其原因,在非洲文化中,男性往往是信息"守门人",女性需要依赖他们来了解有关社会支持和个人发展机会的详细信息。

Bronstein[1]发现语言障碍、非法处境以及"介于两者(北美与以色列)之间"的感觉使以色列北美移民既不敢主动寻求信息,也不敢争取他们的权利或是寻求帮助。Williams和Harris[2]研究了澳大利亚非洲移民的健康信息获取行为,发现由于移民原籍地社会经济发展较为落后,一些移民从未经历过工业化国家公民认为理所当然的生活的许多方面,例如用电烹饪和乘坐公共汽车,因此到达澳大利亚后,除了需要有关求学、就业的信息外,他们还必须适应新的文化,获取关于烹饪方法和食品卫生等日常生活信息。然而,文化程度较高的新市民在进入陌生的城市环境时,也会面临各种信息、文化、语言、制度方面的困境。以加拿大魁北克的经济移民为例,虽然他们都是年轻的、受过高等教育的、会讲法语/英语的移民,但是与迁入城市的其他同龄人相比,这些移民仍面临语言障碍、制度障碍、心理融合障碍以及社交障碍等多重障碍。[3]

此外,还有一些学者对新市民这种信息困境的成因进行了研究,如吴诗贤和张必兰[4]基于社会权利视角分析了新市民信息困境成因,发现使新市民陷入信息困境的原因包括土地权利贫困、社会保障权利贫困、公共渠道贫乏以及社会关系网络贫困等。孙红蕾、钱鹏和郑建明[5]基于信息生态理论视角,从信息人、信息资源以及信息生态环境三方面对新市民信息贫困进行归因分析,发现新市民信息贫困是信息人"自贫困"与"被贫困"并存、信息资源

---

[1] BRONSTEIN J. Information grounds as a vehicle for social inclusion of domestic migrant workers in Israel [J]. *Journal of Documentation*, 2017, 73(5): 934-952.

[2] WILLIAMS E, HARRIS N. Understanding the nutrition information needs of migrant communities: The needs of African and Pacific Islander communities of Logan, Queensland [J]. *Public Health Nutrition*, 2010, 14(6): 989-994.

[3] KAMEL B. Socio-professional integration of recent immigrants in Canada: The role of information and social networks [J]. *Social Science Electronic Publishing*, 2010, 65(4): 562-583.

[4] 吴诗贤,张必兰.权利贫困视角下的新市民信息障碍成因分析[J].新世纪图书馆,2013(10):16-18.

[5] 孙红蕾,钱鹏,郑建明.信息生态视域下新市民信息贫困成因及应对策略[J].图书与情报,2016(1):23-28.

供给与需求失衡、信息环境内信息爆炸与信息贫瘠共生等共同造成的结果。

2.2.2　信息利用行为

信息利用和信息主体的信息需求及共享紧密相连,是新市民信息行为的一个重要组成部分。通过文献调研发现,由于 ICT 利用通常被作为信息利用行为的一种表现形式,并且 ICT 利用研究与信息利用行为研究多以技术采纳相关理论为基础,因此,新市民信息利用行为研究与 ICT 利用研究密切相连,部分学者甚至将二者等同。例如,Acharya[①] 通过对移民 ICT 技术采纳与使用行为动机的研究进行系统分析发现,技术采纳模型(TAM)被广泛应用于移民 ICT 利用以及信息利用行为的动机研究中。Lingel[②] 提出高效的信息利用行为有助于新市民适应城市生活,促进其融入城市生活。

2.2.3　信息共享行为

新市民信息共享行为研究多以 Fisher 的信息场理论为基础展开。信息场是由共同完成既定的某项任务的人暂时创造的协同环境,但在这种环境中产生了一种促进人们自发或偶然共享信息的社会氛围[③],在这里人们会自然而然、有意或无意地分享信息,并且信息分享是多向的(每个人都兼有信息提供者和获取者两种身份)。Fisher 等人[④]还指出信息场创造了一种未表达/未预料到的信息获取和信息共享环境,在这种环境中,移民聚集到一起是出于获取信息之外的其他工具性目的(如提高英语语言能力),但是在他

---

① ACHARYA B B. A systematic literature review on immigrants' motivation for ICT adoption and use [J]. *International Journal of E-Adoption*, 2016, 8(2): 34-35.

② LINGEL J. Information practices of urban newcomers: An analysis of habits and wandering [J]. *Journal of the Association for Information Science and Technology*, 2015, 66(6): 1239-1251.

③ PETTIGREW K E. Waiting for chiropody: Contextual results from an ethnographic study of the information behavior among attendees at community clinics [J]. *Information Processing & Management*, 1999, 35(6): 801-817.

④ FISHER K E, DURRANCE J C, HINTON M B. Information grounds and the use of need-based services by immigrants in Queens, New York: A context-based, outcome evaluation approach [J]. *Journal of the American Society for Information Science and Technology*, 2004, 55(8): 754-766.

们与项目（既定任务）的其他参与者、家人以及项目工作人员的主动互动交流中获得了其他的益处，而且这种在信息场获得的益处通常还会以乘数效应为参与者带来更多的好处。

  基于信息场理论，Fisher、Durrance 和 Hinton[①]发现移民间信息共享有助于满足移民的心理、社会和生活等多方面需求。Bronstein[②]运用信息场的七个特点反观以色列面向西班牙裔移民的希伯来语课程 La Escuelita，对是什么使 La Escuelita 成为信息场进行了探究，发现 La Escuelita 中非正式信息共享是多向的，既发生在学生之间、教师与学生之间，也出现在学生与管理员之间，在这个课上信息交流与共享像是一种家人的关怀，正是这一特点使 La Escuelita 成为一个信息丰富的信息场。Khoir 等人[③]基于"参与个体相关要素—地点相关要素—信息相关要素"的信息场三分法对澳大利亚亚裔移民的信息行为进行了研究，发现信息场有助于强大的社会关系的形成，进而促进信息的共享，他们进一步分析与列举了移民共享信息所偏好的信息场：虚拟空间（Facebook、Twitter、阿德莱德地区 BBS 论坛、LinkedIn、Skype）、现实物理场所（咖啡馆、家、游乐场、沙滩、餐厅、大学自习室、网球场、大学走廊）、协会或团体（教会、协会、社区中心、高尔夫俱乐部、家长俱乐部、学生会）和社交活动（英语课、烧烤派对、大学聚会、社区计划）。胡勇军、常会友、龚会[④]对广州农民工信息行为特征进行研究，该研究所涉及的信息场主要包括农民工子弟学校的不同班级、佛山日企、政府机关、大学校园等。孙红蕾等人[⑤]发现对于市民化时间较短的新市民而言，微信、QQ

  [①] FISHER K E, DURRANCE J C, HINTON M B. Information grounds and the use of need-based services by immigrants in Queens, New York: A context-based, outcome evaluation approach [J]. *Journal of the American Society for Information Science and Technology*, 2004, 55(8): 754-766.

  [②] BRONSTEIN J. Information grounds as a vehicle for social inclusion of domestic migrant workers in Israel [J]. *Journal of Documentation*, 2017, 73(5): 934-952.

  [③] KHOIR S, DU J T, KORONIOS A. Everyday information behaviour of Asian immigrants in South Australia: A mixed-methods exploration [J]. *Information Research*, 2015, 20(3): e687.

  [④] 胡勇军,常会友,龚会.农民工信息行为特征研究：基于社会网络分析视角[J].管理工程学报,2015,29(3):20-29.

  [⑤] SUN H L, WANG M, ZHENG J, et al. Online information grounds by urban newcomers in China[J]. *Proceedings of the Association for Information Science and Technology*, 2020, 57(1): 241-242.

等虚拟空间不仅是新市民无目的共享信息的主要信息场,还是其获得情感支持的重要途径。

基于上述分析可见,新市民信息行为包括信息需求、信息获取、信息利用与信息共享等多方面,信息需求与信息共享是研究重点。对比国内外研究可以发现,在关于新市民信息行为构成要素研究的背后,存在一些共性的理论要素,包括"需求层次理论""信息场理论"与"技术采纳理论"等。但是,相较于国外研究而言,国内研究的关注点主要集中在信息需求方面,在未来研究中,还需加强对国内新市民信息共享、利用等行为的关注。

2.2.4 新市民信息行为影响因素研究

通过文献调研,已有研究中新市民信息行为影响因素可以概括为信息主体因素、信息环境因素、社会文化因素以及城市融合因素等四种类别,下面将对新市民信息行为影响因素的各种类别逐一进行介绍。值得注意的是,除了影响新市民信息行为的因素外,一些学者研究了新市民信息行为对其他研究对象的影响,如新市民信息行为对职业流动的影响等,这部分内容并未加入综述之中。

(一)信息主体因素

任何行为的影响因素都离不开行为主体相关因素,新市民信息行为也不例外。通过对已有相关研究的梳理发现,影响新市民信息行为的信息主体要素主要包括信息主体的信息素养与信息主体的人口特征两部分。

(1)信息素养

信息素养是信息主体认知和利用信息的重要基础[1],从信息意识与信息能力两个层面对新市民信息行为产生影响。首先,信息意识会影响新市民的信息搜寻渠道与方式。李琳琳[2]在研究农民工日常生活信息查询行为时发现,信息意识越强的农民工与他人交流的频率越高,查询信息的主动性以

---

[1] LLOYD A, LIPU S, KENNAN M A. On becoming citizens: Examining social inclusion from an information perspective [J]. *Australian Academic & Research Library*, 2016, 47(4): 316-319.

[2] 李琳琳.农民工日常生活信息查寻行为模型构建研究[D].重庆:西南大学,2013.

及积极性越强,信息查询的频率也更高。其次,信息意识强弱还影响着新市民信息利用效率的高低。陆浩东①通过研究农民工信息素养发现,虽然很多新生代农民工热衷于使用网络,但其使用目的多半是娱乐和交友,信息意识较弱,只有少数人意识到应将获取的有用信息与自身知识结构相融合,并应用于实际学习和工作,因此,错失许多重要信息源。

新市民的信息能力会对他们获取信息的渠道产生影响。杨玺②对失地农转非居民的日常生活信息行为进行分析发现,信息能力较强的居民可以获取到更高质量的信息,进而改变其日常生活中对各种事务的安排,帮助他们更有效、积极地处理好日常事务。钱旦敏③在对新市民健康信息获取行为研究时发现,随着搜索引擎的普及和义务教育的普遍实施,大多数新市民可以通过网络获取健康信息,当有健康需求时,会首先借助搜索引擎进行检索,但是由于信息技术掌握程度有限,他们只会使用单一检索词简单检索,无法又快又准地找到所需内容,并且因为甄别能力有限,不可避免地会被不实信息所扰。一些国外研究也发现,健康信息获取能力较差的移民更偏好通过电视④或是母国⑤获取各种健康相关信息。Lingel⑥对来自不同地区的26个新市民逐一访谈,并分析了他们在熟悉新的城市环境过程中的信息行为,进而探究了在这个过程中人、空间和技术之间的相互关联,发现信息习惯对于新市民而言非常重要,良好的信息能力有助于新市民获取高质量信息,为适应城市生活、应对城市生活中遇到的突发事件提供了一种有效的方法。

---

① 陆浩东.新城镇化进程中农民工信息素养教育与信息消费能力长效互动机制研究[J].农业图书情报学刊,2017,29(2):5-11.

② 杨玺.失地农转非居民日常生活信息查寻行为研究[D].重庆:西南大学,2014.

③ 钱旦敏.新市民健康信息精准服务模型构建研究[D].南京:南京大学,2018.

④ TODD L, HOFFMAN-GOETZ L. A qualitative study of cancer information seeking among English-as-a-second-language older Chinese immigrant women to Canada: Sources, barriers, and strategies [J]. *Journal of Cancer Education*, 2011, 26(2):333-340.

⑤ ÅKERMAN E, ESSÉN B, WESTERLING, R, et al. Healthcare-seeking behaviour in relation to sexual and reproductive health among Thai-born women in Sweden: A qualitative study [J]. *Culture, Health & Sexuality*, 2017, 19(2):194-207.

⑥ LINGEL J. Information practices of urban newcomers: An analysis of habits and wandering [J]. *Journal of the Association for Information Science and Technology*, 2015, 66(6):1239-1251.

(2) 人口特征

影响新市民信息行为的人口特征因素包括年龄、迁入时间、婚姻[1]、民族[2]、文化程度[3]、性别[4]、健康情况[5][6]等,其中,年龄对新市民信息行为的影响最明显,其次是迁入时间。

不同年龄段新市民的信息行为存在显著的代际分化现象。[7][8] 这种分化一方面体现在新生代农民工与老一代农民工信息行为差异上,例如老一代农民工主要关注子女求学、文化教育等信息,新生代农民工更关注生活娱乐、工作机会等信息[9];另一方面体现在新生代农民工内部的信息素养差异上,"90"后农民工信息素养水平要高于"80"后农民工[10],一些学者对农民工获取政府信息的策略进行了研究,发现有七成以上样本对象会通过手机上网查询,而不使用手机上网获取信息的原因主要是年龄较大或文化水平太低。

在迁入时间方面,Goméz 和 Ricardo[11] 研究了拉丁裔无证移民在美墨边境、西雅图和哥伦比亚城市卡利三种不同环境中的信息实践,发现在移民

---

[1] 陆雪梅.农民工信息服务需求影响因素实证研究[D].广州:中山大学,2010.

[2] 樊露露,井水.乌鲁木齐市维吾尔族农民工城市融入中信息短缺问题研究[J].河北科技图苑,2016,29(2):40-42.

[3] 任婕.农民工政府信息需求及获取渠道调查研究[J].图书馆研究与工作,2018(9):22-26.

[4] 姚缘.信息获取、职业流动性与新生代农民工市民化:基于辽宁省的调查[D].沈阳:沈阳农业大学,2013.

[5] 武文.城市融入视角下流动女工健康信息获取与健康行为促进研究——以海宁、北京两地皮毛厂女工为例[D].北京:中国社会科学院研究生院,2020.

[6] HYMAN I, PATYCHUK D, ZAIDI Q, et al. Self-management, health service use and information seeking for diabetes care among recent immigrants in Toronto [J]. *Chronic Diseases and Injuries in Canada*, 2012, 33(1):12-18.

[7] 陶建杰.新生代农民工信息渠道使用意愿的影响因素研究[J].南京农业大学学报(社会科学版),2013,13(2):11-18.

[8] 陈明星,钱鹏.分化特征:传统农民工信息搜寻行为的内在本质[J].新世纪图书馆,2016(4):31-34,45.

[9] 陶颖,邹纯龙,周莉.基于扎根理论的农民工信息寻求影响因素研究[J].图书情报工作,2016,60(17):110-115.

[10] 和树俊.新生代农民工信息素养现状及影响因素研究[J].情报工程,2016,2(6):78-84.

[11] GOMEZ R. Vulnerability and information practices among (undocumented) Latino migrants [J]. *The Electronic Journal of Information Systems in Developing Countries*, 2016, 75:93-121.

后的不同阶段,移民的信息搜寻、利用和共享行为会有一定差异。无独有偶,我国学者发现农民工初到城市务工时主要依赖亲缘、地缘关系,获取信息主要通过劳务市场、职业介绍所等线下信息渠道[①],入城一段时间后,农民工与新媒体的接触增多,信息获取渠道拓宽,关注信息逐渐与城市青年趋同[②],在再次求职中,网络等弱关系信息源成为其获取职业信息的信息桥[③]。杨玺[④]发现搬迁后的失地农转非居民信息获取渠道更加多样化,网络与图书馆利用率有了明显提升。

(二)信息环境因素

信息行为嵌入特定的环境或空间。[⑤] 新市民信息行为会受到其所处的信息环境的深刻影响[⑥][⑦]。影响新市民信息行为的信息环境因素主要涉及媒体完善度、信息服务水平(见1.2.2)、互联网普及程度与信息环境开放程度等。

(1)媒体完善度

信息环境中媒体的完善程度,尤其是多语言媒体的完善程度,会对新市民信息获取行为产生影响。Woodall等人[⑧]通过对比分析温哥华华人移民和西雅图华人移民的健康信息行为发现,生活在温哥华的华人移民更偏好通过报纸获取健康信息,生活在西雅图的华人移民更偏好通过电视获取健

---

① 张岩,梁耀丹,屠海晶.农民工就业信息获取渠道及使用效能的实证研究——基于新媒体的应用视角[J].辽宁大学学报(哲学社会科学版),2017,45(1):121-130.

② 胡晓鹰.珠三角新生代农民工信息需求与服务对策研究[J].图书馆论坛,2011,31(5):42-44,111.

③ 郑欣,王悦.新媒体赋权:新生代农民工就业信息获取研究[J].当代传播,2014(2):51-52.

④ 杨玺.失地农转非居民日常生活信息查寻行为研究[D].重庆:西南大学,2014.

⑤ LLOYD A. Trapped between a rock and a hard place: What counts as information literacy in the workplace and how is it conceptualized?[J]. *Library Trends*, 2011, 60(2): 277-296.

⑥ NADIA C, ALLARD D. Social inclusion of newcomers to Canada: An information problem?[J]. *Library & Information Science Research*, 2005, 27(3): 302-324.

⑦ ANNEMAREE L. KENNAN M A, THOMPSON K, et al. Connecting with new information landscapes: Information literacy practices of refugees[J]. *Journal of Documentation*, 2013, 69(1): 121-144.

⑧ WOODALL E D, TAYLOR V M, TEH C, et al. Sources of health information among Chinese immigrants to the Pacific Northwest[J]. *Journal of Cancer Education*, 2009, 24(4): 334-340.

康信息,出现这种差异的原因是两地中文媒体完善程度和可用程度不同。

(2) 互联网普及程度

互联网不仅改变了人们的生存方式,也对生存在这种环境下的人的信息共享、交流、获取行为产生了深刻影响。2007 年,Fisher、Landry 和 Naumer[1] 在研究信息场内信息流与不同社会空间中人的经历会有怎样变化时,最早提出了以"参与个体相关要素—地点相关要素—信息相关要素"三分法来诠释信息场的思路。而随着信息技术的发展,2010 年,Counts 和 Fisher[2] 运用信息场框架对移动信息系统进行研究时发现,在这种移动信息系统中正式或非正式的信息共享同样会成为沟通过程中的副产品,因此,信息场理论并不一定局限在实体空间中,在虚拟空间等方面同样适用。此后,这一观点在 Khoir、Du 和 Koronios[3] 对澳大利亚亚裔移民信息交流行为的研究中进一步得到了印证。该项研究发现,虚拟空间,如 Facebook、Twitter、阿德莱德地区 BBS 论坛、LinkedIn、Skype 等,在互联网环境下形成的新型移民信息场,促进了新的信息共享方式的产生与发展。Paradiso 与 Maria[4] 在研究 ICT 对突尼斯境内移民的影响时发现,互联网在本地普及的过程中,移民间的信息交流方式出现了阶段性变化。

(3) 信息环境开放程度

信息环境开放程度会对新市民信息行为产生重要影响。文一篇[5]发现生活在开放信息环境中的农民工会对城市生活方式、价值观等有更清晰的认知,并能从社交网络与大众传媒渠道获取大量城市信息,尽快适应城市生活,而生活在相对闭塞信息环境中的农民工缺乏对城市的认知,信息渠道

---

[1] FISHER K E, LANDRY C F, NAUMER C. Social spaces, casual interactions, meaningful exchanges: 'Information ground' characteristics based on the college student experience [J]. *Information Research*, 2007, 12(2):e291.

[2] COUNTS S, FISHER KE. Mobile social networking as information ground: A case study [J]. *Library & Information Science Research*, 2010, 32 (2): 98 - 115.

[3] KHOIR S, DU J T, KORONIOS A. Everyday information behaviour of Asian immigrants in south Australia: A mixed-methods exploration [J]. *Information Research*, 2015, 20(3):e687.

[4] PARADISO MARIA. The role of information and communications technologies in migrants from Tunisia's jasmine revolution[J]. *Growth and Change*, 2013, 44(1): 168 - 182.

[5] 文一篇.不同居住模式下农民工的信息接触与城市融入状况研究[D].长沙:中南大学,2011.

狭窄。

（三）社会文化因素

社会与文化间的互动会深刻影响社会中人的价值、态度、含义、力量平衡、行为和社会资源分配[①]。影响新市民信息行为的社会文化因素主要包括文化背景与文化适应度。

（1）文化背景

新市民的文化背景会对其信息搜寻、获取行为产生重要影响。樊露露和井水[②]发现由于少数民族在风俗习惯、民族心理等方面具有独特性，并拥有自己的语言和文字，少数民族农民工的信息短缺问题与非少数民族农民工相比有明显差异。Hultgren[③]提出研究人员可以将"陌生人"的隐喻用于有着不同文化实践经历的移民信息搜寻行为研究中，以辨别信息搜寻者与信息分配间的关系。Harris和Dewdney[④]指出在寻求信息时，人们倾向于征求易于获取的信息，最好是从朋友、亲戚或同事等人际关系来源。这种偏好主要根植于移民流出地文化中的家庭主义（familialism），这种强烈的人际交往能力通常还会进一步延伸到家族、关系密切的朋友、邻居，即使他们离开原来所处的社会环境，这种偏好仍然存在。[⑤] Åkerman等人[⑥]对生活在瑞典的泰国女性移民健康信息获取行为进行研究，发现受到文化观念的影响，生活在瑞典的泰国女性移民更倾向于在泰国而非瑞典获取健康信息。

---

① FICHMAN P, SANFILIPPO M R. Multiculturalism and information and communication technology[J]. *Synthesis Lectures on Information Concepts, Retrieval, and Services*, 2013, 5(5): 31-47.

② 樊露露,井水.乌鲁木齐市维吾尔族农民工城市融入中信息短缺问题研究[J].河北科技图苑,2016,29(2):40-42.

③ HULTGREN F. The stranger's tale: Information seeking as an outsider activity [J]. *Journal of Documentation*, 2013, 69(2): 275-294.

④ HARRIS R M, DEWDNEY P. *Barriers to information: How formal help systems fail battered women* [M]. Westport, CT: Greenwood Press, 1994.

⑤ RODRIGUEZMORI H. The information behavior of Puerto Rican migrants to central Florida, 2003-2009: Grounded analysis of six case studies use of social networks during the migration process [J]. *Proquest Llc*, 2009,127.

⑥ ÅKERMAN E, ESSÉN B, WESTERLING, R, et al. Healthcare-seeking behaviour in relation to sexual and reproductive health among Thai-born women in Sweden: A qualitative study [J]. *Culture, Health & Sexuality*, 2017, 19(2):194-207.

此外,新市民文化背景差异还会对相应的信息服务提出更多要求。例如,由于文化习惯、宗教信仰等差异存在[1][2],针对移民开展健康信息服务要比针对原住民开展健康信息服务遇到的障碍更多、难度更大,结合移民文化背景与文化信念设计相应的信息服务非常必要[3]。

(2) 文化适应度

文化适应度不同会对新市民及其相关群体的信息行为产生影响。已有研究对于新市民及其相关群体的文化适应问题展开了广泛的研究,如农民工对我国城乡二元文化的适应、生活在内蒙古地区的汉族教师对民族文化的适应、留日中国学生对于不同国家文化的适应、生活在以色列的西班牙裔移民工人对于不同语言文化差异的适应。在对文化适应问题的研究中,一些学者发现,文化适应度作为新市民及其相关群体在不同社会文化环境下内在化的反应程度,同样会对新市民及其相关群体的信息行为模式产生影响,并对相应的信息服务提出更多要求。例如,研究发现由于文化习惯差异(包括对新社会文化的适应程度)、宗教信仰等[4][5],针对移民开展健康信息服务要比针对原住民开展健康信息服务障碍更多、难度更大。[6]

具体研究中,Bronstein[7]在对以色列工作的北美移民信息行为进行研

---

[1] TSOH J Y, SENTELL T, GILDENGORIN G, et al. Healthcare communication barriers and self-rated health in older Chinese American immigrants [J]. Journal of Community Health, 2016, 41(4):1-12.

[2] HIGGINBOTTOM G M, HADZIABDIC E, YOHANI S, et al. Immigrant women's experience of maternity services in Canada: A meta-ethnography [J]. Midwifery, 2014, 30(5):544-559.

[3] SUH M M, HSIEH G. The 'Had Mores': Exploring Korean immigrants' information behavior and ICT usage when settling in the United States [J]. Journal of the American Society for Information Science and Technology, 2019, 70(1):38-48.

[4] TSOH J Y, SENTELL T, GILDENGORIN G, et al. Healthcare communication barriers and self-rated health in older Chinese American immigrants [J]. Journal of Community Health, 2016, 41(4):1-12.

[5] HIGGINBOTTOM G M, HADZIABDIC E, YOHANI S, et al. Immigrant women's experience of maternity services in Canada: A meta-ethnography [J]. Midwifery, 2014, 30(5):544-559.

[6] 钱旦敏. 新市民健康信息精准服务模型构建研究[D]. 南京:南京大学,2018.

[7] BRONSTEIN J. Information grounds as a vehicle for social inclusion of domestic migrant workers in Israel [J]. Journal of Documentation, 2017, 73(5):934-952.

究时发现,语言障碍会导致移民不敢去主动寻求信息,对于这些移民来说,学习希伯来语是他们融入以色列社会的重要方式之一。Goodall、Newman 和 Ward[1] 在对老年移民健康信息获取行为的研究中发现,对主流文化适应度低的移民更倾向于通过和他们有着相同文化和语言的健康工作人员那里获取信息,尽管有些人英语能力并不差。Wang 等人[2]发现融入美国文化较慢的华人移民更偏好使用中文健康网站等固有的方式来获取健康信息。

(四) 城市融合因素

已有研究对影响新市民信息行为的城市融合因素划分不尽相同,主要有三分法和四分法两种。三分法主要包括经济、社会与心理等三种融合,即要在城市立足首先要实现经济上的融合,要拓宽在城市社会融合的广度就要实现社会融合,而心理融合反映了参与城市生活的深度,心理融合最能说明融入程度[3]。四分法又可细分为以下两种。李全喜和蔡慧慧[4]指出,新生代农民工进入城市后会逐步出现经济、社会、心理三种融合,信息融合是贯串其他三种融合的逻辑线索;吴诗贤和张必兰[5]提出了包括经济融合、文化融合、心理融合、社会关系融合在内的四维新市民城市融合度评价指标体系。

一些学者对新市民信息行为与城市融入的关系进行了研究。吴诗贤和张必兰[6]在构建农转城新市民信息素养和城市社会融合度评价指标体系的

---

[1] GOODALL K T, NEWMAN L A, WARD P R. Improving access to health information for older migrants by using grounded theory and social network analysis to understand their information behaviour and digital technology use [J]. European Journal of Cancer Care, 2014, 23(6):728-738.

[2] WANG W, YU N. Coping with a new health culture: Acculturation and online health information seeking among Chinese immigrants in the United States [J]. Journal of Immigrant & Minority Health, 2014, 17(5):1-9.

[3] 樊露露,井水.西安新生代农民工社会融合信息需求与服务对策研究[J].当代图书馆,2016(1):19-21.

[4] 李全喜,蔡慧慧.信息融合:新生代农民工城市融入不可忽视的问题[J].图书馆建设,2012(12):17-19,24.

[5] 吴诗贤,张必兰.农转城新市民信息素养与城市社会融合度的神经网络映射模型[J].图书情报工作,2013(23):48-52.

[6] 吴诗贤,张必兰.农转城新市民信息素养与城市社会融合度的神经网络映射模型[J].图书情报工作,2013(23):48-52.

基础上,建立了反映二者关系的非线性映射模型。高雅婧[①]发现新市民信息能力主要表现在对信息的运用能力上,这一能力是影响其地域融入程度的关键信息能力因素,因此,提升新市民信息能力水平将会有效促进新市民城市融入。区晶莹等人[②]发现新市民信息能力水平与其城市融入水平明显是正相关的。Sabates-Wheeler、Taylor 与 Natali[③] 发现移民适应新城市的速度会直接影响其信息获取能力。

值得注意的是,与社会文化因素不同,城市融合因素与新市民信息行为的影响关系并不是单向的,即新市民信息行为也会反过来对新市民城市融合度产生影响。例如新市民对本地信息关注度与城市归属感存在正相关关系,新市民关注本地信息越少,城市归属感越低。[④] Khoir 等人[⑤]从社会资本的角度对澳大利亚的亚洲移民利用公共图书馆服务获取信息的行为进行了研究,发现虽然这种信息行为与社会资本的形成之间是否具有因果关系尚难确定,但是这种信息行为确实是对于新移民加速形成社会资本有帮助的。

综上所述可知,新市民信息行为受到信息主体因素、信息环境因素、社会文化因素以及城市融合因素等多种因素的影响。总体而言,已有研究大多建立在一种贫困假设的基础之上,信息贫困群体与城市边缘群体是新市民信息行为影响因素研究的主要研究对象,有关非贫困新市民信息行为的研究微乎其微,明显滞后于各地人才引进实践的发展,仍有较大的研究空间。而就贫困新市民信息行为研究而言,已有研究多以迁入时间长短、流动目的、代际为标准对新市民信息行为进行分类,从信息行为视角细分新市民群体并探究其信息行为一般机理,应成为未来继续研究的方向。

---

① 高雅婧.新市民信息能力对其城市融入影响研究[D].广州:华南农业大学,2016.

② 区晶莹,高雅婧,黄丽,等.新市民信息能力对其城市融入的影响研究——以珠三角为例[J].图书情报工作,2017(11):1-7.

③ SABATES-WHEELER R, TAYLOR L, NATALI C. Great expectations and reality checks: The role of information in mediating migrants experience of return [J]. *European Journal of Development Research*, 2009, 21(5): 752-771.

④ 陈琼.外来人口的本地信息接触情况对城市归属感的影响研究[J].电视指南,2018(14):215-217.

⑤ KHOIR S, DU J T, DAVISON R M, et al. Contributing to social capital: An investigation of Asian immigrants' use of public library services [J]. *Library & Information Science Research*, 2017, 39(1):34-45.

2.2.5 新市民信息行为模型研究

通过文献调研,已有研究中新市民信息行为模型研究可以归纳为新市民信息行为要素模型、新市民信息行为阶段模型与新市民信息行为整体模型三种类型。

(一)新市民信息行为要素模型

新市民信息行为要素模型是指在对新市民信息行为构成要素分析的基础上构建相应模型。李琳琳[①]借鉴 Savolainen 的概念关系图构建了包含生活方式、生活支配、问题情境、人口统计特征、经济资本、社会资本以及心理认知等七大类影响因素的本土农民工日常生活信息查寻行为模型。陆雪梅[②]引入马斯洛的需求层次模型推导出农民工信息服务需求层次,并在此基础上构建了农民工信息服务需求内容和需求渠道的影响因素模型。冯芳芳[③]从就业信息检索、就业信息浏览、就业信息查寻三个维度构建了网络环境下高校应届本科毕业生就业信息查寻行为模型。陈明星和钱鹏[④]以人口特征、角色归属与环境因素为情景变量,构建了农民工信息搜寻行为模型。姚缘[⑤]基于信息获取理论提出了农民工职业信息获取模型。陶颖等人[⑥]发现农民工信息寻求影响因素可分为个体因素、客体因素和环境因素三个方面,三者间相互作用,共同影响农民工的信息寻求,当三者之间出现良性互动时,农民工的信息寻求能力将会得到全面提升,基于此,构建了农民工信息寻求影响因素的理论模型。

(二)新市民信息行为阶段模型

新市民信息行为阶段模型包括两种类型。第一种是从新市民信息行为

---

① 李琳琳.农民工日常生活信息查寻行为模型构建研究[D].重庆:西南大学,2013.
② 陆雪梅.农民工信息服务需求影响因素实证研究[D].广州:中山大学,2010.
③ 冯芳芳.网络环境下高校应届本科毕业生就业信息查寻行为研究——以西南大学为例[D].重庆:西南大学,2011.
④ 陈明星,钱鹏.分化特征:传统农民工信息搜寻行为的内在本质[J].新世纪图书馆,2016(4):31-34,45.
⑤ 姚缘.信息获取、职业流动性与新生代农民工市民化:基于辽宁省的调查[D].沈阳:沈阳农业大学,2013.
⑥ 陶颖,邹纯龙,周莉.基于扎根理论的农民工信息寻求影响因素研究[J].图书情报工作,2016,60(17):110-115.

发生过程的视角,对信息行为不同阶段的影响因素进行分析并构建相应信息行为模型,例如俞守华等人[1]以威尔逊信息行为一般性模型为主线,结合技术接受模型和科亨信息需求理论构建出新市民信息行为的需求—查询—接受—利用—交互五阶段模型。龚慧[2]同样采用了这种分阶段的方法对新市民信息行为不同阶段的影响因素进行分析,并构建了农民工信息行为的需求—查询—接受—利用四阶段模型。但是这种采用不同阶段分析新市民信息行为影响因素并建构模型的方法,是建立在一种因素只对信息行为的某一阶段产生影响的研究假设上,如信息主体文化程度只对其信息需求阶段产生影响,而对信息查询、接受、利用等阶段毫无影响,因此,这种分析方法的有效性以及科学性还有待探究。第二种是从新市民市民化过程的视角,对其市民化不同阶段影响因素进行分析,并构建相应的信息行为模型,例如 Allard 和 Caidi[3]通过研究加拿大菲律宾裔移民信息实践,提出了五阶段的跨地域意义生成模型,说明了个体认知和情感过程对于移民信息实践的影响。以此模型为基础,Caidi 等人[4]还进一步研究了生活在澳大利亚与加拿大的中国老年移民信息实践。

(三)新市民信息行为整体模型

不同于前两种基于新市民信息行为要素或阶段等进行模型构建局部的思路,新市民信息行为整体模型试图涵盖信息行为发生的各个要素与各阶段,从整体视角对新市民信息行为进行建模,目前这类模型还较少。比较典型的是 Khoir 等人[5]通过对生活在澳大利亚的亚洲移民信息行为进行质性

---

[1] 俞守华,黄丽,区晶莹.新市民信息行为模型研究——以广东省为例[J].现代情报,2016(4):30-36,43.

[2] 龚慧.农民工信息行为模型构建研究[D].广州:华南农业大学,2012.

[3] ALLARD D, CAIDI N. Imagining Winnipeg: The translocal meaning making of Filipino migrants to Canada[J]. *Journal of the American Society for Information Science and Technology*, 2018, 69(10):1193-1204.

[4] CAIDI N, DU J T, LI L, et al. Immigrating after 60: Information experiences of older Chinese migrants to Australia and Canada[J]. *Information Processing & Management*, 2019, 57(3):e102111.

[5] KHOIR S, DU J T, KORONIOS A. Everyday information behaviour of Asian immigrants in South Australia: A mixed-methods exploration [J]. *Information Research*, 2015, 20(3):e687.

研究,基于移民时间长短不同,以 Fisher 的信息场理论为基础,构建了包括日常信息需求、信息寻求以及信息共享的亚洲移民信息行为模型。

综上所述,新市民信息行为模型可以归纳为新市民信息行为要素模型、新市民信息行为阶段模型与新市民信息行为整体模型等三个类型。其中,基于新市民信息行为要素分析构建模型是建立新市民信息行为模型的主流,并且主要以农民工群体为研究对象。总体而言,已有模型多从静态视角分析新市民信息行为的内在机理,仅有少部分研究关注到新市民市民化过程对于其信息行为的影响,且较少关注新市民既往信息实践是否会对其信息行为产生影响,从动态视角纵向洞悉新市民信息行为规律,值得探索。此外,新市民信息需求、获取、共享、利用行为的影响因素存在哪些异同,哪些因素会对新市民信息行为各个阶段(需求、获取、共享、利用)产生影响,如何利用这些发现提升新市民信息服务与信息政策的有效性,应成为未来研究的重要方向。

2.3 新市民信息服务

依据服务供给主体不同,关于新市民信息服务的已有研究可以分为图书馆信息服务研究、社区信息服务研究、政府信息服务研究以及其他信息服务研究四类。

2.3.1 图书馆信息服务

图书馆具有开展社会服务的基本职能,面向新市民开展信息服务是图书馆发挥社会服务职能的重要路径之一。在新市民信息服务已有研究中,大多数学者是以面向新市民的图书馆信息服务为研究对象,其中,公共图书馆的新市民信息服务是研究重点。

一些学者对图书馆新市民信息服务的作用进行了分析,如 Su 和 Conaway[①]指出,公共图书馆通过帮助老年华裔移民满足自身信息需求来发挥

---

① SU S S, CONAWAY C W. Information and a forgotten minority: Elderly Chinese immigrants[J]. *Library & Information Science Research*,1995,17(1):69-86.

它作为老年华裔移民与信息之间纽带的作用。Khoir、Du 和 Koronios[①] 通过调研发现,公共图书馆移民信息服务不仅有利于满足移民在南澳大利亚开始新生活所产生的信息需求,还为他们结交新朋友、拓展社交网络提供了场所。Sirikul 和 Dan[②] 在研究奥克兰图书馆对泰国移民的影响时发现,图书馆有助于移民了解现居地并促进他们融入社会。

部分学者对于图书馆的新市民信息服务策略进行探讨。蒋飞云等人[③④]基于图书馆功能视角,指出图书馆需加强资源建设力度,创新建设体制,革新建设理念,从而提升图书馆服务新市民的水平。Adkins、Sandy 和 Derpic[⑤] 指出公共图书馆可以为可能面临驱逐出境的移民提供有关父母被驱逐出境后如何安置孩子的信息,并成为社会服务机构、移民律师以及移民之间的联络人。张必兰等人[⑥]认为美国公共图书馆信息服务中有三种策略值得借鉴,分别是对新移民进行分阶段的信息素养教育、为非在校生的移民量身打造信息培养模式,以及开展朗诵会、培训课等活动促进新老居民的融合。Peterson[⑦] 发现跨语言的工人在信息需求表达上可能会存在一定的障碍,因此在面向这些移民开展服务时,图书馆员应主动通过多种方式到移民聚居地为他们服务,了解其实际信息需求,并在服务资源中增加双语读物和视听

---

① KHOIR S, DU J T, KORONIOS A. Linking everyday information behaviour and Asian immigrant settlement processes: Towards a conceptual framework [J]. *Australian Academic & Research Library*, 2015, 46(2): 86-100.

② SIRIKUL P, DAN D. Thai immigrants' information seeking behaviour and perception of the public library's role during the settlement process[J]. *Library Review*, 2016, 65(8-9): 535-548.

③ 赖宁,刘平,蒋飞云.新市民文化素质的提升——以图书馆的服务职能为视角[J].当代教育理论与实践,2013(10):175-176.

④ 蒋飞云,邹艺.图书馆在提高新市民文化素质中的作用[J].农业图书情报学刊,2013(9):145-147.

⑤ ADKINS, D, SANDY, HM, DERPIC, J. Information sources of Latin American immigrants in the rural midwest in the Trump Era [J]. *The Library Quarterly: A Journal of Investigation and Discussion in the Field of Library Science*, 2017, 87(3): 243-256.

⑥ 张必兰,吴诗贤,吴华安,等.城市新市民信息素养问题研究述评[J].重庆工商大学学报(自然科学版),2014,31(12):102-107.

⑦ PETERSON, K J. Including the culturally excluded and socially forgotten: Information services for Spanish migrant workers in the United States.[J]. *Library Quarterly*, 2014, 84(3): 390-401.

资源。Silvio[①]提出图书馆员应努力使移民群体在图书馆感到舒适,并尽可能为他们提供关于继续教育的信息和开设如何应对种族主义的课程。Atiso、Kammer 和 Adkins[②]倡议图书馆与社会服务中心、慈善机构等开展广泛合作,向移民宣传图书馆面向移民的信息服务。

此外,一些学者研究了图书馆在开展新市民信息服务中存在的不足之处。其中,一部分学者从用户视角出发揭示了图书馆新市民信息服务实践中存在的问题。金洪燕[③]指出许多新生代农民工不利用图书馆的首要原因是服务的便利性比较差,如图书馆入口标识不明显、规定办理专门证件后才能外借图书;Sirikul 和 Dan[④]指出由于图书馆提供的信息资源具有较强的可替代性,一些移民认为图书馆对其并无作用。还有一部分学者从图书馆员能力视角出发,分析了图书馆开展新市民信息服务中存在的问题,如 Adkins 和 Moulaison[⑤]发现公共图书馆的馆员通常只使用一种语言(或者掌握多种语言但不会说移民用户所用的语言),因为语言和文化障碍的存在,他们对移民信息需求以及如何满足这些需求缺乏基本的了解,进而在向移民推广图书馆服务时遇到重重困难。

2.3.2　社区信息服务

社区是社会基层自治的最基本组织形式。新市民社区是新市民在城镇生活的聚集地。新市民社区是新型城镇化建设中的基层管理单元,其发展动态牵动着整个社会的稳定。新市民社区建设面临三个难题:第一,要避免

[①] SILVIO H D. The information needs and information seeking behaviour of immigrant southern Sudanese youth in the city of London, Ontario: An exploratory study[J]. *Library Review*, 2006, 55(4):259-266.

[②] ATISO K, KAMMER J, ADKINS D. The information needs of the Ghanaian immigrant [J]. *Information & Learning Science*, 2018, 119(5-6): 317-329.

[③] 金洪燕.新生代农民工的图书馆需求研究[D].天津:南开大学,2011.

[④] SIRIKUL P, DAN D. Thai immigrants' information seeking behaviour and perception of the public library's role during the settlement process[J]. *Library Review*, 2016, 65(8-9):535-548.

[⑤] ADKINS D, MOULAISON S.H. Engaging linguistically diverse populations: Gatekeepers in rural and sparsely populated areas of the U.S. Midwest[J]. *International Journal of Information, Diversity, & Inclusion*, 2018, 2(1/2), 2.

人口二元(农民和市民)结构矛盾向三元结构(农民、新市民和市民)矛盾转变;第二,要预防"农村社区"的出现,扶助和改造现有的"城中村",进而缩小社会距离;第三,要重建新市民社区中的社会网络,培养新市民的社区认同感和社区归属感。而这三个问题的解决方法中有一个共同的指向,即发展面向新市民的社区信息服务,通过信息的"黏着力"与"影响力"助推新市民融入社区,融入城市生活。新市民社区信息服务的已有研究可以概括为如下三个方面。

(一)新市民社区信息服务的作用

新市民社区信息服务的重视程度与服务质量,会对新市民信息需求满足与信息获取行为产生影响。区晶莹、许丹纯和俞守华[1]以新市民确定信息需求总量—社区信息服务质量—新市民信息需求满足程度为核心反馈回路,构建了新市民信息需求与社区信息服务互动关系的系统动力学模型,并以广东相关数据进行实证,发现社区信息服务重视程度对新市民信息需求满足程度的影响最大。杨玺[2]指出搬迁到信息服务较好的社区后,失地农转非居民信息获取渠道变得更加多样化,利用网络与图书馆的频率也有了明显提升。

(二)新市民社区信息服务平台构建

孙红蕾和郑建明[3][4]阐明了新市民社区信息平台构建的必要性,对新市民社区信息服务创新的理论基础与实践案例进行详细阐释与剖析,并总结了新市民社区信息服务创新的主要特点,指出在新市民社区信息服务创新中,要进一步强化顶层设计,创新服务治理机制;多元化新市民参与路径,完善相关保障制度;重视服务内容差异性,因城制宜开发特色服务。

---

[1] 区晶莹,许丹纯,俞守华.新市民信息需求与社区信息服务互动关系系统动力学仿真——以广东省为例[J].情报科学,2016(6):57-62.
[2] 杨玺.失地农转非居民日常生活信息查寻行为研究[D].重庆:西南大学,2014.
[3] 孙红蕾,郑建明.新市民社区信息服务创新与思考[J].图书情报知识,2015(5):74-81.
[4] 孙红蕾,郑建明.新市民社区信息服务平台构建研究[J].图书馆工作与研究,2016(2):124-128.

（三）新市民社区信息服务策略

Williams 和 Harris[①]发现移民健康信息需求会受其在东道国居住时间长短的影响，移民社区信息服务的有效性会受到社区内文化和语言多样性的影响，因此，在开展移民社区信息服务时要考虑到移民在东道国居住时间的长短，以分阶段的方式提供有关食品安全、澳大利亚食品、健康饮食和饮食与疾病关系等主题的信息；此外，移民社区信息服务还需要结合社区内文化和语言特征，以更易于获取的信息传递方式（例如视觉和面对面的方法以及动手演示）向移民提供。Caidi 和 Allard[②]提出，加强信息基础设施设计、提高社区技术中心形象、与其他社区建立伙伴关系、制定针对社区问题的规划议程等社区信息服务发展策略，可以进一步拓展到其他类型的信息机构中，促进社会包容。

2.3.3 政府信息服务

政府信息服务对于满足新市民信息需求是必要的，政府在新市民信息服务工作中扮演着重要角色。政府信息服务的相关研究主要集中在以下两个方面。

（一）新市民信息服务建设中政府的职能

Khoir、Du 和 Koronios[③]提出政府可作为权威信息机构为移民提供专业的实践课程，来帮助移民解决职业发展问题和日常生活中遇到的其他各种问题，例如怎样找到合适的工作推荐人、如何准备面试等。赵静[④]认为政府在新市民信息服务体系建设中应肩负起制定宏观政策与法律法规、提供公共基础设施和服务、建立政府信息服务平台等责任，并在接受其他各类信

[①] WILLIAMS E, HARRIS N. Understanding the nutrition information needs of migrant communities: The needs of African and Pacific Islander communities of Logan, Queensland[J]. *Public Health Nutrition*, 2011, 14(6):989-994.

[②] CAIDI N, ALLARD D. Social inclusion of newcomers to Canada: An information problem? [J]. *Library & Information Science Research*, 2005, 27(3):302-324.

[③] KHOIR S, DU J T, KORONIOS A. Linking everyday information behaviour and Asian immigrant settlement processes: Towards a conceptual framework [J]. *Australian Academic & Research Library*, 2015, 46(2):86-100.

[④] 赵静.农民工个性化信息服务方式研究[J].科技情报开发与经济,2011,21(35):100-103.

息服务反馈的基础上,提供新市民信息服务解决方案。

(二)政府发展新市民信息服务的策略

Goodall、Ward 和 Newman[①]发现老年人的 ICT 利用程度要远低于其他年龄组,如果健康信息通过政府网站提供的话,很多老年人难以直接了解到这些信息,因此建议政府在提供移民信息服务过程中要评估使用 ICT 直接向老年人提供信息的适当性,并在与 ICT 使用率低和不使用 ICT 的用户沟通时考虑非数字方式的信息服务方式。陈永波[②]在分析农民工电子政务服务满意度的基础上,提出提升政府网站信息权威性有助于促进政府信息服务质量的提高,而要提升政府网站信息的权威性,不仅需要增强政府信息的可读性与时效性,还要增加政府信息网站中法律、法规、规章制度等政务信息的比例。

2.3.4 其他信息服务

除图书馆、社区、政府外,档案馆、非营利组织、大学、在线社区、媒体等也是新市民信息服务的重要供给者。周林兴、吕维[③]对新市民档案信息服务进行了研究,指出档案馆应该发挥其资源、技术和政策上的基础优势,形成多方参与的新市民档案信息服务模式。Flagler[④]发现非营利性妇女组织可以为女性移民提供许多可用资源的有效信息,并通过信息服务的方式为这些女性移民赋权,帮助她们融入社区。Baruchson-Arbib 等人[⑤]指出志愿移民组织和协会在以色列"社会吸纳"计划中提供的信息服务有助于帮助移民

---

① GOODALL K, WARD P, NEWMAN L. Use of information and communication technology to provide health information: What do older migrants know, and what do they need to know? [J]. *Quality in Primary Care*, 2010, 18(1): 27-32.

② 陈永波. 我国农民工电子政务服务需求调查与满意度模型构建[D]. 天津: 南开大学, 2010.

③ 周林兴, 吕维. 面向新市民的档案信息服务研究[J]. 档案管理, 2016(3): 14-16.

④ FLAGLER J. The information age? Resource accessibility for African immigrant women [D]. Waterloo: University of Waterloo, 2009.

⑤ BARUCHSON-ARBIB S, SHOHAM S, STRAUSS S K. Information needs of North American immigrants to Israel[J]. *Journal of Information Communication & Ethics in Society*, 2007, 5(2/3): 185-205.

满足移民过程中的基本信息需求。Ponce[1]指出,大学在面向移民实施大学入学计划过程中会为移民学生及其父母提供一系列信息服务。Panaretou等人[2]针对希腊移民信息服务中存在的问题,结合ICT技术创建了希腊首个在线移民社区,以求为移民提供多语言、开放、高效的信息服务。Bouchard[3]发现官方机构通常以书面形式传播信息,这些信息对于存在语言障碍且识字率低的西班牙裔移民来说往往是难以理解的,东道国提供的西班牙语电视节目在一定程度上为移民观众提供了社会信息服务,促进了移民社会资本的增加。

2.4 现有研究的特点与不足

新市民信息行为与新市民信息服务的已有研究不仅丰富和深化了新市民信息行为理论,还为升级新市民信息服务、制定新市民信息政策提供了理论支持与决策依据。然而,随着新型城镇化的进一步推进,新市民如何更好地适应城市生活与安居乐业成为学界日益关注的问题,对此主题的深入研究将推动新型城镇化更加高效、高质量地发展。而要使新市民更好地适应城市生活并安居乐业,以下四个方面仍有待加强。

(一)重视新市民亚群体及亚群体内部的异质性。随着新型城镇化进程加快与新市民群体内部亚群体增多,新市民亚群体间及亚群体内部异质性会进一步增大。虽然对新市民群体类型进行细分是很重要的,但是已有研究中多依据迁入时间长短、流动目的、代际等标准对某一类新市民信息行

---

[1] PONCE A F. College knowledge: How immigrant Latino parents access information[J]. *Proquest Llc*, 2013:e112.

[2] PANARETOU I, KAROUSOS N, KOSTOPOULOS I, et al. Online communities: The case of immigrants in Greece[C]. Next Generation Society. Technological and Legal Issues-Third International Conference, e-Democracy 2009, Athens, Greece, September 23-25, 2009, Revised Selected Papers. DBLP, 2009.

[3] BOUCHARD M E. The role of television as a means of communicating essential social service information to Spanish-speaking Hispanic immigrants[D]. Los Angeles: University of Southern California, 2006.

为进行细分,并未解决这一问题。① 陶建杰②在研究农民工信息渠道使用意愿时发现,新生代农民工内部在学历、工作性质、外出方式等方面仍存在较高的异质性,在这种异质性影响下,不同新生代农民工在信息获取渠道易用性、可用性、使用意愿上存在较大差异。无独有偶,陈永波③指出虽然农民工群体依赖性较强,大多数人的主要信息获取来源是身边的人,但是同样存在部分信息来源比较丰富的农民工。基于此,关注新市民亚群体及亚群体内部异质性、对不同类型的新市民亚群体信息行为开展实证研究,成为未来重要研究方向,如信息贫困新市民健康信息查询行为、老年新市民信息交流行为和技术型人才引进新市民信息行为。此外,学者们在研究低技能新市民信息问题上投入了大量精力,以高技能新市民为研究对象的研究却寥寥无几④,有较大研究空间。

(二) 关注新市民所处的社会文化情境。国外对移民的研究一直以信息贫困为基本假设⑤,将移民界定为"边缘""弱势"群体⑥,国内大多数研究也直接将新市民等同于信息贫困群体与城市边缘群体。虽然新市民与移民有较强的相似性,但是中国的社会文化、制度、历史等都不同于西方社会,当前研究中对于新市民所处社会文化情境及这种情境如何影响新市民信息行为的关注还较少。因此,关注社会文化情境对新市民信息行为的影响,探索中国社会文化情境中新市民的信息行为特征,以批判性的视角研究本土情境中新市民信息行为与其他社会文化情境中新市民信息行为、移民信息行为的异同,揭示少数民族新市民融入城市过程中的信息行为特点,是未来研

---

① KAU J B, SIRMIANS C F. The influence of information cost and uncertainty on migration: A comparison of migrant types [J]. *Journal of Regional Science*, 2010, 17(1): 89-96.

② 陶建杰.新生代农民工信息渠道使用意愿的影响因素研究[J].南京农业大学学报(社会科学版),2013,13(2): 11-18.

③ 陈永波.我国农民工电子政务服务需求调查与满意度模型构建[D].天津:南开大学,2010.

④ JANNA, B. Crossing borders in the information age: The impact of highly skilled migrants on the labor market outcomes of the United States highly skilled workers [D]. Irvine: University of California, Irvine, 2005.

⑤ KHOIR S, DU J T, KORONIOS A. Linking everyday information behaviour and Asian immigrant settlement processes: Towards a conceptual framework [J]. *Australian Academic & Research Library*, 2015, 46(2): 86-100.

⑥ CAIDI N, ALLARD D. Social inclusion of newcomers to Canada: An information problem? [J]. *Library & Information Science Research*, 2005, 27(3), 302-324.

究的重要方向。

（三）探索新市民既往信息实践经历对信息行为与信息服务的影响。现有研究忽视了新市民在市民化过程中如何通过既往的方式获得信息，以及既往经验对于当前市民化的过程会有怎样的推动作用，这就导致相应信息服务与政策的有效性和针对性较低。实际上，正如 Allard 所言，如果新移民在移民过程中使用非本地或国际信息资源，那么他们并不一定会是信息贫困的，目前尚不清楚新市民从他们原籍地带来的工具、资源对新市民信息行为的影响。[①] 因此，探析新市民既往信息经历对其信息需求与信息行为的影响，分析与制定符合新市民信息需求及行为特点的信息服务及相关信息政策，从而提升服务与政策的针对性是未来研究的一个重要方向。

（四）加强混合式研究方法的应用。在研究方法上，目前国外相关研究多采用定性手段，量化研究还比较少，国内与之相反，相对于理论阐释、社会调查、定量研究而言，对新市民信息行为与服务的定性研究极少，仅有的几篇也局限在农民工和失地农民的信息行为等方面，对不同新市民亚群体信息行为的规范性实证研究较少。虽然近些年相关研究呈上升趋势[②]，但很少有实证研究从信息行为视角论证新市民信息行为的影响因素、探究新市民信息行为的内在机理[③]。此外，由于不同学者考察视角不同，选取研究对象和分析维度存在较大差异，因此不同类型信息需求和信息服务的影响因素存在哪些异同、在新市民融入城市中重要性如何等问题尚不清楚。因此，创新研究方式、通过定量定性相结合的研究方法对新市民信息行为与服务进行研究、在探索一般机理的同时强化行为细节的刻画以及各种行为要素与信息服务的关系分析，是必要的，应成为未来研究的重要方向。

---

① ALLARD D. Living "Here" and "There": Exploring the transnational information practices of newcomers from the Philippines to Winnipeg [D]. Toronto: University of Toronto, 2015.
② 张钰歆.新市民信息素养现状及提升对策研究[D].福州：福建师范大学,2017.
③ 徐芳.国内外新市民城市融入信息行为研究综述[J].情报资料工作,2018(4):80-88.

第三章　新市民信息服务发展模式

新市民作为城市的新生人口增量,为城市带来丰富人力资源的同时,也释放了强烈的信息服务需求。新市民群体内部差异极大,高收入、高学历、信息素养好的新市民与低收入、低学历、信息素养差的新市民,虽然同样生活在城镇中,但其信息源偏好、信息行为表现方式等都存在差异。而为这个内部差异极大的群体提供信息服务,是一个极具挑战性的问题。

为应对这一问题,国内外新市民信息服务主体展开了积极探索,不断创新新市民信息服务,形成了国内外两种特色鲜明的新市民信息服务发展模式,即政府主导式与图书馆—社区协作式。本章将在分析两种模式特征、典型案例的基础上,进一步对二者间的异同进行对比分析。

3.1　政府主导式

随着新型城镇化进程的推进,面向新市民的信息服务已引起我国一些地方政府的重视,这些政府开展了一系列针对新市民的信息服务,如天津市搭建了"新市民综合信息服务平台"、杭州市建设了"新市民之家"、上海市开办了"新市民生活馆"、张家港市设立了"新市民事务中心"、佛山市建构了"新市民服务信息网",并在实践中超越传统简单线性的发展模式,逐渐发展出政府主导式的新市民信息服务发展模式。目前,该模式是我国新市民信息服务发展最主要的模式。究其原因,一方面,我国新市民规模庞大,新市民信息服务具有准公共产品的属性,"保基本"是它发展的逻辑起点,非政府主导很难使新市民信息服务可持续发展;另一方面,新型城镇化的本质是人的城镇化,坚持人本思想是新市民信息服务发展应坚持的基本态度和根本立场,要防范和避免新市民信息服务发展脱离人本思想,就需要政府主导。

3.1.1 模式特征

总体而言,"政府主导式"的新市民信息服务发展模式具有以下四个典型特征。

(一) 基于整体性思维的发展规划

基于整体性思维的发展规划就是着力将整体性发展理念与服务创新相结合,从宏观、中观、微观多个层面对问题进行剖析、规划、实施,既要将笼统的问题细化,又要用系统的、整体的方法去解读问题存在的原因,从而寻找突破难点的创新路径。基于整体性思维推进新市民信息服务发展是"政府主导式"的新市民信息服务发展模式最核心的特征。例如,天津滨海新区在发展新市民信息服务中,首先是从服务环境、服务载体、服务主体等多个层面进行了深入全面的规划和实施,并取得了较好的成效。[①]

(二) "1+n"的参与主体结构

"1+n"的参与主体结构中,"1"指代政府,"n"指代参与新市民信息服务的多元主体,这种参与主体结构对于我国新市民信息服务发展具有较强现实意义。首先,政府在新市民信息服务发展中具有管理者和服务者的双重身份,为新市民信息服务发展提供了资金、政策、人力、物力等支持。其次,新市民虽然普遍为信息弱势群体,但换个角度看,这些新市民作为被服务的对象,要远比其他群体更了解自身的需求,调动他们参与服务创新自会对服务创新产生正外部性。再次,社会民间组织是新市民信息服务创新的重要组成力量,这些民间组织通过公益创投项目深入新市民信息服务实践,积极献计献策,可以有力推进新市民信息服务的发展。此外,企业对于新市民信息服务的深化和新市民参与意识的培养也有较大作用。典型的案例如湖北武汉星世鸣文化传媒有限责任公司,通过搭建华中地区首家重点关注新市

---

① 《天津市滨海新区信息化"十二五"规划》绘就发展蓝图.[EB/OL].[2015-06-10].http://news.163.com/11/0815/14/7BGLA5C100014JB6.html.

民人群的网媒"武汉新市民网"来帮助新市民融入城市社区生活,并在网站首页设"新市民风采"与"新市民学堂"专栏,以鼓励新市民学习信息知识,激发其参与热情。①

(三)纵向层面的交互联动

任何事物的发展都脱离不开其所在的系统,新市民信息服务亦是如此。一方面,新市民信息服务是城市公共信息服务在新市民群体中的延展与深化,与城市公共信息服务紧密相连;另一方面,新市民信息服务建设也要受到城市信息化发展程度的影响和制约。新市民信息服务的发展不仅要重视与公共信息服务的交互,还要与城市发展政策方针联动发展。如佛山市南海区在新市民社区信息服务开展中,积极与佛山市南海区国土城建和水务局(住建)合作,共同开发"南海新市民服务信息网",将与新市民生活密切相关的社会保险、住房保障、积分入户、培训就业等服务信息化,并在网站上公开发布《广东省流动人口服务管理条例》《佛山市南海区新市民积分制服务管理实施细则(试行)》等法律文件,对新市民的权益进行保障和规范。②

(四)横向层面的协同创新

"政府主导式"的新市民信息服务发展模式中,为防止将个体的"信息孤岛"扩大成组织性的"信息孤岛",政府要开展广泛互联和协同建设。新市民信息服务协同创新主要体现在三方面。一是积极与企事业单位、街道社区、科研机构、政府机关协作共建。如南京大光路街道社区开展的"新市民读书室"活动,得到了大光路街道领导、文化站及周边单位的大力支持,正因为有了这些单位积极捐赠的各类图书以及提供的其他物资,才有初具规模的新市民读书室。③ 二是推进信息资源建设的协同共享,信息资源建设是新市民社区信息服务创新的基础性支撑,推进信息资源建设的协作共享,不仅有助于增进沟通、降低投资成本,还将降低信息资源利用的边际成本、衍生溢出

---

① 新市民学堂.武汉新市民网.[EB/OL].[2015-06-02].http://www.whxsm.com/index.asp.
② 服务指南.南海新市民服务信息网[EB/OL].[2015-06-03].http://cic.nanhai.gov.cn/cms/html/12439/2015/20150427182122341929875/20150427182122341929875_1.html.
③ 南京大光路街道社区成"新市民读书室"典范.[EB/OL].[2015-06-03]. http://www.js.chinanews.com/news/2013/0524/60358.html.

效应。三是增进与同级兄弟社区间共建共享。新市民社区建设中,存在很多共性,这些共性为具有相似发展需求的兄弟社区协作提供了良好的条件,如天津市滨海新区与和平区位于相同地域,新市民来源大致相同,面临的处境大致相近,因此在面向新市民社区信息服务建设上可共享社会公益创投项目所产生的社会福利。

3.1.2　典型案例:天津市滨海新区

本小节将以天津市滨海新区新市民信息服务实践为例,分析该区域在推进新市民信息服务发展工作以及加速新市民融入城市生活中所采取的具体策略和措施。

(一)天津市滨海新区概况

滨海新区是天津市下辖的副省级区,既是全国社会管理创新的综合试验区,又是国务院批准的第一个国家综合改革创新区,区内外来人口数量是本地户籍人口的 1.19 倍,新市民这一城市化进程中所衍生的新兴群体是新区建设的重要力量。[①] 为了让新市民"进得来、留得下",帮助新市民更好地融入社区,天津市滨海新区对新市民信息服务进行大胆创新与积极推动,并取得了较好的成绩,对于全国更多的新市民信息服务开展和深化具有示范性作用。

(二)具体举措

(1)宏观层面:完善服务制度保障,培育社区信息服务创新氛围

信息服务发展需要一种有利于发展的政策氛围和文化氛围,这将直接影响服务主体参与创新的积极性和主动性,进而影响新市民信息服务发展的活力。2011 年,天津市人民政府审议通过《天津市国民经济和社会发展第十二个五年规划纲要》,根据该纲要,"十二五"期间,天津市将加快社会各领域信息化步伐,全面提升城市综合信息化水平,着力构建新一代信息基础设施,积极推进"智慧社区""美丽社区"等示范试点工程建设,深入开展"同

---

① 新区敲定 32 个社会服务项目,帮助新市民融入社区.[EB/OL].[2015－05－29]. http://economy.enorth.com.cn/system/2014/10/30/012234818.shtml.

在一方热土,共建美好家园"活动,实施"提升市民素质行动计划"等。①

以此为契机,天津市滨海新区政府制定了《天津市滨海新区"十二五"规划》,旨在建设以"物联化、互联化、智能化"为主要特征的"智慧滨海"。为了将"智慧滨海"打造为新区的一张城市名片,滨海新区积极部署并全面推进了"智慧政府、智慧城管、智慧经济、智慧民生"四项智慧工程。其中,在"智慧民生"工程中,拟于2015年年底实现新区公共信息服务触及每一个角落,即实现街镇管理的信息化、网络化、数字化,推进社区服务网站、信息服务终端、社区服务电子告示牌等便民信息服务设施的完善,推进社区安防监控、物业管理等的智能化。②

(2) 中观层面:健全三级流动人口服务管理平台,成立新市民服务中心

新市民社区信息服务发展既需要社区服务人员、志愿者组织、新市民、政府部门等多种主体的参与与密切合作,又需要坚实有效的服务媒介和载体来支持。对此,滨海新区分别建立了三级流动人口服务管理平台与新市民服务中心。

在三级流动人口服务管理平台建设方面,新区基于"以人为本"的理念,在将各项服务信息化并纳入服务管理平台的同时,将公安网、互联网接入社区,创新建成全市首个信息化的三级管理平台,推动新市民信息服务向立体化、系统化发展。具体而言,三级平台的第一级是流动人口服务管理中心,主要负责统筹规划地区流动人口(以新市民为主)的服务管理工作。第二级为各街镇流动人口服务管理站,主要完成房屋出租登记和流动人口登记办证等工作,发布务工信息、租房信息等各类服务信息,并负责处理三级平台呈报的卫生防疫、子女上学、计划生育、劳动保障等相关信息。第三级是88个社区(村)流动人口服务管理分站,是二级平台的延伸,主要负责搜集并上报各类信息。信息化服务管理平台不仅提高了服务管理效率,还促成了社区数据信息的实时采集、实时传输、实时对比,为新市民信息服务的进一步发展奠定了数据基础。

---

① 《天津市国民经济和社会发展第十二个五年规划纲要》实施中期评估报告.[EB/OL].[2015-06-10].http://www.tjrd.gov.cn/rdzlk/system/2014/04/09/010017005.shtml.

② 《天津市滨海新区信息化"十二五"规划》绘就发展蓝图.[EB/OL].[2015-06-10].http://news.163.com/11/0815/14/7BGLA5C100014JB6.html.

与此相呼应,滨海新区在新市民服务中心建设上也取得了一定的成绩。初到社区,新市民们只需到社区服务中心登记个人信息就能办理暂住证,经过所辖社区服务中心验证后,新市民即可登入信息化的服务平台。服务平台涉及的服务范围非常广,针对不同的人群、岗位会有不同的服务;新市民们足不出社区就能享受到教育培训、文化娱乐、法律维权、志愿服务、就业保障、健康计生、困难帮扶、社会联谊、党团组织等一站式的全方位服务。①

(3) 微观层面:实施新市民融入项目,激励新市民成为服务参与者

天津市滨海新区在新市民信息服务创新中,一个重要的保障因素即相关项目的确立,通过项目的实施保障服务发展的可持续性与稳定性。在市级、区级的宏观统筹规划下,各个街镇社区积极发挥主观能动性,创新服务内容,挖掘新市民内在需求,开发利于新市民融入社区的信息服务形式,并对新市民群体进一步细化,开展有针对性的信息援助措施。经典案例如滨海新区"青年农民工融入社区"试点项目,该项目为丰富农民工业余生活,免费开放社区图书馆、电子阅览室、活动中心,这对促进青年农民工融入城市社区,顺利成为真正的新市民产生了较强推力。②

与此同时,天津市滨海新区在新市民信息服务发展中十分重视新市民信息潜能的深挖掘,积极开发新市民的自组织性、自媒体性,推动新市民成为信息服务的参与者,培养新市民的信息主体意识。经典案例如向阳街道吉宁里社区推出的新市民人才孵化项目。据介绍,该项目不仅专门打造了供新市民人才交流创业经验、实现个人"充电"以及享受休闲娱乐的新市民会员俱乐部,还开发了多种信息服务形式鼓励新市民的参与,如在"入会"条件制定上,规定新市民只要全年志愿服务累计达到 60 个小时就可免费享受以上服务。③

---

① 信息化平台助流动人口融社区,新市民幸福感提升.[EB/OL].[2015－05－28].http://www.fjdpc.gov.cn/szfj/show.aspx? id=48146.
② 李培志.青年农民工融入城市社区:经验与思考——以天津滨海新区"青年农民工融入社区"项目为例[J].社会工作,2012(8):58－60.
③ 新市民社区内享十大服务.[EB/OL].[2015－05－28].http://roll.sohu.com/20130726/n382674454.shtml.

3.2　图书馆—社区协作式

根据联合国移民署发布的《世界移民报告2020》,2019年世界跨国移民人数高达2.72亿,占据全球总人数的3.5%。[①] 与新市民相似,移民往往是多重弱势的,虽然移民到新环境中有着多样化的信息需求,但受限于语言障碍、文化差异,其对于日常生活信息、求职信息、教育信息、就医信息等的需求很难得到满足,这不仅使其因为这些障碍无法享受东道国提供的各种机会和资源,还使移民安置过程变得非常艰难。[②] 国际图书馆协会联合会指出,公共图书馆的一个关键作用是支持社区作为一个可以促进人们终身学习和提高其生活质量的信息中心。[③] 为了让移民尽快融入东道国,平等地享受各种社会资源,帮助移民适应当地生活,满足自身信息需求,各国公共图书馆开展了大量信息服务实践,如美国洛杉矶公共图书馆建立了自助式的"新美国人中心",美国休斯顿公共图书馆与社区联合开展了"图书馆客厅"计划[④],加拿大温莎公共图书馆建立了"加拿大技术移民中心"[⑤],澳大利亚公共图书馆建立了跨语言信息服务体系[⑥]。在国外实践中,图书馆经常与政府、移民机构、教堂、社区、慈善机构等协同[⑦],共同为移民提供信息服务。其中,公共图书馆与社区的协作最为紧密,二者以主题项目的形式为移民开展

---

① World Migration Report 2020[EB/OL].[2021-05-28].https://publications.iom.int/system/files/pdf/wmr_2020.pdf.

② Caidi N, Allard D. Social inclusion of newcomers to Canada: An information problem? [J]. *Library & Information Science Research*, 2005, 27(3):302-324.

③ Häggström, B M. The Role of Libraries in Lifelong Learning. Final Report of the IFLA Project under the Section for Public Libraries. International Federation of Library Associations and Institutions (NJ1). 2004. Retrieved from https://www.ifla.org/node/1025.

④ Carlton A.Serving Immigrants and Refugees in Public Libraries[EB/OL].[2021-05-28]. https://americanlibrariesmagazine.org/blogs/the-scoop/serving-immigrants-refugees-public-libraries/.

⑤ Windsor Public Library. New Comers to Canada [EB/OL].[2021-05-28].https://www.windsorpubliclibrary.com/?page_id=12506.

⑥ 刘晓波,潘海英.澳大利亚公共图书馆的多元语言信息服务体系及其对我国的启示[J].情报科学,2014,32(8):112-117.

⑦ Wang C, Huang R, Li J, et al. Towards better information services: A framework for immigrant information needs and library services[J]. *Library & Information Science Research*, 2020, 42(1):e101000.

了一系列信息服务活动,并逐渐发展出"图书馆—社区协作式"的移民信息服务发展模式。目前,该模式是国外移民信息服务发展最典型的模式。

3.2.1 模式特征

总体而言,"图书馆—社区协作式"的新市民信息服务发展模式具有以下三个典型特征。

(一)重视多元文化服务

正如Fisher所言,"移民构成的多样性不仅带来了难以置信的文化多样性,还带来了帮助移民充分参与东道国生活和文化,而不是将其孤立在种族社区中的责任"[①]。面对多元文化的服务环境,为了更好地为本地区的移民用户服务,在"图书馆—社区协作式"的新市民信息服务发展模式中,公共图书馆系统不仅在馆藏资源建设上重视多语种馆藏和多元文化文献资源的完善,营造"了解和尊重民族文化多样性"的良好氛围;还积极与社区合作设计和开展了丰富多彩的移民文化活动,充分体现了图书馆尊重多元文化的服务理念,如纽约公共图书馆与当地移民管理机构合作,掌握所负责区域范围内的各社区移民数量、主要移民来源国和母语,进而建设相应的移民"母语文献阅览室",促进移民快速融入当地生活。[②]

(二)强调ICT向移民社区赋能

社区是移民用户生活的基本单元,开展移民信息服务要充分发挥社区的作用,利用社区的桥梁关系搭建移民信息服务平台。基于此,"图书馆—社区协作式"的移民信息服务发展模式以社区为单位,通过社区分馆开展了多种服务项目,帮助移民用户快速适应在东道国的生活。具体来说,这一特征表现在与移民社区合作提供丰富的移民技能培训服务。公共图书馆在社区分馆开设多种信息技能培训课程,帮助移民提升信息素养,消除信息获取障碍,同时对东道国公共服务项目(如报警、急救、求助等)的使用进行介绍,

---

① Fisher K E, Fawcett P. Using design thinking to empower ethnic minority immigrant youth in their roles as information and technology mediaries[J]. Ischools,2013.

② 姚敏.纽约公共图书馆系统移民信息服务研究及启示[J].图书馆工作与研究,2018(3):32-35,40.

甚至对移民进行职业技能、健康保健和中餐烹饪等专题培训,充分发挥图书馆的社会教育职能。

(三) 致力于促进社会包容

社会包容理念倡导消除社会排斥和不公平的服务待遇,使不同社会特征的人群能够拥有均等的机会,并享受公共信息服务。① 随着越来越多的移民涌入,通过移民信息服务促进社会包容,成为图书馆与社区需要共同面对的挑战。致力于促进社会包容是"图书馆—社区协作式"的新市民信息服务发展模式的基本特征之一。具体来说,这一特征表现在以下三个方面:一是倡导服务均等,鼓励不同社会特征群体的发展,如多伦多公共图书馆在语言资料供给中,对不同年龄段人群供给个性化的资源;二是重视弱势群体服务资源的配置,综合考虑不同类型弱势群体的现实需求与客观需要,不断推进无障碍服务,并在现有服务开展中增加用户需求反馈渠道,了解并改进信息服务过程中的"痛点";三是将移民信息服务空间向移民社区延伸,增强城市包容力。

3.2.2 典型案例:加拿大多伦多公共图书馆

本小节将以加拿大安大略省多伦多公共图书馆(Toronto Public Library)的移民信息服务实践为例,分析图书馆与社区协作在推进移民信息服务发展工作以及加速移民融入东道国生活中所采取的具体策略和措施。

(一) 加拿大人口环境与公共图书馆发展概况

(1) 加拿大人口环境扫描

人口环境是指影响与制约社会发展的人口状况与人口条件,主要涉及人口数量、人口分布、人口结构、人口素质等方面内容。② 从人口数量上看,截至2021年第二季度,加拿大人口约为3807万人③,在世界人口排名中,居第38位。由于加拿大同时是世界上面积第二大的国家,因此它也是世界上

---

① Lo P, He M, Liu Y. Social inclusion and social capital of the Shanghai Library as a community place for self-improvement[J]. *Library Hi Tech*,2019,37(2):197-218.

② 刘家强.西部开发中的人口环境分析[J].人口研究,2000(4):46-50.

③ Canada Population (LIVE) [EB/OL].[2021-06-20].https://www.worldometers.info/world-population/canada-population/.

人口密度最低的国家之一——加拿大每平方英里只有 8.3 人①。从人口分布上看,加拿大城镇化率约为 82%,约 75%的加拿大人口分布在安大略省、魁北克省和不列颠哥伦比亚省,其中,安大略省的移民人口最多。② 从人口结构上看,目前加拿大许多城市的移民人口规模要大于原住民③,加拿大人主要为英、法等欧洲后裔,土著居民约占 3%,其余为亚裔、拉美裔、非洲裔等④。从人口宗教信仰上看,73.5%的加拿大人报告他们信奉宗教,包括天主教(38.7%)、基督新教(17.2%)、东正教(6.2%)、伊斯兰教(3.2%)、印度教(1.5%)、锡克教(1.4%)、佛教(1.1%)和犹太教(1.0%)。⑤ 从人口素质上看,加拿大人口识字率(15 岁以上可以读写的人数占比)为 99%,位居世界前列。⑥

(2) 加拿大公共图书馆发展概况

加拿大现代意义上的公共图书馆是在 20 世纪 30 年代后期到 20 世纪 60 年代之间出现的。早期阶段,地区公共图书馆系统旨在支持加拿大农村的发展,如今,加拿大 10 个省和 3 个地区的公共图书馆由各自的省/地区政府管理,各地区公共图书馆为所负责区域内的所有社区提供服务。⑦ 其中,多伦多公共图书馆作为加拿大最大的图书馆系统,拥有 99 个分支机构和 1100 万的馆藏量。

(二) 具体举措

(1) 提供多语种服务

完善馆藏资源是公共图书馆开展各种移民信息服务的前提条件。多伦多是加拿大最大的城市,虽然其官方语言是英语和法语,但多伦多超过半数

---

① Population Density (people per sq. km of land area) [EB/OL].[2021 – 06 – 20].https://data.worldbank.org/indicator/EN.POP.DNST? order = wbapi_data_value_2014 + wbapi_data_value + wbapi_data_value-last&sort = asc

② Statistics Canada [EB/OL].[2021 – 06 – 20]. https://www150.statcan.gc.ca/t1/tbl1/en/tv.action? pid = 1710000901

③ 彭琳彦.加拿大公共图书馆的多元文化服务[J].新世纪图书馆,2013(6):89 – 91.

④ 中华人民共和国外交部.加拿大国家概况[EB/OL].[2021 – 06 – 20].https://www.fmprc.gov.cn/web/gjhdq_676201/gj_676203/bmz_679954/1206_680426/1206x0_680428/

⑤ Canada Population 2021[EB/OL].[2021 – 06 – 20].https://canadapopulation.org/.

⑥ Literacy Rate in Canada [EB/OL].[2021 – 06 – 20]. https://www.cia.gov/library/publications/the-world-factbook/rankorder/2103rank.html

⑦ Public Libraries in Canada:An Overview[EB/OL].[2021 – 06 – 21]. https://harvest.usask.ca/bitstream/handle/10388/334/Public_Libraries_Canada_VWilson.pdf? sequence = 1.

的人口来自国外,使用语言多达 150 余种。[1] 这不仅要求公共图书馆重视对多语种馆藏文献的建设,还要求在各项服务中注重多语言服务的供给。在多语种馆藏文献建设方面,多伦多公共图书馆馆藏总量超过 1200 万册,并拥有中文、日语、德语、意大利语等 40 多种不同语言的书籍、电影、音乐和数字内容。在多语种服务供给方面,多伦多公共图书馆一方面在主页提供了 40 多种语言选择,用户可以根据自身语言偏好选择自己所需要的语言进行主页访问,并在多伦多公共图书馆的门户网站阅读来自全世界的 85 种语言和 147 种字体的报纸和杂志,使新移民保持同家乡的信息联系[2];另一方面,图书馆开通了"拨号故事"电话热线,用 16 种语言向儿童朗读故事[3]。此外,多伦多公共图书馆与社区合作提供超过 1400 台可免费使用的电脑,通过配置多语言虚拟键盘来加大对多语言服务的支持。[4]

(2) 开展移民安居促进服务

多伦多公共图书馆开展了一系列移民安居促进服务,从多个角度帮助和促进移民更好地适应多伦多的生活。具体而言,多伦多公共图书馆开展的移民安居促进服务主要包括免费语言服务、个性化参考咨询、公民资格考试模拟和各种通行证办理等。

① 免费语言服务。语言障碍不仅会限制移民获取各种服务资源的能力,还会导致移民无法寻找合适的工作。因此,通过开展免费语言服务,帮助移民克服语言障碍,是多伦多公共图书馆开展移民安居促进服务的重中之重。在实践中,多伦多公共图书馆一方面通过在线会议平台开展英语会话圈、双语对话圈等研讨会,帮助新移民练习口语;另一方面通过提供 ESL (English as a Second Language) 书籍、雅思课程等语言学习资源,辅助新移民准备各种语言资格考试。

---

[1] Toronto[EB/OL].[2021-06-21]. https://en.wikipedia.org/wiki/Toronto#Demographics.

[2] 国际图书馆协会联合会.多元文化社区图书馆服务指南[EB/OL].[2021-06-21].https://max.books118.com/html/2015/0905.

[3] Toronto Public Library[EB/OL].[2021-06-21]. https://en.wikipedia.org/wiki/Toronto_Public_Library#cite_ref-32.

[4] 彭琳彦.加拿大公共图书馆的多元文化服务[J].新世纪图书馆,2013(6):89-91.

② 个性化参考咨询。多伦多公共图书馆既是一个公益性的文化服务单位,又是移民用户获取资源和解决问题的重要渠道。多伦多公共图书馆加入了 LSP(Library Settlement Partnerships),移民用户可通过电话或网络免费咨询专门工作人员如何解决生活、学习和工作上的问题。咨询范围既可以是图书馆使用方面的问题,也可以是找工作、解决住房、评估学历、考取驾照、学习英语、参加免费课程等生活方面的问题。此外,多伦多公共图书馆主页上还提供了大量相关服务网站的链接,如移民和社区服务中心(Centre for Immigrant & Community Services)、CultureLink 安居及社区服务(CultureLink Settlement & Community Services)、北约克社区之家(North York Community House)、邻里组织(The Neighbourhood Organization)等,为新移民提供资源的转介。

③ 公民资格考试模拟。要成为加拿大公民,移民要通过加拿大公民资格考试。为了帮助移民用户准备公民资格考试,多伦多公共图书馆向用户提供了公民资格考试模拟系统,并通过英语和法语两种形式向移民推介重要的在线学习资源,如备考书籍、可用来准备公民资格考试的互动网站(http://citizenshipcounts.ca/)。

④ 各种通行证办理。多伦多公共图书馆还为新移民办理通行证,包括文化通行证、社区巴士通行证等,让新移民可以免费进入博物馆、美术馆等文化场所进行参观,让文化服务广泛覆盖低收入的新移民家庭。①

(3) 宣传多样化的移民文化

多伦多公共图书馆开通了由图书馆员撰写的"加拿大新移民博客",为移民用户提供图书馆和多伦多周边地区可用的信息和资源,并定期对加拿大文化以及不同类型的移民文化进行系统介绍,在提高移民用户文化认同感的同时,保持对多元移民文化的尊重。相关内容包括"加拿大如何庆祝圣诞节""了解多伦多新移民日""亚裔传统月""黑人历史月"等。

---

① 严贝妮,卫玉婷.加拿大公共图书馆参与文化扶贫的研究与启示[J].图书情报工作,2021,65(2):126-136.

3.3 中外新市民信息服务发展模式对比分析

3.3.1 相似之处

通过对"政府主导式"新市民信息服务发展模式与"图书馆—社区协作式"移民信息服务发展模式的对比分析，可以发现两种模式具有以下两点相似之处。

（一）以"保基本"为主

新市民群体与移民群体都具有较强的异质性，内部文化差距较大，虽然内部也包括信息能力较强、经济收入较高、教育背景较好的高层次人才，但是大部分亚群体是存在信息贫困与多重弱势的，信息素养与受教育程度相对较低。与此同时，虽然新市民信息需求类型较为复杂，涉及生活中的方方面面，但是最主要的信息需求动机是解决日常生活中遇到的实际问题，信息需求层次主要集中在生理需求层面与安全需求层面。而从中外两种不同新市民信息服务发展模式可以看出，面向这类群体的信息服务重点是"保基本"，确保可以为新市民群体提供基本而有保障的信息服务和产品。

（二）通过项目助推新市民信息服务发展

新市民信息服务是一项复杂的系统工程，对于新市民信息行为的影响是渐进而缓慢的。为保证新市民信息服务发展的可持续性以及实效性，中外相关实践中开展了一系列项目，如天津滨海新区"青年农民工融入社区"试点项目、布鲁克林公共图书馆开展"法语交谈组"项目，通过项目的方式促进新市民信息服务的发展，并在项目过程中推动新市民融入城市社区，成为真正的新市民。

3.3.2 不同之处

通过对"政府主导式"新市民信息服务发展模式与"图书馆—社区协作式"移民信息服务发展模式的对比分析，可以发现两种模式具有以下两点不同之处。

（一）服务主体关系结构不同

从以上对"政府主导式"新市民信息服务发展模式与"图书馆—社区协作式"移民信息服务发展模式的介绍以及相关案例的分析可以看出，两种发展模式中主体间的关系具有明显差异。前一种发展模式中，政府作为主导力量，其他服务主体作为参与力量，在服务主体关系结构中政府处于核心位置，引导其他服务主体参与新市民信息服务活动，服务主体关系结构呈现出"1＋n"的模式；后一种发展模式中，图书馆、社区与其他相关服务主体之间力量相对均衡，服务主体关系结构呈现出"1＋1＋1……"的模式。

（二）社会力量参与层级不同

根据美国学者阿尔斯泰因的观点，公众参与可分为三个层级：第一级是假性参与或非参与，具体包括操纵性参与和教育性参与两种形式；第二级是象征性参与，可进一步细分为告知性参与、咨询性参与和限制性参与等形式；第三级是实质性参与，有合作性参与、代表性参与、决策性参与等形式。公众参与的程度与层级的级数呈正相关，即随着参与层级的上升而逐渐加强。[①] 通过对"政府主导式"新市民信息服务发展模式与"图书馆—社区协作式"移民信息服务发展模式进行对比分析，可以发现，相对而言，前一种发展模式中，社会力量参与程度十分有限，多处于假性参与和象征性参与层级；后一种发展模式中，社会力量参与程度较深，多为实质性参与。

---

① 刘叶婷，唐斯斯.大数据对政府治理的影响及挑战[J].电子政务，2014(6)：20-29.

第四章 新市民信息服务发展环境扫描

我国是一个发展中国家,工业化的任务尚未完成,又同时面临着实现城镇化与信息化的任务。根据这一基本国情,21世纪初始阶段,我国做出了"城镇化与信息化协调发展"的战略选择。[①] 然而,随着城镇化水平逐年持续攀升,"新型城镇化""智慧城市""大数据""互联网+"等理念的提出以及相关实践的不断热化,城镇化与信息化的融合程度日益加深,新市民信息服务的发展环境发生剧烈变化,传统战略对新环境下新市民信息服务的指导作用日渐衰减,新市民信息服务发展策略亟待转换与变革。

目前,学界对于新型城镇化进程中的新市民信息服务发展环境及发展策略转换的研究还处于起步阶段,相对滞后于城镇信息化的发展步伐,也较难满足新市民日益增长的信息服务需求。鉴于此,本节在重新扫描新市民信息服务发展环境基础上,对新型城镇化进程中新市民信息服务发展策略转换问题进行了系统研究。

4.1 环境扫描及其应用

4.1.1 环境扫描

环境扫描这一概念最早由哈佛大学教授 Aguilar 提出。1967年,他在《商业环境扫描》(*Scanning the Business Environment*)一书中指出,环境扫

---

① 姜爱林.21世纪初信息化推动城镇化的战略选择[J].江海学刊,2001(5):20-24.

描是企业或组织对外部环境中有关事件、动向以及相互关系等信息进行发现、搜寻、获取、分析与应用的过程,其目的在于帮助决策者有效识别企业或组织面对的机会与风险,为战略管理提供决策依据。① 在环境扫描的分类研究中,最常用的分类方法是将环境分为直接环境与间接环境。② 其中,前者又被称为任务环境,是指所有与企业或组织目标设定和实现相关的环境③;后者又被称为一般环境,主要包括政治环境、社会文化环境、信息环境、经济环境等④。在环境扫描过程中,扫描的关注对象包括事件、趋势与驱动力三种,企业或组织最先扫描到的是外部环境中出现的事件。随着扫描活动的重复进行与扫描深度的逐步加深,企业或组织将发现更多的类似事件,这些类似的事件共同形成一种趋势。而作为趋势发展推动力量的驱动力虽然是一种弱信号,但仍可能会对企业或组织的未来产生巨大影响,因此,也应特别关注。⑤

4.1.2 策略转换

"竞争战略之父"迈克尔·波特(Michael E. Porter)指出:"策略的实质是决定该干什么,没有策略的转换,就没有选择的必要,也就无策略可言。"⑥ 策略转换即企业或组织为适应外部环境与内部条件的变化、创造新的竞争优势,从一种策略状态转变到另一种策略状态的战略管理活动。这一转变既可以是渐进的,也可以是突变的;既可能是全局性的改变和突破,也可能是局部的微调和改进。策略转换主要包括两个类型:一种是策略内容转换,

---

① Aguilar F J. *Scanning the Business Environment*[M].New York:Macmillan Company,1967.
② Hall R.*Organizations:Structure and Process*[M].Upper Saddle River:Prentice-Hall,1974.
③ 王永健,谢卫红.任务环境与制度环境对企业创新的交互影响研究[J].科学学与科学技术管理,2016(4):89-97.
④ 沈涛,赵树宽,李金津,等.国内外环境扫描研究综述[J].图书情报工作,2015(23):137-143,93.
⑤ 孙红霞,生帆,马鸿佳.环境扫描研究现状评析和未来展望[J].情报杂志,2016(8):133-138.
⑥ 迈克尔·波特,加里·哈默.未来的战略[M].徐振东,张志武,译.成都:四川人民出版社,2000.

其实质是一种根本性变革,强调策略方向的变化与资源的重新配置;另一种为策略过程转换,其实质是一种渐进式变化,强调企业或组织为适应内外环境变化而改变策略路线,调整资源配置或能力组合的方式。[1]

4.1.3 环境扫描与策略转换的关系

(一)新市民信息服务发展策略转换是对环境变化做出的策略性反应

信息时代,企业或组织内外部环境的动态性与复杂性加剧,环境变化的频率与范围扩大,企业或组织要想在这种新环境中立于不败之地,必须实时地对内外部环境变动、相关关系转变等变化进行密切关注,并及时地做出适应性反应,进而对现有发展策略进行调整或变革。而环境扫描作为环境变化与发展策略间的黏合剂,不仅可以有效帮助企业或组织发现内外环境以及相关关系的变化,还可以迅速甄别变化所带来的机会与威胁[2],使企业或组织可以对这种变化实现策略转换。就新市民信息服务发展而言,准确识别内外发展环境及相关关系的变化,可以使服务主体更加有智慧,及时做出策略性反应,规避变化中的风险,把握服务发展新机遇。

(二)新市民信息服务发展策略转换需要环境扫描提供依据与导航

在高度不确定性与动态性的环境中,内外环境的变化以及企业或组织所选择的策略制定模式的调整,都是策略转换的潜在触发点,并且在一定程度上,企业或组织对于环境变化的识别与掌控水平决定了策略转换的成败及成效。而环境扫描的直接目的就是获得各种关系到策略决策正确性以及重要性的信息[3],发现有价值的机会,为企业或组织转换策略提供信息输入,为策略决策提供依据与导航。因此,环境扫描是策略转换的前提条件,为企业或组织有效转换策略奠定基础。就新市民信息服务发展而言,准确识别

---

[1] 孙慧,翟青.战略转换风险与控制——基于组织学习的视角[J].南昌大学学报(人文社会科学版),2013(2):73-78.

[2] LANG J R, CALATONE R J, and GUDMUNDSON, D.Small firm information seeking as a response to environmental threats and opportunities[J]. Journal of Small Business Management,1997,35(1):11-23.

[3] 李国秋,吕斌,严众开.竞争情报分析在企业环境扫描与战略制定中的作用[J].竞争情报,2006(4):13-17.

内外发展环境及其相关关系的变化,可以为服务主体制定服务政策、更新服务内容、创新服务方式、提升服务效能提供事实依据和决策依据。

（三）新市民信息服务发展策略转换控制力度与环境扫描强度具有正相关性

策略转换的过程就是策略状态变化的过程,企业或组织进行策略转换的目的在于对这种动态变化的过程及结果进行更多的控制,而这一目的能够实现的关键在于策略转换控制。提升策略转换控制的主要抓手就是环境扫描。[①] 就新市民信息服务发展而言,当新市民信息服务发展策略转换相对滞后于实践发展时,就会导致策略在实施过程中不接地气,难以对新市民信息服务实践进行前瞻性的指引。因此,通过适当地提高策略转换前及策略转换过程中环境扫描的频率与范围,对新市民信息服务发展中潜在或已经存在的机会与风险进行有效预估,获得更多发展环境变化信息,为转换策略的形成、实施和调整等全过程提供强有力的决策支持,是真正实现新市民信息服务发展策略价值的前提条件。

4.2 以环境扫描为导向的新市民信息服务发展环境分析

4.2.1 直接环境扫描

在对新市民信息服务发展环境分析中,直接环境扫描即对新市民信息服务发展所面临的任务环境的扫描,主要包括影响新市民信息服务发展目标设定及其实现的关键要素。与一般的企业发展策略不同,新市民信息服务发展策略是新型城镇服务主体的策略意向,影响其目标设定的主要因素是新型城镇决策主体设定的发展模式与发展目标。[②] 因此,在对新市民信息服务发展的任务环境扫描中,本小节首先对城镇信息化的发展模式与发展目标进行扫描,在此基础上,对新市民信息服务的发展目标展开分析。

---

① 简兆权,毛蕴诗.环境扫描在战略转换中的作用分析[J].科研管理,2003(5):84-87.
② 杜链.顶层设计的思路与方法——城镇信息化战略研究[J].电子政务,2016(6):80-88.

(一)城镇信息化的发展模式

以城镇化发展的推动力量为依据,城镇化的发展模式主要有两个类型:一种是以美国和英国等西方国家为代表的市场主导、政府辅助的自然演进模式,城镇的规模、内部结构以及产业分工等都是市场选择和市场作用的结果;另一种是以我国为代表的政府通过制度安排与政策设计对城镇化发展速度、水平、方向等进行干预的政府推动模式。[①] 虽然相较于自然演进模式,政府推动模式可以更好地贯彻国家的策略方针和政策制度,但它带来了城镇化成本高、速度缓慢、结构僵化等负面结果。[②]

为了规避城镇化的负面效应,2014年,国务院颁布《国家新型城镇化规划(2014—2020年)》,提出"市场主导、政府引导"的发展模式,并指明要"正确处理政府和市场关系",让城镇化成为"市场主导、自然发展""政府引导、科学发展"的过程。[③] 城镇信息化作为城镇化发展的重要组成部分,其发展模式一直与城镇化的总体发展模式保持一致。因此,在城镇信息化发展模式选择上,我国正逐步由"政府主导"向"市场主导、政府引导"过渡,并且市场在城镇信息化发展中的作用力越来越强。

(二)城镇信息化的发展目标

城镇信息化是促进城镇社会形态由工业社会向信息社会动态演变的过程,其发展并非朝夕之功;因此,城镇信息化的发展目标既包括长期的总体目标,又包括各个地区阶段性的具体目标。[④] 就总体目标而言,2012年,党的十八大指出,要"坚持走中国特色新型工业化、信息化、城镇化、农业现代化道路",推动新四化"相互协调"与"同步发展",深化城镇化与信息化的融合。[⑤] 2021年,《"十四五"规划和2035年远景目标纲要》则进一步指出,要"全面提升城市品质""运用数字技术推动城市管理手段、管理模式、管理理

---

① 曾宪明.从政府主导型到市场主导型:中国城市化的战略转换[J].广东农工商职业技术学院学报,2006(3):5-9.
② 张孝德,钱书法.中国城市化过程中的"政府悖论"[J].国家行政学院学报,2002(5):37-41.
③ 新华社.国家新型城镇化规划(2014—2020年)[EB/OL].[2017-04-17].http://www.gov.cn/zhengce/2014-03/16/content_2640075.htm.
④ 殷利梅.关于城镇信息化组织实施的若干思考[J].电子政务,2016(10):78-87.
⑤ 新华网.十八大报告(全文)[EB/OL].[2017-04-18].http://www.xj.xinhuanet.com/2012-11/19/c_113722546.htm.

念创新,精准高效满足群众需求",实现"城市运行一网统管"①。从各个地区阶段性目标来看,结合各区域当前发展特点对城镇信息化策略进行适时调整与变革,是当前城镇信息化发展的主要任务。具体而言,东部地区城镇信息化发展水平虽呈增长趋势,但与优质发展水平仍有差距,因此,提升区域范围内新型城镇化与信息化融合发展度,推进智慧城市建设进程是东部地区短期内的主要目标;中部地区城镇信息化发展水平略高于全国平均水平,但城镇信息化发展后劲不足,因此,发挥其承东启西的作用,实现信息技术、资金、人才等要素资源的合理配置,是中部地区短期内的主要目标;西部地区城镇信息化发展受到经济发展相对落后、非农产业就业人员比重相对较低、信息知识支撑能力弱等多重因素的制约,因此,加强区域合作交流、强化城镇信息基础设施建设是西部地区短期内的主要目标;东北地区由于人才外流严重及信息化水平较低等问题,城镇信息化发展水平距离优质发展水平有很大差距,因此,提升信息化水平、培养信息化人才是东北地区短期内的主要目标。②

(三)新市民信息服务的发展目标

新市民信息服务的发展目标指引着新市民信息服务的发展方向,是新市民信息服务发展策略的灵魂,其重要性不言而喻。结合前文对城镇信息化的发展模式与发展目标的分析,新市民信息服务的发展目标可概括为:力争到2035年,建成新市民信息服务设施网络全面覆盖、新市民信息服务平台创新发展、新市民信息需求充分满足、城乡一体化信息服务优质均等、社会力量深度参与新市民信息服务管理与服务更加自觉、新市民参与城市活动热情高涨、新市民信息服务治理能力明显加强的新市民信息服务体系,以更高品质、更加贴心的新市民信息服务普惠新市民,不断提升新市民在城市生活的获得感、幸福感。

---

① 新华网.两会受权发布 中华人民共和国国民经济和社会发展第十四个五年规划和2035年远景目标纲要[EB/OL].[2021-4-31].http://www.xinhuanet.com/2021-03/13/c_1127205564_9.htm.

② 刘国斌,王达.新型城镇化与信息化融合发展研究[J].情报科学,2020,38(1):132-139.

4.2.2 间接环境扫描

在对新市民信息服务发展环境分析中,间接环境扫描即对新市民信息服务发展所面临的一般环境的扫描,主要包括新市民信息服务发展所面临的信息环境、政治环境、人文环境、经济环境等。2021年,《"十四五"规划和2035年远景目标纲要》明确指出,要"坚持走中国特色新型城镇化道路""深入推进以人为核心的新型城镇化战略",实现"城市运行一网统管"。① 鉴于此,以下将从信息环境、人口环境以及制度环境三个方面对新市民信息服务发展所面临的间接环境进行扫描。

（一）信息环境扫描

信息环境是新市民在市民化过程中所面临的重要环境之一,在这种环境中,信息技术嵌入城镇生产生活,不仅重构城镇空间格局,缩短时空距离,便利城镇居民生活,大幅度提升城镇资源配置与利用效率②,还在潜移默化中影响着新市民信息服务的发展。21世纪以来,随着大数据、云计算、数据挖掘等新兴技术的发展,新型城镇化进程中新市民所处的信息环境发生了天翻地覆的变化。

第47次《中国互联网络发展状况统计报告》显示③,截至2020年12月,我国网民规模高达9.89亿,全国互联网普及率达到70.4%,超出欧洲人口总量,人均每周上网时长为26.2小时,上网设备包括电视、台式机、笔记本电脑、手机、平板等。其中,手机网民规模已达9.86亿,手机上网率高达99.7%,各类手机APP在架数量多达345万款。此外,我国网络教育、医疗、购物、支付、政务服务用户规模分别为3.42亿、2.15亿、7.82亿、8.54亿与8.42亿。但是,不容忽视的是,目前,城乡在互联网普及上有着巨大的差距,

---

① 新华网.两会受权发布 中华人民共和国国民经济和社会发展第十四个五年规划和2035年远景目标纲要[EB/OL].[2021-4-31]. http://www.xinhuanet.com/2021-03/13/c_1127205564_9.htm.

② 季红颖,侯明.新型城镇化与信息化协调发展机理与实现路径研究[J].情报科学,2016(10)：114-116,121.

③ 国家互联网信息办公室.第47次《中国互联网络发展状况统计报告》[EB/OL].[2021-04-28]. http://www.cac.gov.cn/2021-02/03/c_1613923423079314.htm.

城镇地区的普及率高达79.8%,农村地区的普及率却不及60%,农村网民规模仅占网民整体的31.3%。

随着"提速降费"与新型基础设施建设工作的推进,我国网络提速与普遍服务呈现向纵深发展的趋势。在宽带接入方面,截至2020年12月,我国固定宽带用户普及率达到96%,100Mbps及以上接入速率的固定宽带用户总数达4.35亿户,光纤接入用户规模达4.54亿户,蜂窝物联网终端用户11.36亿户。[1] 在移动数据流量消费方面,受到短视频、直播等大流量应用的带动,2020年我国移动互联网接入流量消费同比增长35.7%,总量突破1650亿GB,手机上网流量高达1568亿GB。[2] 在互联网服务方面,在线教育及生产服务类平台业务收入高速增长,互联网数据服务(涵盖云服务、大数据服务等)收入增势突出,仅2020年一年,我国互联网数据服务收入就高达199.8亿元。[3]

随着数字城市技术、物联网技术、云计算技术的发展,城镇信息资源的规模以前所未有的速度在增长。以城镇医疗信息为例,根据行业相关规定,医院患者的个人数据存储量通常为50a以上,北、上、广、深等大城市医院目前日均门诊人数达上万人次,全国医院年均门诊人数高达十亿人次,全国医院年均住院人数达到两亿人次,因此,我国每年仅城镇医疗大数据一项就会达到EB级。[4]

通过对新市民市民化过程中信息环境进行扫描,可以发现社会信息化整体环境已基本形成,城镇信息基础设施建设取得了一定的成效,信息技术与城镇服务的融合程度日渐加深,信息资源的量级及复杂性达到了前所未有的程度。但是,相关研究也发现,伴随城镇信息化的发展,信息

---

[1] 国家互联网信息办公室.第47次《中国互联网络发展状况统计报告》[EB/OL].[2021-04-28]. http://www.cac.gov.cn/2021-02/03/c_1613923423079314.htm.

[2] 工业和信息化部.2020年通信业统计公报[EB/OL].[2021-04-28]. https://www.miit.gov.cn/gxsj/tjfx/txy/art/2021/art_057a331667154aaaa6767018dfd79a4f.html

[3] 工业和信息化部.2020年互联网和相关服务业运行情况[EB/OL].[2021-04-28]. https://www.miit.gov.cn/gxsj/tjfx/zh/art/2021/art_675214708dd24ea486c919fced278e97.html.

[4] 李德仁,姚远,邵振峰.智慧城市中的大数据[J].武汉大学学报(信息科学版),2014(6):631-640.

服务资源配置不均衡①、公共信息服务基础设施相对薄弱②、信息服务效能有待提升③等问题随之而来，尤其是低俗信息泛滥、信息篡改与窃取、垃圾信息污染、知识产权侵害、网络诈骗与诱骗等信息安全问题的存在，给城镇信息环境的发展带来了巨大的阻力④。

（二）人口环境扫描

人口环境是指影响与制约社会发展的人口状况与人口条件，主要涉及人口数量、人口分布、人口结构、人口素质等方面内容。⑤ 在新市民市民化的过程中，人口环境既影响新市民在市民化过程中信息需求的变化，又是承载新市民信息服务的重要外部环境。

通过对城镇信息化的人口环境进行扫描，可以发现，在过去的十年中，人口环境变化巨大。就城乡人口分布而言，2020年，我国城镇化水平为63.89%，城镇常住人口高达90199万人⑥，相较于2010年同期增加23642万人；乡村常住人口50979万人，相较于2010年同期减少16436万人⑦。就人口结构而言，当前许多城市出现了"人口倒挂现象"，如作为我国经济发展前哨的珠三角地区，当前吸纳的外来人口（主要是农民工及其家属）在当地人口总量中所占的比例，已经远远超出本地人口数。⑧ 就经济活动人口数量而言，2020年，全国就业人口数量达75064万人（城镇就业人口占比61.64%）⑨，其中，农民工总量28560万人（外出农民工与本地农民工分别占

---

① 于少青.我国城镇化进程中城乡信息资源配置问题研究[D].青岛：中国海洋大学，2015：18.
② 雷晓庆，李春娇.基于新型城镇化的公共信息服务体系构建[J].图书馆学研究，2015（3）：71-75.
③ 杨正华.城市信息化背景下提升政府公共信息服务研究——以宁波市"智慧城市"建设为例[D].金华：浙江师范大学，2015：25.
④ 吕斌，李国秋.我国信息化测度研究的进展与问题[J].图书情报工作，2007（9）：66-70.
⑤ 刘家强.西部开发中的人口环境分析[J].人口研究，2000（4）：46-50.
⑥ 国家统计局.第七次全国人口普查公报解读[EB/OL].[2021-05-22].http://www.stats.gov.cn/tjsj/sjjd/202105/t20210512_1817336.html.
⑦ 国家统计局.中华人民共和国2010年国民经济和社会发展统计公报[EB/OL].[2021-05-22].http://www.stats.gov.cn/tjsj/tjgb/ndtjgb/qgndtjgb/201102/t20110228_30025.html.
⑧ 何晶.互联网与新生代农民工市民化——基于广州市的个案分析[J].广东社会科学，2014（5）：209-216.
⑨ 国家统计局.国家数据[EB/OL].[2021-05-02].https://data.stats.gov.cn/easyquery.htm?cn=C01

比59.38%和40.62%),相较于十年前的全国就业人口结构有了极大的变动①。就人口素质而言,2009—2018年,全国研究生毕业生增幅高达62.8%,普通高等教育毕业生增幅41.84%,高中阶段毛入学率增幅达到88.8%②;就人口文化素养而言,《第十八次全国国民阅读调查报告》显示,2020年,我国国民各媒介综合阅读率为81.3%,成年国民数字化阅读方式的接触率高达79.4%,但是,对比分析城乡居民的阅读情况后发现,二者间有显著差异,这种差异不仅体现在图书阅读率上(城镇居民67.9%,农村居民49.9%),还体现在图书阅读量上(城镇居民纸质图书阅读量为5.54本,农村居民纸质图书阅读量为3.75本)③。此外,就城乡网民结构而言,我国68.7%的网民来自城镇④。

通过对新市民市民化过程中人口环境进行扫描,可以发现,近十年我国城镇人口素质的整体水平有了显著提升,城乡人口结构,尤其是城乡就业人口结构,发生了较大变动,新市民及流动人口的转入为城镇信息化发展带来了丰富的人力资源。但与此同时,相关研究发现,新市民中的农民工和失地农转非等新市民亚群体,由于自身存在综合素质落后、信息技能差等问题⑤,并未成为城镇信息化建设所需的信息人才,城镇信息化建设中仍面临着严重的信息人才缺失问题⑥。此外,在新市民信息服务发展模式分析(见第三章)中发现,我国新市民信息服务多为政府主导,社会力量参与程度较低,人才队伍的建设仍有待加强。

---

① 国家统计局.中华人民共和国2020年国民经济和社会发展统计公报[EB/OL].[2021-05-02].http://www.stats.gov.cn/tjsj/zxfb/202102/t20210227_1814154.html.
② 孙红蕾,严昕,郑建明.基于环境扫描的城镇信息化发展战略转换研究[J].情报科学,2017,35(11):23-27,33.
③ 澎湃新闻.第十八次全国国民阅读调查报告权威发布[EB/OL].[2021-05-06].https://www.thepaper.cn/newsDetail_forward_12369739.
④ 第42次《中国互联网络发展状况统计报告》[EB/OL].[2019-01-19].http://202.119.32.195/cache/10/03/www.cnnic.net.cn/55cc22fe4ce4a6970d696905e9a5f28e/P020180820630889299840.pdf.
⑤ 杨兰芝,刘庆,王春红.面向新型城镇化的社会化信息服务创新机制研究[J].情报科学,2015(3):56-59.
⑥ 刘国斌,毛晓军.我国新型城镇化进程中的公共信息服务保障问题研究[J].情报科学,2017(1):62-66.

（三）制度环境扫描

制度是用于支配特定行为模式与社会人际交往的规则，具有强制性与持续性，一旦确定，就会对组织或个人的行动产生强有力的、持续的影响。① 在新市民市民化过程中，健康和谐的制度环境将促进其迅速融入城市生活，有利于其信息素养的培育以及信息能力的提升，推动新市民信息服务的高质量发展②；反之，则可能对新市民信息行为与新市民信息服务产生负面效应。

随着信息技术的飞速发展以及城镇信息网络空间的加快构建，我国先后采取一系列促进城镇信息化制度环境发展的举措，在信息化政策制定方面，先后颁布了《2006—2020年国家信息化发展策略》《国家信息化发展策略纲要》《"宽带中国"策略及实施方案》《关于积极推进"互联网＋"行动的指导意见》《促进大数据发展行动纲要》等政策。在网络立法方面，"十二五"期间，先后出台互联网相关法律法规、规范性文件共计76部，同比增长262%，网络立法速度明显加快。③ 在管理标准建设方面，先后制定或修订了《数字化城市管理信息系统》《广东省中等城市信息化指标体系》《政务服务中心信息公开业务规范》《天津市社区管理和服务信息化规范（总则）》等城镇信息化管理标准。在管理规范性文档建设方面，颁布了诸如《关于征选信息消费试点市（县、区）的通知》《关于印发促进智慧城市健康发展的指导意见的通知》《北京市信息化发展规划（2016—2020年）》等对城镇信息化建设提供指导的规范性文档。此外，2014年，中共中央、国务院在颁发的《国家新型城镇化规划（2014—2020年）》中明确指出"提升公共信息服务供给能力"是新型城镇化发展的基本指向和客观要求④；2016年，在《国务院关于深入推进新型城镇化建设的若干意见》中强调，要"加快建设绿色城市、智慧城市、人

---

① 何绍田.制度创新推动中国珠三角新型城镇化研究[D].武汉：武汉大学，2014：13.
② 葛存如.制度环境对我国城镇化建设的影响分析[D].成都：四川师范大学，2014：8.
③ 国家信息化发展评价报告（2016）[EB/OL].[2017-04-23].http://202.119.32.195/cache/11/03/cnnic.net.cn/87d8c5a3c5cd0bf912db6bb81c2d5444/P020161118599094936045.pdf.
④ 人民日报.中共中央、国务院印发《国家新型城镇化规划（2014—2020年）》（全文）[EB/OL].[2018-04-24].http://politics.rmlt.com.cn/2014/0317/244361.shtml.

文城市等新型城市""加速光纤入户""促进宽带网络提速降费"[①];2021年,《"十四五"规划和2035年远景目标纲要》则进一步指出,要"全面提升城市品质""运用数字技术推动城市管理手段、管理模式、管理理念创新,精准高效满足群众需求",实现"城市运行一网统管"[②]。

与此同时,随着新型城镇化进程的推进,城镇公共服务与社区服务受到国家高度重视,国家颁布了一系列政策文件,完善了相关制度。2016年,国务院发布《关于深入推进新型城镇化建设的若干意见》,提出要"推进城镇基本公共服务常住人口全覆盖""提升城市公共服务水平""统筹新老城区公共服务资源均衡配置"[③];同年年底,民政部颁布《城乡社区服务体系建设规划(2016—2020年)》,提出"扩大城乡社区服务有效供给""健全城乡社区服务设施网络""推进城乡社区服务人才队伍建设"等任务[④];2019年,在《国家发展改革委关于培育发展现代化都市圈的指导意见》中强调,要"推进基础设施一体化""推进公共服务共建共享""构建都市圈一体化发展机制"[⑤]。2021年,《"十四五"规划和2035年远景目标纲要》在要求"城镇基本公共服务常住人口全覆盖"的基础上,提出要通过新型城镇化建设工程达到"城市社区综合服务设施要实现全覆盖"的目标。[⑥] 其后,在《2021年新型城镇化和城乡融合发展重点任务》中进一步细化提升城镇服务的具体举措,如针对城镇社区服务问题,明确指出"以社区综合服务设施为依托,对接社区居民需求,

---

① 人民网.《国务院关于深入推进新型城镇化建设的若干意见》全文[EB/OL].[2018-04-24].http://politics.people.com.cn/n1/2016/0206/c1001-28116429.html.

② 新华网.两会受权发布 中华人民共和国国民经济和社会发展第十四个五年规划和2035年远景目标纲要[EB/OL].[2021-4-31]. http://www.xinhuanet.com/2021-03/13/c_1127205564_9.htm.

③ 中华人民共和国中央人民政府.国务院关于深入推进新型城镇化建设的若干意见[EB/OL].[2021-4-31]. http://www.gov.cn/zhengce/content/2016-02/06/content_5039947.htm..

④ 中华人民共和国国家发展和改革委员会.城乡社区服务体系建设规划(2016—2020年)[EB/OL].[2021-4-31]. https://www.ndrc.gov.cn/fggz/fzzlgh/gjjzxgh/201707/t20170707_1196830.html.

⑤ 国家发展改革委关于培育发展现代化都市圈的指导意见[EB/OL].[2019-02-24]. http://www.gov.cn/xinwen/2019-02/21/content_5367465.htm.

⑥ 新华网.两会受权发布 中华人民共和国国民经济和社会发展第十四个五年规划和2035年远景目标纲要[EB/OL].[2021-4-31]. http://www.xinhuanet.com/2021-03/13/c_1127205564_9.htm.

提供便捷优质服务",并强调引导多元主体"共同参与社区治理"①。

通过对新市民市民化过程中制度环境进行扫描,可以发现,近年来,中央政府及地方各级政府对城镇信息化以及城镇服务的制度保障高度重视,制定并实施了一系列政策、法律、标准、规范,对新市民信息服务的制度环境产生较强的正外部性。然而,相关研究发现,与新市民信息服务需求相比,相关制度建设的系统性与持续性较差,制度的供给能力、引导能力、可持续性有待加强②,管理体制相对滞后。总体而言,制度环境仍有较大的优化空间。

4.2.3 新市民信息服务发展环境分析

通过对任务环境、信息环境、人口环境、制度环境这四个与新市民信息服务发展策略规划与实施高度相关的环境元进行扫描,可以发现,近年来我国新市民信息服务发展策略的实施环境发生了剧烈的变化,新市民信息服务发展正处于一种动态性的、充满机会与挑战的策略环境。

在这种策略环境中,城镇信息化发展模式向"市场主导、政府引导"过渡,城镇信息化发展目标从两化协调发展转向两化深度融合,新市民信息服务发展策略目标从新市民信息服务开发与供给转变为新市民信息服务体系完善,在大数据、云计算、数据挖掘等新兴技术的支持下城市组织主体的预测能力日渐增强,城镇人口环境进一步优化,城镇信息化与新市民信息服务相关的政策、法律、标准不断完善。总体而言,新市民信息服务发展的策略实施环境已不同于往日,传统的新市民信息服务发展策略对于新市民信息服务实践的指导作用越来越小,新市民信息服务发展策略迫切需要转换。

与此同时,随着城镇信息化的发展,粗放的数量型城镇信息化发展模式带来了一系列"城市病",传统的新市民信息服务发展策略对于新事物、新问题的适用性极低,许多新生事物与突发状况已大大超出传统新市民信息服

---

① 中华人民共和国国家发展和改革委员会.国家发展改革委关于印发《2021年新型城镇化和城乡融合发展重点任务》的通知[EB/OL].[2021-4-31]. https://zfxxgk.ndrc.gov.cn/web/item-info.jsp?id=18025.

② 经渊,郑建明.我国城镇信息化建设管理标准规范体系研究[J].图书情报工作,2016(19):59-65.

务发展策略制定之时所能预估的范围,新市民信息服务顶层设计需要跳出传统思维的囚牢。新市民信息服务供给主体应依据所识别和掌握的信息估测未来可能发生或面对的事件、趋势、变化,进而采取相应的预防措施,主动变革自身的策略,增强策略的前瞻性与适用性,提升策略对实践的指导作用,以更有效地把握机会,推动新市民信息服务的进一步发展。

4.3 新市民信息服务发展策略转换

4.3.1 发展方向定位

新市民信息服务发展方向是变革新市民信息服务发展策略方针和策略决策的指导方向,正确选择和确定策略转换方向是保障策略正确性的基础。结合新市民信息服务当前发展环境以及注重城市内在品质的新型城镇化策略转型方向①,新市民信息服务发展总体方向需从新市民信息服务"数量型"发展向新市民信息服务"质量型"发展转换。具体而言,包括四个方面:一是新市民信息服务发展方向需从"激进式"新市民信息服务发展向"渐进式"新市民信息服务发展转换;二是从被动开展新市民信息服务向主动创新新市民信息服务转换;三是从"粗放型"新市民信息服务供给向"精准化"新市民信息服务供给转换;四是从"政府主导"的新市民信息服务发展模式向"政府引导、市场主导"的新市民信息服务发展模式转换。

4.3.2 策略转换模式

根据策略转换机会的大小以及组织转换能力的强弱,策略转换模式可以分为应对型、预测型、能动型三种。② 其中,第一种是指企业或组织迫于外界压力而采取的非连续性、偶然性、防御性的策略转换;第二种是指企业或组织依据对未来环境发展方向和变化趋势的预测而主动采取的持续性、试探性、防守性的策略转换;第三种是指企业或组织通过主动创造环境和建立

---

① 方创琳.中国新型城镇化转型发展的战略方向[N].中国经济时报,2014-02-14(6).
② 邹立清.基于动态能力观的企业战略转换模式分析[J].经济论坛,2006(1):74-75.

竞争规则,采取的持续性、领先性、进攻性的策略转换。

综观我国新市民信息服务发展现状与新市民信息服务的整体环境,策略转换的必要性已显而易见,但策略转换模式很难用某一种模式来界定。原因在于,新市民信息服务作为一个复杂而开放的庞大系统,其发展策略转换的复杂性与综合性要远超出任何一个企业或组织,单纯用某一种模式盖棺定论是非常不切实际的。综合考虑策略转换三种模式的具体特性以及新市民信息服务发展目标和策略转换方向,新型城镇化进程中,我国新市民信息服务发展策略转换需采取"预测型"与"能动型"相结合的策略转换模式,即策略制定主体不仅要依据对未来发展态势的预判,主动对发展策略进行预测型转换,还要积极通过政策引导、制度健全等营造适宜新市民信息服务发展的环境,能动地对发展策略转换进行前瞻性的设计。

4.3.3 策略转换路径

新市民信息服务发展策略是对新市民信息服务过程及结果进行有效控制的一种顶层设计,其核心在于与实践紧密相连、与时俱进。基于对新市民信息服务发展环境、发展方向定位以及策略转换模式的分析,新市民信息服务发展策略的转换路径包括革新新市民信息服务治理机制、构建新市民信息服务法律保障体系、建立城乡信息服务资源协作开发系统、探索新市民信息精准服务模式以及建设新市民信息服务人才队伍。

(一)革新新市民信息服务治理机制

在新市民信息服务发展策略转换中,需强化管理机制的顶层设计。具体而言,一方面要加大政府数据、信息公开力度,通过微信、微博、在线社区等多种信息化形式吸引社会力量对公共事务的关注和参与,便于民众了解、监督政府信息,将民众的合理意见纳入策略决策中,推动新市民信息服务治理智慧化发展;另一方面要加快推进政府由非透明的管理型全能政府向阳光的服务型有限政府转型,吸纳社会组织代表、企业代表、专家学者、普通民众等参与策略制定与转换过程,形成多元参与、民主决策、权责分明的新市民信息服务治理机制。

(二)构建新市民信息服务法律保障体系

在新市民信息服务发展策略转换中,需强化对法制建设的顶层设计。

具体而言,新市民信息服务发展策略中,不仅要高度重视新市民信息服务发展中信息安全方面的法律政策配套建设,规避信息篡改与窃取、知识产权侵害、网络诈骗与诱骗等问题的滋生,还需以法律的形式对公共信息服务、社区信息服务、信息基础设施建设、信息服务人才队伍建设、资金保障等问题进行明确规定,建立新市民信息服务法律保障体系,引导新市民信息服务走在健康发展的道路上。

(三)建立城乡信息服务资源协作开发系统

在新市民信息服务发展策略转换中,需强化对资源开发的顶层设计。具体而言,新市民信息服务发展中,需建立城乡信息服务资源协作开发系统,广泛调动多种力量参与城镇信息服务资源的协作开发,统一信息服务资源标准和规范,运用大数据技术、语义网技术、关联数据技术等新一代技术,深化异构信息服务资源的整合,对城镇信息服务资源进行全方位、深层次、高质量的开发,进而推进新市民信息服务的质量型发展。

(四)探索新市民信息精准服务模式

在新市民信息服务发展策略转换中,需强化对新市民信息精准服务的顶层设计。具体而言,建立新市民信息精准服务模式需要以下条件的支持:一是建立新型城镇公共信息服务平台,推进社会一体化信息服务体系建设;二是增加用户体验并关注用户主观感受,以多元化的服务形式与针对性的服务内容为新市民提供个性化服务;三是鼓励社会力量以各种形式参与新市民信息服务活动,建立健全政府购买机制。

(五)建设新市民信息服务人才队伍

在新市民信息服务发展策略转换中,需强化对人才培养的顶层设计。具体而言,需在尊重人才培养规律的基础上,坚持高端人才培养与海外高层次人才引进两条路并重,并以高等学校的专业教育为基础,通过实践技能训练和在职进修培训加强人才队伍的终身教育,打造一支创新型、高水平的信息化英才队伍,引领新市民信息服务的前行之路。

第五章 新市民信息行为特征分析

5.1 新市民信息贫困成因及应对策略

伴随我国新型城镇化进程的推进,涌入城市并在城市安家落户的农村人口与日俱增,成为城市的新兴群体。截至2020年年末,我国城镇化水平上升到63.89%[①],并将在"十四五"规划期间继续增长且向高质量发展。[②] 与此同时,信息技术的迅猛发展,使"城市化"这一木桶长板愈长,短板愈短,两极分化:一方面加速了城市化的发展进程和城市化的整体水平;另一方面进一步放大了原有的市民、新市民间的信息差距,使新市民成为城市信息贫困的"重灾区"。新型城镇化的背景,赋予了揭示信息化效果的重要视角,即人的发展视角,因为信息化目标本身就包含"人"对效果的基本诉求。本节将基于信息生态理论的视角,对新市民信息贫困的成因进行细致分析,在此基础上,进一步提出新市民信息脱贫策略,以求推动新市民信息服务效能提升以及城市信息生态和谐发展。

5.1.1 新市民与信息贫困的关系

信息贫困意指行为主体因缺乏足够的机会和自由将社会中丰富的信息

---

① 国家统计局.第七次全国人口普查公报解读[EB/OL].[2021-05-22]. http://www.stats.gov.cn/tjsj/sjjd/202105/t20210512_1817336.html.

② 中国网.李克强:"十四五"时期常住人口城镇化率将提至65%.[EB/OL].[2021-05-04]. http://www.china.com.cn/lianghui/news/2021-03/05/content_77274844.shtml.

资源为自身所用,致使信息实践受阻,信息资本缺失,信息需求无法得到满足。① 以往的研究中,多将信息贫困群体集中在贫困区域或是社会经济地位和人口学特征上处于劣势的人②,如西部地区的人口、发展中国家的人口、残疾人、青少年等③。然而信息贫困并不直接对等于经济和文化等资本的贫困④,基于上述划分标准,新市民未被视为信息的弱势群体。

然而,已有研究指出,新市民群体介于农民群体和市民群体二者中间,普遍存在受教育程度低、技能低、收入低、信息意识薄弱等问题。⑤ 根据统计显示,新市民中仅有 5.35% 属于长期合同工或固定工,而剩下的 94.7% 多为个体户、短期合同工或临时工。⑥ 相较于市民群体而言,新市民在经济、文化、技能、生活等方面均处于劣势地位,成为城市的边缘人和仅完成地理迁移与户籍转换的"半市民"或"准市民",并在城市自发形成"城中村""农村社区",面临"信息孤岛""信息鸿沟"等困境,显然是城市社会中的信息弱势群体之一。但是,当前国内外学者对于新市民的研究多从经济学、人口学、政治学、社会学等学科领域切入,研究视角集中在新市民社会公平与社会融入、新市民与政治体制的关系、新市民社区认同与社区教育、新市民就业与子女教育等方面⑦,而基于信息视角对新市民的研究较为鲜见。如前所述,已有研究主要集中在对新市民信息需求(如新市民日常生活信息需求动机⑧、农民工社

---

① YU L Z. How poor informationally are the information poor? Evidence from an empirical study of daily and regular information practices of individuals[J]. *Journal of Documentation*,2010(6):906-933.

② KAGAN A.The growing gap between the information rich and the information poor,both within countries and between countries—A composite policy paper.[EB/OL].[2015-11-08]. http://files.eric.ed.gov/fulltext/ED441452.pdf.

③ 刘亚.将青少年纳入信息贫困研究视野:来自青少年信息行为研究的证据[J].中国图书馆学报,2012(4):12-20.

④ 闫慧,闫希敏.农民数字化贫困自我归因分析及启示——来自皖甘津的田野调查[J].中国图书馆学报,2014(5):68-81.

⑤ 盖雅明,王洪宁."新市民"文化素质提升策略探析[J].河北学刊,2014(3):197-199.

⑥ 刘学成.新型城镇化背景下新市民身份认同研究:基于对海淀、延庆、房山三区(县)新市民的实证分析[D].北京:首都师范大学,2014.

⑦ 张必兰,吴诗贤,吴华安,冯有胜,刘军.城市新市民信息素养问题研究述评[J].重庆工商大学学报(自然科学版),2014(12):102-107.

⑧ 李琳琳.农民工日常生活信息查寻行为模型构建研究[D].重庆:西南大学,2013.

会融合信息需求[①])、新市民信息行为(如新市民信息障碍[②]、新市民信息查询行为[③])、新市民信息服务(如新市民健康信息服务[④]、新市民社区信息服务[⑤])三方面,对新市民信息贫困成因及信息脱贫策略的研究无疑具有重要研究意义。与此同时,新市民信息脱贫问题任重而道远,是一个政治问题、社会问题,更是一个服务问题,了解新市民信息贫困成因及对策是开展新市民信息服务的必要基础。

5.1.2 新市民信息贫困的成因

基于信息生态的视角,新市民信息贫困可以从信息人、信息资源以及信息生态环境三方面进行归因分析。

(一)信息人:"自贫困"与"被贫困"并存

新市民群体多由农民群体或农转非群体转变而成,能动性和自主性较弱,文化主体意识淡薄,缺乏文化权益的主动权[⑥],加之能力有限或参与意识淡薄,导致"自边缘化"和"自愿隔离",即出现信息"自贫困"的情况,具体表现为信息意识不强、信息需求认知不足、信息需求表达不准、信息获取手段有限、信息价值认知存在偏差、信息甄别和选择能力欠缺等[⑦]。具体而言,信息意识不强、需求认知不足、需求表达不准确直接削弱了新市民在信息需求中的主体地位,使得信息资源生产、传播的精准性受到严重影响,降低了信息供给质量,为新市民信息资源供需失衡埋下伏笔;信息获取手段有限、信息价值认知存在偏差、信息甄别和选择能力欠缺等导致纵然信息资源可以有效供给,新市民也难以发挥信息资源的实际价值,造成信息"自贫困"。

---

① 樊露露,井水.西安新生代农民工社会融合信息需求与服务对策研究[J].当代图书馆,2016(1):19-21.
② 吴诗贤,张必兰.权利贫困视角下的新市民信息障碍成因分析[J].新世纪图书馆,2013(10):16-18.
③ 杨玺.失地农转非居民日常生活信息查寻行为研究[D].重庆:西南大学,2014.
④ 钱旦敏.新市民健康信息精准服务模型构建研究[D].南京:南京大学,2018.
⑤ 区晶莹,许丹纯,俞守华.新市民信息需求与社区信息服务互动关系系统动力学仿真——以广东省为例[J].情报科学,2016(6):57-62.
⑥ 高洁.论人的文化权益与人的发展[D].济南:山东师范大学,2013:31.
⑦ 丁建军,赵奇钊.农村信息贫困的成因与减贫对策——以武陵山片区为例[J].图书情报工作,2014(02):75-78,108.

在新市民市民化与信息脱贫过程中,信息人既包含新市民及新市民群体本身,又包括与之紧密联系的原有城镇居民和信息政策制定人、信息组织机构、信息传播部门、信息服务人员等。城市信息基础设施及公共信息服务本质上隐含着对知识、技能的要求,这些潜规则间接阻碍新市民融入城市,对这些设施的应用产生负外部性。社会信息化环境以及大数据时代的到来更是催化了这种负外部性的恶性循环,使新市民信息"被贫困",加剧了新市民信息贫困的严重程度。

(二)信息资源:供给与需求失衡

由于信息需通过各种媒体来实现价值,社会信息化环境下,新型城镇化进程中的信息资源不仅包括广泛存在的信息本身,还包括信息所依附的各种媒介。信息在城镇信息生态系统中一方面作为粘合剂,维持城镇居民与城镇信息环境之间的相互作用,另一方面作为城镇信息生态系统中的加工与传递对象,实现城镇信息生态系统的各种功能,其中信息资源的供求至关重要。

然而,现实中,新市民的信息需求与所获得的信息供给仍处在失衡的状态,主要原因有三:第一,城市治理者往往将视角集中在对新市民的身份安置与户籍安置等物质层面上,忽视了对新市民潜在信息需求的有效挖掘,对新市民的信息行为特征并不十分了解,所提供的信息资源不能"对症下药",形同虚设,无形中被新市民束之高阁;第二,认知信息资源的价值需要一定程度的文化水平和信息素养,但现实中的情况是,新市民多来自偏远地区的农村,文化水平和信息素养参差不齐[①];第三,信息资源的有效供给对信息资源的针对性要求较高,而针对性强的信息资源要求个性化定制生产,生产成本相对较高,而新市民在城市生存尚有困难的条件下显然无力为信息资源的高成本买单,这又进一步制约了信息资源的生产。

(三)信息环境:信息爆炸与信息贫瘠共生

社会信息化环境下,新市民在市民化过程中面临新市民群体内部与外部双重信息环境,即宏观环境与微观环境。宏观环境为新市民群体的外部

---

① 蒋飞云,邹艺.图书馆在提高新市民文化素质中的作用[J].农业图书情报学刊,2013(9):145-147.

环境，包括新市民群体利用现有信息技能、信息基础设施、信息政策等，推进自身信息素养提升过程中受到的社会文化氛围、国家政策、社会团体活动、城市信息环境等因素的影响；微观环境为新市民群体内部环境，包括利用现有信息技能、信息基础设施、社区信息化水平等推进自身信息素养提升过程中新市民所采取的自我调节机制、学习意识、社交生活、亲友影响等。

大数据时代的到来使大的社会信息环境发生了三个重要改变：(1) 信息从不对称转变为对称，从"你不会知道坐在那头跟你聊天的是不是一条狗"到大数据可以清晰分析出个人的社交圈子、数字脉动、日常生活轨迹等细枝末节；(2) 信息生产与传播速度暴增，城市数据呈几何级数衍生，信息对人们生活的影响广度和深度始料未及；(3) 互联网技术的发展催生了信息的去中心化传播，通过社会化媒体，每个普通人都成为信息节点，拥有自媒体的力量，都有机会成为意见领袖[①]，大的信息环境无时无刻不在变化，信息爆炸对城市信息环境的承载力提出了严峻挑战。

而与之截然相反的是，新市民生活环境以及社区信息基础设施建设落后，缺乏良好的信息环境和信息氛围，新市民社区的信息服务也显得十分匮乏，进而导致新城镇信息生态系统中信息爆炸与信息贫瘠共生的窘迫局面，新市民所依存的信息生态环境严重失衡，这在一定程度上也成为新市民信息贫困的主要原因。

5.1.3 新市民信息脱贫的对策

（一）培育新市民信息意识

事物的发展是内外因共同作用的结果，其中内因是最根本的驱动力，新市民信息意识的匮乏是其信息贫困的根本原因。信息意识的培育非传统的科班教育所能实现，还需对症下药，才能取得实质性的效果。结合以往信息意识研究成果以及新市民的特有属性，可从以下三种路径进行新市民信息意识的培育工作。

(1) 培育新市民信息意识可以通过对新市民进行信息利用示范来实现，让新市民从信息有效利用后所产生的经济价值中意识到信息的多功能、

---

① 黎万强.参与感：小米口碑营销内部手册[M].北京：中信出版社，2014：22.

高效益,从而增强其信息意识,自发接受信息教育,有意识地去提高自身信息素养,提升信息技能。若新市民参与信息教育能切实有效地改善新市民现有的生活状态,新市民参与信息活动的热情自然会被激发。

(2) 营造积极向上的群体学习氛围,建立和完善新市民信息技术培训和进修制度,由专职教师或图书馆馆员对新市民进行信息基础知识和基本技能的培训指导,并运用激励机制,激励新市民参与学习,促成新老市民手拉手"一对一"互助活动。同时,鼓励新市民之间广泛的交流与合作,培养其信息传播意识,相互学习,进而培育良好的信息环境和学习氛围。

(3) 细分新市民信息贫困群体,精细挖掘对应阶段的信息需求。若供给的信息正是新市民所急需的信息,那么自然就会对其有强烈的吸引力,驱动其自发地学习,参加信息教育,进而提升其自身和群体的信息素养水平;若供非所求,连基本的就业生存都成问题,则宣扬精神方面的信息是无意义的。帮助新市民接触信息、获取信息知识是最基本的脱贫要求,只有不断优化信息资源组成结构,提升信息资源的质量与立体性,让新市民从信息中获得实实在在的好处,才能真正发挥信息资源的价值,提升新市民的信息意识。

在培育新市民信息意识的基础上,加强信息教育、提升新市民信息素养便顺理成章。信息活动的真正主体是信息人,新市民信息素养的高低、信息意识的强弱直接决定新市民自我发展能力以及城市社会生活适应能力的发展水平。只有全面提高新市民的信息素养,才能真正激发新市民在城市信息活动中的参与意识、主体意识,帮助他们脱离信息贫困的窘境、成为城市的新主人翁。

(二) 制定新市民信息贫困综合性治理方案

新市民信息脱贫并非一蹴而就,而是一项长远而艰巨的系统工程,与国计民生、社会安定息息相关。新市民信息脱贫需要政府、社会、社区的协作,需要来自信息工作者和新市民的积极支持,切实保证新市民信息脱贫措施(或政策)的可实施性、联动性和系统性,势必要创新政策,开发民间创新潜力等。而保障这一切顺利实现需要一套综合性的治理方案,既要包括宏观上的信息政策、信息制度、信息扶贫工程的制定规划和可持续的人财物力投入机制,又要包含微观上具体各部门的设立和扶贫计划的拟定。

首先,设立专项的负责部门,层级分管,制定整体性的新市民信息贫困治理草案和行动规划,开展抽样的调研工作,对小样本的具有典型性的信息贫困新市民进行培训和考察,挖掘信息贫困新市民的信息行为特点,并精细划分信息贫困状态,总结调研经验,制定针对不同信息贫困程度的新市民的差异化的脱贫方案。如自2007年以来,杭州市政府联合该市发改委、人保局和财政局等29个部门,成立了针对新市民的专门机构——"农民工工作联席会议"[1],专门研究拟订与新市民相关的各项政策措施,督促检查各辖区、各部门的政策落实情况,协调各部门之间的工作,在新市民信息脱贫工作的进行过程中发挥了较大推进作用。

其次,选取代表性示范区,将调研成果投入实践,并进行阶段性的效果测评,进而修正不足之处,经过几轮反复修正。将修正后的新市民信息贫困治理方案推广,以示范区为标杆,进行示范区推广建设,并建立可持续性的投入机制,实行脱贫工作责任制,强化脱贫工作的责任考核。与此同时,设立专门的监管部门,对新市民信息扶贫工作进行监管和指导,保障新市民信息扶贫工作的稳定发展,切实帮助新市民脱离信息贫困状态,在新城镇中获得信息能力,实现文化安置与身份安置的全面市民化。

最后,在具体工作实行上,可以借鉴欧美国家对新移民信息扶贫的工作经验,例如在针对新移民的信息服务中,美国图书馆根据新移民的信息需求特点,整合了诸如住房、健康医疗、社会服务、教育培训、就业参考、生活指南[2]、当地法律法规[3]等多种信息资源,并"因材施教",对新移民进行分阶段的信息培训和教育,量身打造非在校生的社会新移民信息培养模式,与社区联合开展诸如趣味活动、朗诵会等活动,在加强新旧市民融合的同时,渗透

---

[1] 易龙飞.社会融合与新市民的城市融入:杭州个案分析[J].浙江树人大学学报(人文社会科学版),2015(1):55-61.

[2] Wang H. Immigration in America: Library services and information resources[J]. *Reference Services Review*, 2012(40):480-511.

[3] VECOLI R J. The significance of immigration in the formation of an American identity[EB/OL].[2015-11-10].http://www.jstor.org/stable/494217? seq=14#page_scan_tab_contents.

了获得信息的渠道,促进了新市民信息发布、筛选、鉴别、分享的技能的提升①。

(三) 完善新市民信息生存环境

(1) 优化信息资源存量,创新信息资源增量

信息资源存量是城市现有的与新市民信息服务相关的信息资源的"全部家底",优化信息资源存量可以从三个方面出发。① 存量资源总体数量。加快信息资源建设,丰富信息资源形式,增加新市民可利用信息资源的总体数量。② 存量资源内容含量。集成现有信息资源,促进信息资源发展集约化,提升单位信息资源的内容含量。③ 存量资源区域分布。协调城市区域间、新老社区间的信息资源建设,推进城市信息资源协作共享机制的形成和实施。

在优化信息资源存量的同时,开发与创新信息资源增量,增强信息供需的匹配性,为新市民提供有针对性的信息,如城市最新动态、新市民子女教育安置信息和就业信息等方面的信息。新市民本就是新型城镇化进程中的新兴群体,要有针对性地提供信息服务,必然要求创新符合其需求的新的信息资源。而这种创新既体现在对新的信息资源的开发与建设,也体现在对原有信息的改造与调整。

(2) 完善信息基础设施,营造良好信息环境

完善信息基础设施要软硬兼施,既要在新市民活动范围内推进广播电视网络、移动通信网络、互联网网络、社区信息服务平台等信息基础设施建设,又要通过报纸、图书、杂志、宣传手册、信息栏、会议、讲座、人际交往、网络电视、数字广播、短信平台、互联网等方式多样化地传播信息技能知识。如赣州市自 2009 年开始实施的"新市民工程",从就业工程、素质工程、安居工程等多个方面切入②,在培育新市民信息素养、提高信息基础设施利用率上取得了良好成效。

与之相呼应,在政府实施相应信息工程建设、增强信息丰富性的同时,

---

① 张必兰,李家清,刘军.追根溯源:美国图书馆嵌入移民信息服务历程探寻[J].新世纪图书馆,2014(5):65-68.
② 倪黄村."新市民办"应因时而生[J].民主,2010(7):55.

要凸显公益性组织的社会价值和公益性价值(如通过公益组织举办民间新市民信息扶贫运动、开展信息体验活动、进行一对一信息技能培训、与信息技能提升相关的亲子活动),重视社会信息机构、信息组织的参与度,创新新市民社区信息服务,扩大信息知识和技能的科普范围,将信息意识嵌入新市民思想中,在社会上形成对信息能力重视的共识,营造良好的信息环境。

(3)配备专职人员,提升信息服务质量

信息服务人员信息素质的高低与服务意识的强弱,直接对信息服务质量的好坏产生正面或负面作用,而信息服务质量的好坏又是新市民是否参与信息活动的重要影响因素。新市民信息服务工作的难度较大,服务内容又极其复杂,单纯依靠当前的信息服务队伍,如警察、社区委员会委员、图书馆馆员等兼职,必然出现知识结构不尽合理、信息素质参差不齐以及信息咨询能力有限等实际操作困难,这些人所能起到的作用十分有限。因此,通过多种途径有计划、有针对性地培养一批专职的新市民信息服务工作者,提升新市民信息服务人员的整体素质,不仅可以解决上述问题,还可改进信息服务人员与新市民的交互关系,加强二者之间的交流,培育新市民信息主体意识与参与感,带动更多的新市民参加信息能力提升的活动,加强信息意识,走出信息贫困的窘境。

正如德国当代哲学家、社会理论家尤尔根·哈贝马斯所言,"社会的拓展是与具体角色的多样化、生活方式的多元化以及社会设计的个人化同时进行的"[①]。新市民的信息能力不仅决定自身实现城市社会化的内容及方式,还深刻影响城市化的广度和深度,关系到新型城镇化的发展质量和发展速度。解决新市民信息贫困问题,从个体的角度分析,可以帮助新市民摆脱信息贫困,满足自身信息技能的诉求,提升新市民信息素养,实现市民角色的成功转变;从整体的角度分析,新市民信息脱贫将为新型城镇化进程中的信息化建设提供人力支持,促进新城镇社会资本增量的形成,提升城镇的承载力,促进社会包容性发展,利于社会的稳定和谐。

---

① 尤尔根·哈贝马斯著,曹卫东等译.公共领域的结构转型[M].上海:学林出版社,1999:138.

5.2 新市民信息行为模式

5.2.1 相关概念分析

(一) 信息行为模式的概念分析

(1) 信息行为的概念界定

在对"信息行为"的概念界定方面,共识度较高的定义是 Wilson 和 Taylor 的。早期 Wilson 将信息行为定义为由需求和动机触发的与信息相关的行为,但是在 2000 年,Wilson[1] 在综合了多种观点的基础上将信息行为定义为与信息资源和信息渠道相关的全部人类行为,无论是主动的信息查询还是被动的信息使用,均属于信息行为的范畴。因此,它既包括与他人面对面主动交流,还包括看街边广告等被动行为。Taylor[2] 认为信息行为是其所处特定信息环境内各要素相互作用的结果。这些要素包括正式或非正式的告知、问题的基本属性、环境的开放性、行为个体是否有意识、环境中信息内容的有用性等。

综合 Wilson 与 Taylor 对信息行为的界定、Fisher 的信息场理论以及本研究的社会文化情境,本研究认为信息行为是人们因不同环境中产生的信息需求和动机而引发的从不同信息源获取信息的行为,不同群体有着不同的信息行为表现,影响其行为的因素也千差万别[3],但行为的发生以行为主体的认知为中心。

(2) 行为模式的概念界定

模式是通过图象或标记对社会中的现实事件以及不同事件间关系所进行的可直接观察的简洁刻画,不仅可以为人们描述某一事件的整体形象提供详细信息,还可以为人们提供解决某一类问题的一般性方法,是对抽象复

---

[1] WILSON T D. Human information behavior [J]. *Informing Science*, 2000, 3(2): 49-55.
[2] TAYLOR R S. Information use environment [J]. *Proceeding of the ASIS Annual Meeting*, 1991, 28: e360.
[3] 胡昌平.现代信息管理机制研究[M].武汉:武汉大学出版社,2004:130.

杂理论的简化,因此被称为"思想的辅助工具"①。模式具有双重属性:一方面,它是现实事物的抽象映射,使具象化的事物可以定理化;另一方面,它是一定理论的具象化形式,可解释或刻画抽象的理论。模式主要有两种类型:一种是结构型模式,这种模式主要是对现实事物结构的描述;另一种是功能型模式,这种模式主要是从能量转换、力量变化、运动方向角度对现实事物内在的各个部分间的关系以及相互影响机制的刻画。②

一般而言,行为模式是一种功能型模式,是与现实中某一类行为相对应的抽象映射,换言之,是高度概括现实中某一类群体为实现某一目标采取的具体行为而形成的具有理论高度的、抽象的一般化框架标准③。行为模式不仅揭示了某一类群体行为活动的构成、变化的固有方式,还可以用于分析和预测这一群体在做什么、为什么这样做、这样做会有怎样的结果、未来会做什么等,这种分析不仅可以更加直观简洁地描绘某一类群体的行为,还能为提高这一群体行为效用提供有效建议。④

(3) 本研究对信息行为模式的界定

信息时代,用户信息行为模式已成为行为模式研究的一个重要分支,并随整个社会信息环境的变迁不断涌现出新的类型,或呈现出不同以往的特征。一般而言,学者们根据信息行为模式所处的社会信息环境差异,将其分为传统信息行为模式与网络信息行为模式两种。

传统信息行为模式是这一领域早期研究的精华所在,其中,最经典的四种成熟模式分别为:一是以信息需求为基点并突出用户作用的意义构建模式⑤,这一模式将认知理论融入行为研究中,认为信息是由用户的意识建构而成的结构,但其缺点在于对信息行为的粗粒度分析;二是以特征作为信息

---

① 朱晓霞.Web2.0环境下本科生信息行为模式及图书馆服务对策研究:以南京高校为例[D].南京:南京农业大学,2012.
② 邓小昭.网络用户信息行为研究[M].北京:科学出版社,2010:16-17.
③ 林厚宇.体验消费模式下住区商业街更新研究——以成都市中心区为例[D].成都:西南交通大学,2015.
④ 赵兴华.基于PLS行为模型的传统村落公共空间设计策略研究——以一面坡镇镇北村为例[D].哈尔滨:哈尔滨工业大学,2018.
⑤ DERVIN B. From the mind's eye of the user:The sense-making qualitative-quantitative methodology [J]. *Qualitative Research in Information Management*, 1992, 9:61-84.

行为描绘单元的八策略信息查寻模式①,这一模式对每种信息行为特征进行了细致分析,并且指出信息行为间相互联系,可以对其顺序随意调整,但其缺点在于没有表现出行为的具体流程;三是以信息检索为起点的信息查寻六阶段过程模式②,这一模式不仅具象化了整个行为过程,还对行为过程中用户心理和认知的变化进行了细描,但其缺点是未呈现出行为过程的循环性;四是以信息需求为起点的用户导向的信息行为模式③,这一模式对信息需求产生或影响因素进行了分类,并提出了用来分析干扰用户获取变量的假设命题,但其缺点在于未对干扰用户获取变量的成因进行说明。

网络信息行为模式是继承与发展传统模式,并结合新的社会信息环境特征而衍生出的新的信息行为模式,其中,具有代表性的三种模式分别为:一是以网络信息检索为重点的信息交互行为多维模式④,这一模式提出以界面为中介对网络与用户间的交互进行分析,是计算机中介行为的代表性模式,但是其缺点在于没有对界面的技术障碍进行系统分析;二是以环境因素为起点的非线性的信息查寻行为模式,这一模式与以往的过程模式、构念模式不同,从非线性的基本框架对信息行为模式进行分析,并特别突出了内外部环境因素对于行为的作用,但其缺点在于并未对行为的核心进程关系进行细化;三是基于阶段性视角构建的移民信息行为模式⑤,这一模式对行为个体进入新环境后不同阶段的信息行为进行描述,并在传统信息场理论的基础上拓展了互联网环境下新衍生的虚拟信息场,强化了信息场理论对于信息行为的解释力,但其缺点在于侧重于移民信息交流与分享行为,并未考

---

① ELLIS D. Modeling the information-seeking patterns of academic researchers: A grounded theory approach[J]. *Library Quarterly*, 1993, 63(4):469-486.

② KUHLTHAU C C. Inside the search process: Information seeking from the user's perspective [J]. *The Journal of the American Society for Information Science*, 1991, 42(5):361-371.

③ WILSON T D. Model in information behavior research[J]. *Journal of Documentation*, 1999, 55(3): 249-270.

④ WANG P, HAWK W B, TENOPIR C. Users' interaction with World Wide Web resources: An exploratory study using a holistic approach[J]. *Information Processing & Management*, 2000, 36(2):229-251.

⑤ KHOIR S, DU J T, KORONIOS A. Linking everyday information behaviour and Asian immigrant settlement processes: Towards a conceptual framework [J]. *Australian Academic & Research Library*, 2015, 46(2): 86-100.

虑移民阶段之外的其他影响因素。

综合分析传统环境与网络环境中的信息行为模式后可以发现，虽然不同学者从多个角度对信息行为模式进行了探索，研究对象、视角、范围等千差万别，但有一个基本特征，即多以图形的方式对分析和处理问题的框架进行描述，要么是对信息行为及其因果进行描述，即对信息行为影响因素进行分析，要么是对信息行为构成要素间的关系进行描述，即对信息行为进行解析。然而，这种描述大都偏重于信息行为解析或是信息行为影响因素的某一方面，未将二者结合。无论是前者还是后者，都是信息行为模式的重要组成部分，因此在分析中不可割裂。基于此，本研究将信息行为模式界定为由信息行为构成要素以及影响信息行为的情境因素两部分组成，多种情境影响因素共同作用于信息行为的规律，是信息行为模式发生与发展的内在机理。

(二) 情境

1980年，Barwise和Perry[①]最早对情境进行了研究，将它定义为世界的一部分，行为主体可以通过常识和人类的语言清楚地识别出情境。十几年后，Devlin[②]进一步提出了以信息为基础的情境理论，指出信息件和情境是这一理论最为根本性的概念，其中，前者为离散信息项最基本的单元，后者为能被特定认知主体辨识出的世界有限部分。后来，情境理论被广泛用来分析语言，研究发现情境因素不仅会影响口语话语，还会对计算机中介话语(Computer Mediated Discourse，CMD)的变化起重要作用。Herring[③]综合了Hymes的SPEAKING助记符、Baym的识别因素以及其他影响CMD的因素，并运用分面分类法设计了计算机中介话语分析法。该分析法将CMD影响因素分为媒介维度和情境维度两个维度，其中，情境维度包括参与结构(participation structure)、参与者特征(participant characteristics)、

---

① BARWISE J, PERRY J. The situation underground [J]. Tanford Working Papers in Semantics, 1980, 1(4): 1-55.

② DEVLIN K. Logic and information [M]. New York: Cambridge University Press, 1991.

③ HERRING S C. A faceted classification scheme for computer-mediated discourse [EB/OL].[2018-09-30].http://www.languageatinternet.org/articles/2007/761/index_htmlLinks to an external site.

参与目的(purpose)、讨论主题(topic or theme)、态度(tone)、活跃性(activity)、标准(norms)、编码(code)等8个下位类。

20世纪70年代起,信息行为相关研究日益强调对信息行为所处情境的关注,至20世纪90年代,从情境出发已成为研究信息行为的基本范式。Johnson[1]指出,如果仅就行为来谈信息行为,我们只能知道个体信息行为发生时是怎样的过程,只有了解这一信息行为发生的情境,才能真正理解信息行为为什么会这样发生。无独有偶,相关研究还指出传统定量评估方法在对现象背后的真正原因进行揭示时必然会存在一定局限,即这些统计数据并不能反映数字背后人们的真实情况,因此在解释统计结果时必须提供关键的情境,并确保这些数字可以被理解为代表人们现实生活中有意义的变化。[2] 因此,可以说,作为信息行为重要因素的情境,对于理解信息行为的发生与发展具有重要作用,如果理论不能诠释事件背后的原因,就会浮于表面,难有洞察力,更难以预测今后的行为。

1999年,Sanna和Wildemuth[3]从哲学视角对情境进行划分,他们认为情境可以分为解释性情境和客观化情境。其中,前者从行为主体所描绘的主观地图出发,将各种可能影响人们信息行为的情境要素看作每个行为个体主观构建的产物,进而分析影响他们行为的情境因素有哪些,信息视野理论[4]和个人信息世界理论[5]是基于这种认识论出发来分析情境因素的代表。后者把情境当作行为发生的一种容器,信息行为产生于其中,并受到它的制约与促进,相较于前者而言,这种认识论将情境本身作为独立于行为主体之

---

[1] JOHNSON J D. An impressionistic mapping of information behavior with special attention to contexts, rationality, and ignorance [J]. *Information Processing & Management*, 2009, 45(5): 593-604.

[2] PATTON M Q. Qualitative evaluation and research methods. [J]. *Modern Language Journal*, 1990, 76(4): 543.

[3] TALJA S, KESO H, PIENTILAINEN T. The production of 'context' in information seeking research: A metatheoretical view [J]. *Information Processing & Management*, 1999, 35(6): 751-763.

[4] SONNENWALD D, WILDEMUTH B. A research method using the concept of information horizons: An example from a study of lower socio-economic students' information seeking behavior [J]. *New Review of Information Behavior Research*, 2001(2): 65-86.

[5] YU L Z. The divided views of the information and digital divides: A call for integrative theories of information inequality [J]. *Journal of Information Science*, 2011(1): 1-20.

外的变量来单独分析,进而探究这些变量是如何影响行为主体的信息行为的,小世界理论[①]、信息利用环境理论[②]、生活方式理论[③]以及信息场理论[④]等都是基于这种认识论出发来分析情境因素的代表。以信息场理论为例,在对社区诊所中人类服务信息流(Human Services Information,HSI)的情境研究中,Pettigrew[⑤]提出了研究情境的理论分析框架并总结了四种不同的情境因素:环境因素、诊所活动、与护士相关的因素以及与患者相关的因素。她发现"虽然每一类情境因素都在某些方面影响了诊所内 HSI 的流动,但综合考虑这些情境因素,就可以得出一个更广泛的概念性宏观情境"。结合 Touminen 和 Savolainen[⑥] 的研究成果,Pettigrew 进一步指出"对信息使用的研究不能脱离特定社会情境将个体作为孤立存在……信息行为研究人员面临的挑战是识别情境因素并理解其产生的结果"。这一社会情境分析框架为 Pettigrew 后续的一系列发现奠定了基础,其中最具代表性的发现就是信息场理论。

综上所述,结合国内外新市民信息行为相关研究以及本研究的研究情境,本研究所指情境为客观化情境,即将情境看作独立于行为主体之外的变量,每个行为主体的行为都会受到若干情境因素的影响,而综合考虑这些情境因素,可以得出更具泛在意义的宏观情境,即行为主体信息行为发生的容器。

---

① CHATMAN E A. Life in a small world: Applicability of gratification theory to information seeking behavior [J]. *Journal of the American Society for Information Science*, 1991, 42(6): 438-449.

② TAYLOR R S. Information use environment [J]. *Proceeding of the ASIS Annual Meeting*, 1991, 28: e360.

③ SAVOLAINEN R. Everyday life information seeking: Approaching information seeking in the context of way of life [J]. *Library & Information Science Research*, 1995, 17(3): 259-294.

④ FISHER K E, ERDELEZ S, MCKECHNIE L E F. *Theories of Information Behavior* [M]. New Jersey: Information Today Inc., 2005.

⑤ PETTIGREW K E. Waiting for chiropody: Contextual results from an ethnographic study of the information behavior among attendees at community clinics [J]. *Information Processing & Management*, 1999, 35(6): 801-817.

⑥ TUOMINEN K, SAVOLAINEN R. Information seeking in context. Proceedings of an International Conference on Research in Information Needs, August 14-16, 1996 [C]. London: Graham Taylor, 1997.

5.2.2 研究思路与样本选择

为深入了解我国新市民信息行为的具体构成要素以及影响因素,本研究应用扎根理论对政策文本、访谈资料进行分析。为满足样本最大异质性与代表性,根据抽样标准,本研究通过社会关系共招募访谈对象45人。选择这种方法的原因在于,访谈内容涉及一定程度的个人信息,如家庭收入、健康信息等,考虑到社会关系在中国文化中的深刻影响,这种方式不仅可以减轻受访者的心理负担,增进受访者对访问人员的信任感,还可以提高信息的准确性与受访人员的参与度。

本研究以新市民的各种人口特征因素以及信息行为表现为基本研究问题,首先剔除重复性较高的样本,原则上追求研究对象的最大异质性,尽可能兼顾访谈对象的学历背景不同、地方语言掌握水平不同、所在区域不同、年龄阶段不同、职业及职位不同、进入城市时间长度不同、户籍出生地不同、进城目的不同、落户状态不同(落户/没有落户)、专业技术能力不同、收入水平不同等因素,获取新市民信息行为模式的原始数据。紧接着,通过开放性编码方法对原始数据阅读、整理与分析,在借鉴已有研究中常用概念和探寻"本土概念"后,形成初始概念并使其范畴化,建立概念类属系统。在此基础上,开展主轴编码,探究类属间的关系,合并归纳并发现新市民信息行为模式的主范畴。其次,通过选择性编码对核心概念进行抽取,并建立各范畴间的关系。[①] 最后,以所获得的概念核心范畴及其内在关系为基础,提出新市民信息行为模式理论分析框架。

按照上述操作步骤,笔者选取30位具有典型特征的访谈对象进行深度访谈(访谈对象的基本信息描述见表5.1)。深度访谈是一种有效获取用户主观行为、态度信息的数据收集方式,可以针对访谈对象围绕某个具体问题或态度进行深度讨论,是解释性探究的一种有用的方法。[②] 笔者亲自访谈所有访谈对象,以保证所收集案例数据的可比性与一致性。每个样本对象深

[①] 王锰,陈雅,郑建明.公共数字文化服务效能的关键影响因素及其机理研究[J].中国图书馆学报,2018,44(3):35-51.

[②] 凯西·卡麦兹著,边国英译.建构扎根理论:质性研究实践指南[M].重庆:重庆大学出版社,2009:34.

度访谈时间为 60—90 分钟。对本次访谈中 20 人的样本访谈记录进行样本分析,将其余 10 人(近三分之一)的样本访谈记录作为理论饱和度检验。

表 5.1 深度访谈对象的基本信息表

访谈对象编号	年龄	学历	职业	性别	流动目的	地区编号	流动类型
A1	30	硕士	图书馆员	女	就业	SJZ	AB 农→AB 城
A2	29	本科	监狱警察	男	工作调动	SY	AB 城→AC 城
A3	35	博士	助理研究员	男	人才引进	NJ	AB 农→DE 城
A4	37	本科	微商店主	女	投靠亲属	BC	AB 农→AC 城
A5	28	硕士	高校教师	女	就业	HZ	AB 农→DE 城
A6	52	高中	保安	男	就业	GZ	AB 农→DE 城
A7	51	小学	保洁人员	女	就业	GZ	AB 农→DE 城
A8	34	本科	公司职员	男	就业	TL	AB 农→AB 城
A9	19	大专	电梯修理工	男	随迁	TJ	AB 农→AB 城
A10	37	高中	销售员	男	拆迁安置	BC	AB 农→AB 城
A11	27	专升本	公司职员	女	随迁	NJ	AB 农→DE 城
A12	32	硕士	教辅人员	女	就业	SZ	AB 农→DE 城
A13	59	初中	离退休	女	随迁	TL	AB 农→DE 城
A14	41	专升本	幼师	女	就业	NJ	AB 农→AC 城
A15	28	本科	人力资源	女	就业	HZ	AB 农→DE 城
A16	29	硕士	国企职员	男	就业	HZ	AB 农→AC 城
A17	30	本科	业务经理	男	就业	BJ	AB 城→DE 城
A18	33	专升本	初中老师	女	就业	TL	AB 城→DE 城
A19	31	本科	销售经理	男	随迁	WX	AB 城→DE 城
A20	32	硕士	全职妈妈	女	就业	BJ	AB 城→DE 城
A21	29	本科	建工技术员	男	上学	CC	AB 城→AC 城

续　表

访谈对象编号	年龄	学历	职业	性别	流动目的	地区编号	流动类型
A22	37	专科	快递员	女	就业	NJ	AB农→AC城
A23	49	初中	理发师	男	随迁	TJ	AB城→DE城
A24	22	本科	个体户	女	上学	ZZ	AB农→AC城
A25	26	本科	公务员	男	就业	GZL	AB城→AC城
A26	43	本科	管理员	男	随迁	BC	AB农→AB城
A27	27	专科	房产销售	男	就业	NJ	AB农→AC城
A28	45	专科	销售经理	女	工作调动	NJ	AB农→AC城
A29	26	硕士	助理馆员	女	就业	SH	AB城→DE城
A30	30	硕士	辅导班老师	女	随迁	SZ	AB城→DE城

5.2.3　编码与范畴提炼

资料的分析是扎根理论研究的核心工作,具体是指以获得的新市民信息行为模式访谈文本数据为基础,应用扎根理论进行文本数据的分解、归纳、比较等编码工作。本小节将按照扎根理论中开放式编码、主轴编码、选择性编码三个步骤来展开,借助扎根理论揭示新市民信息行为的内在机理,为构建新市民信息行为模式的理论分析框架提供基础。

（一）开放式编码

这一过程是在原始数据中析出初始概念,并对概念类属及其维度进行确定编码的起始阶段。开放式编码阶段强调研究者开展资料编码、分解访谈所得用户行为数据,并且初始概念的阐述来源于原始语句的编码。最初,由于所获初始概念存在部分重叠,因此笔者在范畴化时对它们进行了归纳合并,并剔除出现频率极小的初始概念。最终,共获得122个初始概念。在此基础上,借鉴已有新市民及相关群体信息行为模式研究成果和内容分析结果,对概念类属(范畴)进行挖掘,共获得20个范畴(C1—C20),如表5.2所示。

表 5.2 开放性编码结果表

范畴	初始概念
C1 信息需求内容	c1 就业与职业技能培训 c2 社会福利与保障 c3 医疗健康 c4 自身教育与子女教育 c5 科技与文化 c6 住房与交通 c7 政府政策 c8 休闲娱乐 c9 经济收入与消费支出 c10 法律法规与规章制度 c11 农业与农村 c12 时事新闻 c13 政治参与 c14 社会交往与家庭关系
C2 信息需求动机	c15 促进个人发展 c16 解决日常生活问题 c17 了解周围环境与事物 c18 了解外界情况 c19 满足工作学习需求 c20 满足兴趣爱好 c21 无聊 c22 无目的的信息偶遇 c23 习惯性行为 c24 提高生活质量 c25 了解亲友近况
C3 人际关系信息源	c26 亲戚 c27 朋友 c28 同事 c29 同学 c30 老乡 c31 老师
C4 大众传媒信息源	c32 手机短信 c33 报刊书籍 c34 传单 c35 海报 c36 电视 c37 宣讲会
C5 网络信息源	c38 手机应用程序 c39 门户网站 c40 搜索引擎 c41 电子邮件 c42 贴吧论坛 c43 社交群组 c44 网络个人空间
C6 非工具性信息源	c45 中介机构 c46 学习机构 c47 日常活动 c48 政府机构 c49 专业人士
C7 工具性信息源	c50 信息服务机构 c51 公共文化机构
C8 信息获取障碍	c52 信息技能差 c53 没有权限 c54 难辨真假 c55 信息服务差 c56 信息质量差 c57 信息超载 c58 信息隐藏深 c59 无相关信息
C9 信息获取策略	c60 面对面交谈 c61 工作单位或学校通知 c62 即时通信 c63 看电视 c64 听广播 c65 网络搜索或浏览网页 c66 阅读报刊书籍 c67 信息偶遇 c68 通过他人帮助 c69 遛弯 c70 查看推送信息
C10 采纳动机	c71 感知实用性 c72 感知易用性
C11 使用态度	c73 相信 c74 需要验证 c75 不相信
C12 行为意愿	c76 愿意采用 c77 不确定 c78 不愿意采用
C13 信息交流方式	c79 转发 c80 主动告知 c81 被动回答 c82 聊天提及
C14 信息交流场所	c83 自己家或是熟人家 c84 饮食场所 c85 网络空间 c86 社区 c87 消费场所 c88 学校与培训场所 c89 工作场所 c90 政府办公场所 c91 宗教场所 c92 休闲娱乐场所 c93 公共文化场所
C15 信息场所选择原因	c94 舒适性 c95 安全性 c96 便利性 c97 友好性 c98 熟悉度 c99 信任感 c100 时空限制

续 表

范畴	初始概念
C16 信息意识	c101 兴趣 c102 个人发展 c103 信息作用
C17 信息能力	c104 信息甄别能力 c105 信息检索能力 c106 信息利用能力 c107 信息交流能力
C18 信息内容特征	c108 真实性 c109 准确性 c110 易用性 c111 实用性 c112 可信度
C19 文化适应	c113 沟通难度 c114 社会包容 c115 社会排斥 c116 生活条件 c117 生活方式
C20 信息环境	c118 宽带接入 c119 数字电视接入 c120 社交圈 c121 移动支付 c122 信息服务机构

表 5.3 是对开放性编码涉及的范畴的原始语句的举例,以反映开放式编码的具体分析过程。

表 5.3 新市民信息行为模式的部分开放式编码过程

原始资料(初始概念)	范畴化
A6 到广州以后,你看我们的房间,要找房子便宜点儿的,又实惠又有好处的。(住房与交通) A9 经常搜点儿跟我身体有关系的,比如身上起红疙瘩也要搜一下,胳膊疼腿疼也搜一下。(医疗健康)	C1 信息需求内容
A14 我不是痴迷学习,因为我单身一个人没事做。(无聊) A25 来公主岭这个地方上班儿……我就查了一下这个城市的规模……然后在论坛上看看这个评价……第一周吧,我记得我就自己一个人坐了一趟公交车,走了一圈儿,花了一块钱。(了解周围环境与事物)	C2 信息需求动机
A2 单位同事知道的很多……他们毕竟好走,迈得步子比我们多,他们知道松原哪儿好玩,知道松原有啥好事坏事,知道哪个地方好吃,哪个地方东西便宜,哪儿是干这个的,哪个地方是干那个的。(同事) A6 在广州这边,有网络上的信息但是很少,基本上就是朋友口口相传的。(朋友)	C3 人际关系信息源
A1 我也会看一些报纸……但是看报纸这种,可能就是跟这个工作环境有关,因为手头可以获取到这个纸质的报纸,然后有零碎的时间就会翻一翻。(报纸) A6 像我们打工的一般,就是墙上的海报比较方便,比较实惠一点儿……海报上的信息多,但是,很容易找到自己想要找到的信息。(海报)	C4 大众传媒信息源

续 表

原始资料(初始概念)	范畴化
A1 群里面啥都聊,什么宝宝的事儿啊,老公的事儿,婆婆的事儿,各种事情,有关没关的,包括网上的一些促销信息,什么哪又搞什么促销手段了,简直是个万能群,啥都有。(社交群组) A14 遇到问题首先上网搜索一下,我先广泛了解,然后会相互比较,看看哪方面信息,会比较,准确率会高一点儿,然后我会再看看底下的评论之类的,怎么说呢,我觉得我还是比较喜欢网络搜索这一块的。(搜索引擎)	C5 网络信息源
A1 还有就是带着孩子去各种地方的时候,嗯,也会有交流,比方说带他去打针、带他去体检、带他去听那个早教课,在这种情况下会和别人交流。(日常活动) A10 如果要看房价的话,就要去中介,还有周围的一些买卖房源的地方才能看到。(中介机构)	C6 非工具性信息源
A8 遇到一些比较专业性的问题了,你像医疗了,或者教育了,可能就会去咨询一些更专业的人士,去听取他们的建议。(专业人士) A21 比如一些考证的国家政策……还有一些住建厅发布的公告……时刻关注行业的发展,看看有什么新技术,还有什么新的软件可以使用,平常都比较关注。(政府机构)	C7 工具性信息源
A2 真人打听也会碰到你打听的人都不知道,见识面毕竟很窄。(无相关信息) A14 不过学校那个卡过期了,就去不了,以前是经常去(图书馆)。(没有权限) A25 你就像同时有一个感冒的病,是能查,但是能查到的结果太多了,你不知道哪个是对的。(信息超载)	C8 信息获取障碍
A2 腾讯新闻多精彩啊……什么不懂得不都问度娘吗……嗯,但现在很少开电脑了,我俩那电脑让灰堵得开不开机了。(网络搜索或浏览网页) A12 刚到苏州的时候,我喜欢新到一个地方就了解一下,就是有什么景点,或者是附近有什么地理性的标志,或者是生活上例如娱乐的商场,或者休闲的地方,我都会逛一下,大约半年的时间,我可能会了解很多东西,而不是局限于我生活上的那么点儿东西。(遛弯)	C9 信息获取策略
A10 我还一直关注了一个白城之窗,白城之窗超级有用,就是白城所有的事儿什么的,大事、小情,电视我不怎么看,然后都是能通过白城之窗了解到。(感知实用性) A19 国内的很多信息是不准确的,然后呢,如果要去找谷歌啊或者什么的,只要涉及翻墙就很麻烦。(感知易用性)	C10 采纳动机

续 表

原始资料(初始概念)	范畴化
A10 在网上找的一些东西不可信,因为他说的不详细,那个东西吧,它就有出入,如果是在社区和大队的地方找的信息,那基本上都是正确的。(不相信+相信) A19 大众点评上会先瞄一眼,然后会去跟人家打听,因为大众点评上好多都是被刷出来的,并没有那么好吃。(需要验证)	C11 使用态度
A15 就是我从网上学来的这些东西,最后就是我去运用到某些地方,假如它真的是这样的,那我可以去相信,至少第一次去相信。(愿意采用) A18 有一些也可能是真的,所以这都得是抱着试试看的态度吧……比如说孩子生病了,用这种方法好不好,用那种方法好不好,那也都是抱着试试看的态度。(不确定) A26 想不到问网,身体问题不能问朋友,除非特别严重,私密性嘛。(不愿意采用)	C12 行为意愿
A6 如果找到合适的工作,也会给朋友老乡分享的,也想让他们做一些轻松的工作。(主动告知) A8 一些教育方面的事儿,更多的是跟同事和朋友聊天儿谈起的。(聊天提及)	C13 信息交流方式
A5 我感觉办公室聊天要比在专业的论坛、群组看的信息有用,因为有些消息大家不会公开去说。(工作场所) A14 也不少我同学,他们从学校走了以后就是走上了不同的工作岗位,但是我们有个同学群,就是大家也会经常批示交流,互相关心一下。(网络空间)	C14 信息交流场所
A10 那如果是像铂金时代了,那种的,因为小户型住的人比较杂,然后他们那个信息说的也比较杂……我不知道你知不知道,就是有一个叫滴水筹……其实也不是自己亲戚家有事儿,就是他在网上可能看到滴水筹有事儿,然后他就把这个转发到群里了。(安全性) A18 你像我们有科尔沁地区地理的群,然后有一些其他学校的地理老师,可能也会认识一点点,但是大部分是不认识的,但是我们学校的工作群,那都是学校里的同事,都认识。(熟悉度)	C15 信息场所选择原因
A3 新闻方面的信息,能用的不多,但是也有用的,比如说2018年P2P连续爆雷,我就把放在陆金所(大型P2P平台)里的钱取出来了;还有就是oto,提前了解新闻动态,早点儿退押金还是可以退出来的。(信息作用) A7 信息还是很重要的……比如在手机上找到对眼睛有帮助的信息……怎么与人沟通和交流的信息……(个人发展)	C16 信息意识

续　表

原始资料(初始概念)	范畴化
A15 很多关于政策类的,就是要很确切的东西,那我肯定是要去网上搜的,因为毕竟官方的比较准确嘛。(信息检索能力) A21 自我判断或者是,嗯,跟别人一起分享的时候去判断这个东西到底对不对。(信息甄别能力)	C17 信息能力
A2 你美团搜一家饭店好吃不,网上说什么都有,没有那么容易让你得到你想知道的答案,但是你打听有人去他家吃过的,他就会告诉你他家哪个菜好吃,哪个菜不要点,哪个菜并没有那么好。(准确性) A17 领英的信息相对是比较完整的,我是谁,我从哪里来,我从哪里毕了业,我做什么工作,我在那份工作里边主要从事什么样的工作之类的信息都是比较真的。(真实性) A18 我在网上搜一些题啊,比如说教案啊,那这些都是可信的呀,还有上网查的一些新闻,有一些是比较离奇的,有一些是那个小编瞎编的,有一些呢就是正经新闻发布的,就是可信的。(可信度)	C18 信息内容特征
A6 那个交通比较发达,公交、出租车就特别多,而且这个公交很便宜很实惠,几十公里单价才两块钱,比农村方便多了。(生活条件) A18 这里主要听不懂的就是蒙语,其他的都一样,和家里那边说的,个别的方言都是东北的,都是一样,比如说那嘎达、波灵盖儿。(沟通难度) A10 对于父母来说变化就大了!……父母原先的生活是以"务农"为主;现在虽然得到了政府给的经济补助和住宅,但是父母以前的生活方式被重组,面对以后的经济负担,老一辈难免会有思想负担。(生活方式)	C19 文化适应
A10……然后有很多就是需要用电子设备、微信支付、支付宝支付。(移动支付) A14 之前我在南大的一个同班同学,他后来就是在南大读的那个法律本科专业,然后,他毕业了,是从事法律相关工作的,就是经常会发朋友圈。(社交圈)	C20 信息环境

（二）主轴编码

主轴编码的主要任务是为表现各个部分之间的有机关联,发现和建立概念类属之间的各种联系,即进一步在开放性编码挖掘的范畴的基础上确定范畴之间的联系。如表 5.4 所示,对开放性编码过程中得到的范畴进一步分析后,可归纳出 6 个主范畴。

表 5.4 主范畴结果表

主范畴	范畴
信息需求	C1 信息需求内容
	C2 信息需求动机
信息获取行为	C3 人际关系信息源
	C4 大众传媒信息源
	C5 网络信息源
	C6 非工具性信息源
	C7 工具性信息源
	C8 信息获取障碍
	C9 信息获取策略
信息采纳行为	C10 采纳动机
	C11 使用态度
	C12 行为意愿
信息交流行为	C13 信息交流方式
	C14 信息交流场所
	C15 信息场所选择原因
信息素养	C16 信息意识
	C17 信息能力
外部影响因素	C18 信息内容特征
	C19 文化适应
	C20 信息环境

(三) 选择性编码

这一阶段主要是对范畴间关系的梳理与研究。具体而言,包括挖掘范畴间的典型关系结构,联结核心范畴与主范畴等范畴间关系,以揭示整个行为现象。本研究的主要目的是分析新市民信息行为模式的基本特征,即新市民信息行为的基本构成要素、新市民信息行为的影响因素以及行为的内在作用机理，揭示新市民信息行为模式的一般规律。因此，本研究基于已有研究成果与实际访谈中典型访谈对象的人口特征与行为特征，重点突出五个核心概念类属：一是新市民的人口特征，如性别、职业、文化程度等；二是新市民信息行为的基本构成要素，即新市民有意识地从不同信息源获取信息这一行为过程所包括的各种要素，不包括无意识的信息偶遇、信息需求、信息交流与分享行为等；三是新市民信息素养相关内容，如信息意识与信息能力，这是新市民在信息行为发生过程中最核心的能力表现；四是新市民信息行为产生的内部影响因素，在本研究中指的是新市民从不同信息源获取信息的动机，如实用性的感知、易用性的感知等；五是新市民信息行为的外部信息场情境因素，在本研究中指的是为新市民提供外部环境支持，并帮助或阻碍新市民信息行为发生的信息环境、信息内容特征以及社会文化要素内化于新市民后出现的文化适应。在后续的理论析出与实证中，本研究将这些核心概念类属融入新市民信息行为模式中进一步分析，以使所建构的理论框架具有一定解释力。

5.2.4 新市民信息行为影响机制

（一）新市民信息行为构成要素分析

根据研究结果，新市民信息行为构成要素主要包括信息需求、信息获取、信息采纳以及信息交流四个部分（见图 5.1），即主轴编码阶段发展出的前四个主范畴。这四个主范畴共同构成了新市民的信息行为，而就整体而言，具有非必然性、表现差异、边界模糊以及随机性四个基本特征。

（1）非必然性。即各部分间存在一定联系，但并非必然联系。如在原始信息需求的驱动下，新市民会根据对不同信息源实用程度与容易使用与否的感知，有意识地对所需信息内容进行查询与获取，进而引发信息采纳行为，但是信息采纳行为的发生并不一定是在需求动机的驱使下有目的地进行，信息查询与获取信息后，无意识的信息偶遇同样会使新市民潜在信息需求得到满足，例如"A26 有一些（子女教育信息），毕竟以后会碰到的啊，但不会去仔细看，因为闭眼睛都知道，家里一堆老师，他们关心啊，耳濡目染"。

第五章　新市民信息行为特征分析

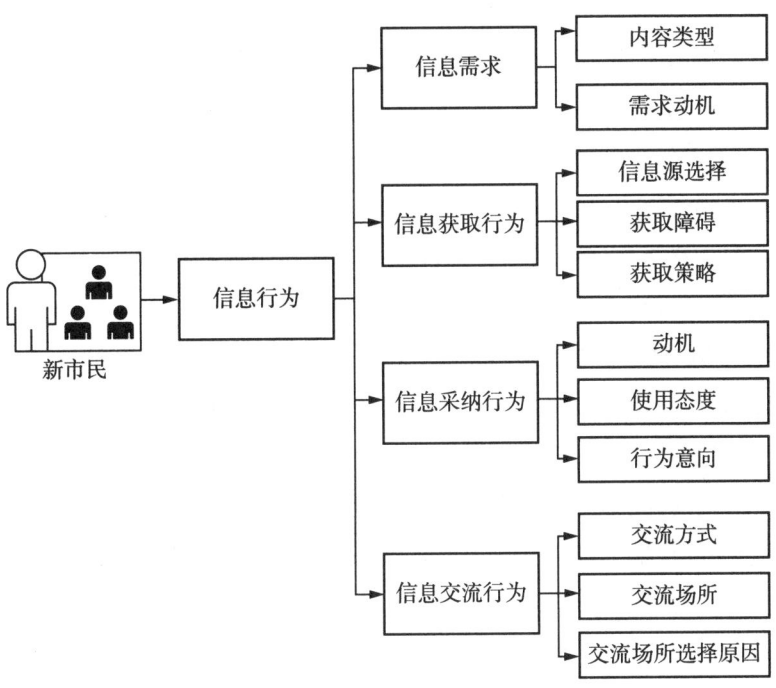

图 5.1　新市民信息行为构成要素

（2）表现差异。即同一要素在不同部分的表现形式不尽相同。如信息需求动机与信息采纳动机同样是新市民的动机，但是由于其所处新市民信息行为过程阶段不同，会出现明显差异。具体而言，在新市民信息需求阶段，其动机与马林洛斯基所提出的需求层次理论有着密切联系，如为了解决日常生活问题（"A12 我最近喉咙疼，我考虑要不要去医院看的时候，会上网搜一下有没有什么方法，后来我只去喝了点儿花茶之类的"）；而在信息采纳阶段，其动机更多是根据自身以往信息经历感知到的实用性与易用性，如"A10 在申请一方面福利的情况下，就是很不容易用，就是我就知道这些方法怎么去做，到哪儿去申请，但是不一定就能马上申请下来"。

（3）边界模糊。即各部分间并不存在明显边界。研究发现，虽然综合多个典型访谈对象的描述可以找出新市民信息行为的基本构成要素，但是在个体信息行为分析时，其信息行为不同构成部分间的边界并不总是清晰可见的。正如 Fisher 所言，信息场内的信息流并不总是单向的，也可能是双向或是多向的,新市民在较熟悉的信息场内交流时,往往也混合着信息的获取与信息的采纳,既会将自身已知信息与他人分享,也会通过与他人沟通、交谈获得自我需求的满足。如"A1 还有就是带着孩子去各种地方的时候,嗯,比方说带他去打针,带他去体检,带他去听那个早教课,在这种情况下会和别人交流……啥都谈,因为并不是只有你有孩子呀,就是有孩子的人在一起肯定会谈孩子多,但是和别人的话,大家有各种各样的信息,你不可能只就着你自己的话题来谈"。

(4)随机性。即虽然新市民信息行为包括需求、获取、采纳、交流等四个组成部分,但是通常情况下,四个部分并不总是出现在新市民某一具体的信息行为过程中,其出现的几率是随机的。具体来说,新市民有信息需求后可能会去查询与获取信息,采纳信息后可能会出现与他人进行信息交流的行为,但是这些都不是一定会发生的,如"A14 如果别人有需要,我会告诉她的,嗯,如果人家不需要,我不好意思说啊"。

(二)新市民信息行为影响因素及其内在机理分析

研究发现,新市民由于受到内在因素(动机)与外在因素(信息内容特征、信息环境、文化适应)的直接影响,以及新市民自身能力特征的间接作用,会从不同信息源获取信息以满足需求,这一过程会出现在每一个新市民对其信息行为的描述中。与此同时,通过分析原始数据发现,访谈对象并未明确区分从不同信息源获取信息的意愿与实际行为这二者。从技术接受理论视角出发,个体行为意愿产生于使用态度,进而发生使用行为。[1] 因此,本研究认为,由于访谈更多的是挖掘行为主体内在心理因素和用户情感受外部影响产生的因素,无法对行为主体的内外部因素与行为意愿、行为间的关系进行清晰刻画[2],因此可以借助技术接受模型,把扎根析出的新市民信息行为内在机理表示为从不同信息源获取信息的意愿到从不同信息源获取信息行为的发生机制。

---

① 孙建军,成颖,柯青.TAM 模型研究进展——模型演化[J].情报科学,2007(8):1121-1127.
② 范哲.数字原住民采纳社会化媒体影响因素的扎根研究[J].情报资料工作,2017(1):25-33.

表 5.5 主范畴的典型关系结构表

典型关系	关系结构内涵	访谈片段
动机→信息行为	个体动机是新市民信息行为的心理归因,它们从内部促成了新市民的信息行为。	A6 遇到问题时,就可以经常从朋友那边了解到相关的信息,比如工资要不了,可以从朋友那里得到劳动局的信息,然后就可以直接找到了。
文化适应→信息行为	文化适应是新市民在城镇社会文化环境中内在的适应程度,不同文化适应程度的新市民信息行为模式也不相同,是影响新市民信息行为的外在动因。	A12 我感觉方言挺难懂的,我到这边三年了,不会说也听不大懂,所以一般情况下有事我是不会去问的,更多是上网搜,或是找会本地方言的朋友帮我翻译。
信息素养→动机	新市民信息素养会对新市民的动机产生影响,由于不同新市民信息素养不同,对从不同信息源获取到的信息的感知有用性与感知易用性也会不同。	A7 其实我也不知道怎么去区分什么是有用的信息,什么是没有用的信息,大多数信息对我来说看起来都一样,所以我感觉好像都有用,又好像都没用。
信息内容特征→信息行为	新市民从不同信息源获取信息的内容特征不同,会对新市民信息行为模式产生直接影响,是新市民信息行为的外在动因。	A12 其实政策在半年前就颁布了,但是工作人员并没有及时把相关信息挂在网上,所以跟官网去搜相比,我更习惯去问做过这件事的人。
信息环境→信息行为	新市民所处信息环境不同会对新市民信息行为模式产生影响,是新市民信息行为的外在动因。	A1 看报纸这种,可能就是跟这个工作环境有关,因为手头可以获取到这个纸质的报纸,然后有零碎的时间就会翻一翻。

基于上表,主轴编码阶段发展出新市民信息行为影响因素的五个主范畴,都影响着新市民信息行为,并且在这五个主范畴基础上,可挖掘出核心范畴,将"新市民信息行为的影响因素"确定为核心范畴,其中动机是新市民信息行为模式的内部动因,信息内容、信息环境、文化适应是影响新市民信息行为模式的外部影响因素。此外,信息素养会影响新市民从不同信息源获取信息的动机,进而间接影响其信息行为(见图 5.2)。

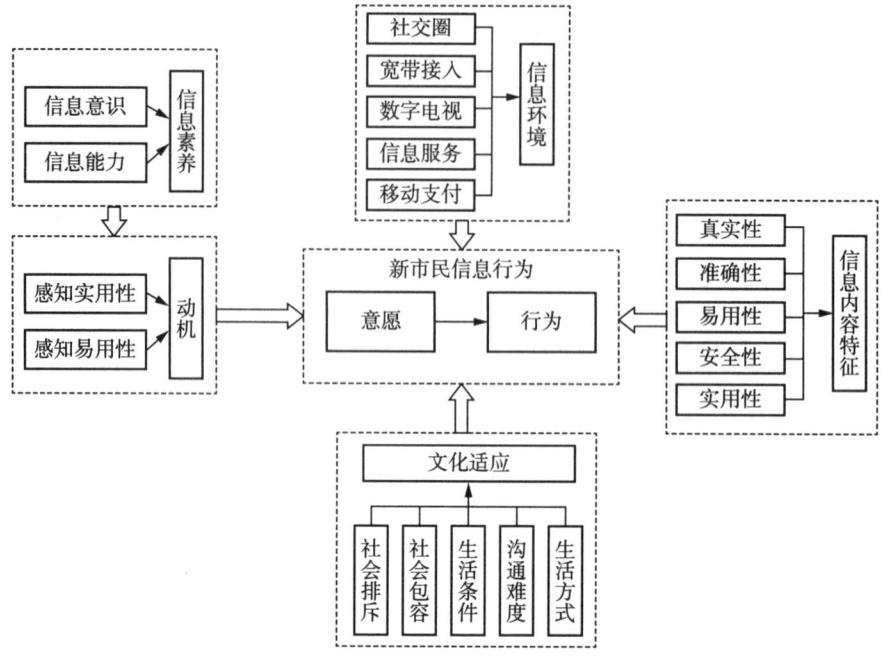

图 5.2　新市民信息行为的内在机理

5.2.5　新市民信息行为模式的理论框架

根据研究结果,新市民信息行为模式由两个部分构成:一是对新市民信息行为发生过程解析后归纳的新市民信息行为构成要素;二是对影响新市民信息行为发生过程因素分析后归纳的新市民信息行为影响因素及其内在机理。总体而言,由于受到内在因素(动机)与外在的城镇信息场因素(信息内容特征、文化适应、信息环境)的直接影响,以及新市民自身信息素养的间接影响,新市民的信息行为模式各不相同。根据分析的结果,可建构一个结构型的新市民信息行为模式的理论分析框架,如图 5.3 所示。

（一）理论分析框架的定位

虽然事物是在不断发展和前进的,现实中并不存在一种模式能够概括所有用户、所有信息需求、所有信息环境与所有信息行为,但是,可以以一种理论简化的形式对现实问题以及问题之间的关系进行直观与简洁的描述,

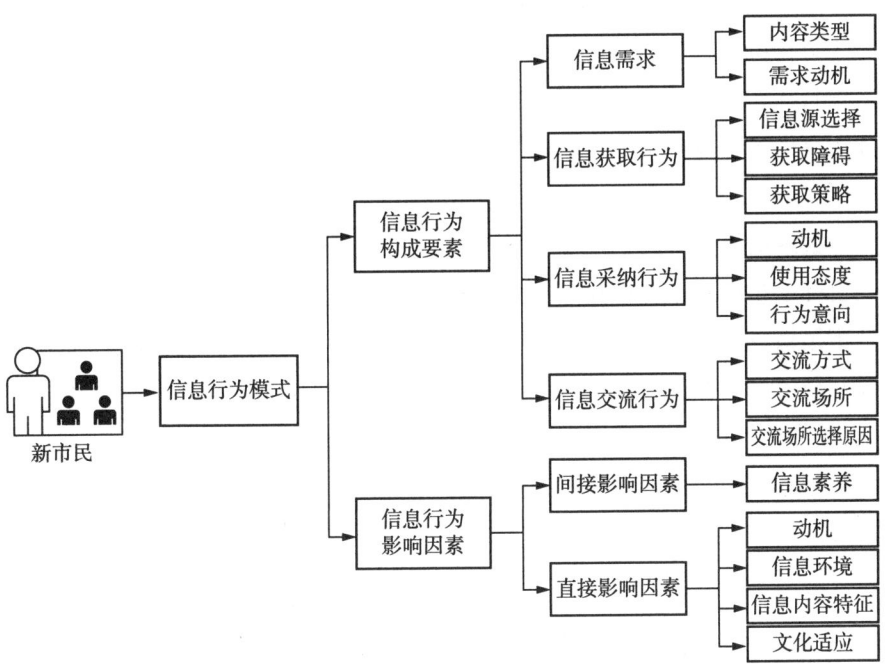

图 5.3 新市民信息行为模式的理论分析框架

进而从思想上为研究复杂的现实问题提供辅助工具,为人们提供某一问题的整体形象与明确信息。新市民信息行为模式理论分析框架最根本的定位点就在于此。新型城镇化的进程不断向前,新市民群体的异质程度不断上升,新兴技术不断涌现,城镇社会文化环境不断变化,这些都为新市民信息行为的研究带来诸多变数。但是在变化之中不变的是新市民信息行为的内核,是新市民信息行为区别于其他群体信息行为的、从大量实际行为中概括出来的作为行为的理论抽象,即新市民信息行为模式。这种行为模式不仅可以对新市民在新型城镇化进程中诸多任务型或非任务型的信息行为过程进行抽象化概括,还能衡量与分析新市民信息行为发生变化的背后原因,并预测在某些条件变化后其信息行为的变化。

然而,新市民信息行为模式是一个复杂的系统问题,找准理论分析框架定位、明晰理论分析框架的应用前景以及内在局限,是理论分析框架构建中最为紧要的工作,这对于规避因前期设计失误或定位有误而造成的后续人为研究障碍,具有重要意义。新市民信息行为模式的理论分析框架是基于城镇宏观信息场情境的,对在城镇工作生活的非原生居民在现居地的信息行为进行抽象理论建构,兼具异质性、动态性、系统性、阶段性与可扩展性等基本特征。基于理论视角,新市民信息行为模式理论分析框架的目标是为新市民内各种亚群体信息行为研究与新市民群体信息行为过程的某一部分(如信息需求、日常信息查询)研究的开展提供整体的指导,明确其基本的架构与大致的研究方向。基于实践视角,新市民信息行为模式理论分析框架的目标是揭示新市民信息行为的一般特征与内在规律,使利益相关群体如新市民信息政策制定者、新市民信息服务供应者、新市民、新市民家属等可以对新市民有更加全面、立体的理解,进而针对其信息行为特征制定相应政策、提供个性化服务、选择提升技能方法等,使新市民可以感受城市的人文关怀,产生在城市的归属感与存在感,实现自身市民身份的认同,真正成为市民。

(二)理论分析框架的基本特征

信息行为具有多元性、情境依赖性、复杂性等基本特征,新市民信息行为在具备这些信息行为的固有特征外,还有其区别于其他群体信息行为的专属特征,即异质性、动态性、系统性、阶段性与可扩展性等五个基本特征。新市民信息行为模式的理论分析框架作为新市民信息行为的理论抽象,同样具有这五个基本特征。

(1)异质性。相较于一般市民而言,新市民具有流动性、多重弱势、内部文化距离大、身份获得与角色认同不同步等基本特征,这些特征综合为一体,使新市民内部不同亚群体间存在较大区别,在行为上存在显著差异,进而信息行为模式也不尽相同。而随着新型城镇化的推进,新市民群体异质性的加大,大数据时代人与人能力分化的加剧,新市民内不同亚群体的信息行为模式的差异会越来越大。虽然新市民信息行为模式的理论分析框架从整体上对新市民信息行为模式进行了抽象概括,可以为相关理论研究与实践提供借鉴,但是在具体的应用中,还需结合具体分析对象特征、社会文化情境、研究/实践目的进行调整。

(2)动态性。新市民信息行为模式的理论分析框架是新市民信息需求、信息获取、信息采纳、信息交流等多种要素相互连接,以及受到行为动机因素、信息环境因素、信息内容特征因素、社会文化因素等多种内在与外在情境因素作用而出现的一般化的新市民信息行为的理论建构。这种理论建构根植于情境的"土壤"中，对情境中既有社会文化、经济状况、技术条件有着先天的依赖性，这些因素一方面会对新市民信息行为模式的构型产生影响，另一方面又会随着情境的变化而发生变化。因此，新市民信息行为模式的理论分析框架有着极强的动态性，这种动态性是新市民信息行为的内在基本特性。

（3）系统性。新市民信息行为是一个复杂的系统，新市民信息需求、信息获取、信息采纳、信息交流等行为分面是复杂系统中的重要子系统，子系统与其他系统和整体系统之间存在着紧密的相关性，子系统内部的各种要素之间也在动态地相互作用。新市民信息行为模式是新市民不同亚群体子系统与其行为分面系统间相互作用、协同发展而产生的结果，而非新市民亚群体与行为分面的简单堆砌或是线性叠加。新市民系统的每一次变化都会对新市民信息行为系统产生外部性，与之相对，新市民信息行为分面子系统的些许变化也在一定程度上对新市民信息行为模式的发展产生"质"的影响。

（4）阶段性。已有研究表明，移民不同阶段会表现出不同的信息行为特征。新市民与之相似，在市民化不同阶段会出现不同的信息行为表现，虽然某些情况下会出现跨越式的发展，如从信息技术落后地区难以上网直接过渡到4G或光纤上网，但是势必会经历若干个阶段，每一阶段都有其特有的属性，特征要素可分辨，阶段间的先后关系可清楚辨明。新市民信息行为的这一特征同样会映射于新市民信息行为模式的理论分析框架，表现在新市民市民化的不同阶段，其行为模式内部具体构成要素以及影响因素作用强度的差异。但是，值得注意的是，这种具体差异并不会直接导致其基本性质的变化。

（5）可扩展性。一方面，现代信息技术日新月异，新兴技术层出不穷，新市民在城镇中接触的信息环境、信息内容、信息形式等持续变化，新的信息需求、信息获取与交流方式等不断出现，这些均要求理论分析框架具有可拓展性、兼容性，能够及时调整，嵌入新的技术并长期可持续地"成长"；另一方面，随着新型城镇化的进程不断加快，新市民群体会融入更多的社会力量,概念的范畴会进一步扩大,理论分析框架的的承载力是理论分析框架必备的特征,只有本着可持续发展的理念,将新市民信息行为模式理论分析框架当作一个生长体,才能使它长期有效,保证它对新市民信息行为研究与实践的理论指引作用充分发挥,实现价值的最大化和可持续发展。

(三)理论分析框架与信息场理论七个基本命题的关联

2004 年,Fisher、Durrance 和 Hinton[①] 在综合 Pettigrew(1998[②],1999[③])的研究成果以及 Chattman(2000)[④]的方法后,进一步归纳了信息场的七个基本命题。但是,这七个基本命题是基于美国信息弱势移民的研究而产生的,因此,对我国新市民信息行为研究的适应性还不明确。本节将对基于深度访谈所建构的新市民信息行为模式理论分析框架与信息场七个基本命题的关联进行分析。

(1)命题一:信息场可以出现在任何时间、任何地点、任何个体之间。

通过对新市民信息行为模式理论框架进行分析,可以发现,新市民在城镇中发生信息行为的场所包括自己家、熟人家、工作场所、消费场所、学习与培训场所、宗教场所、社区、政府办公场所、公共文化场所、休闲娱乐场所、饮食场所,也包括网络空间等,即信息行为的发生地点几乎是在任何新市民在城镇生存的地点。与此同时,在对信息场所选择原因的阐述中,不受时空限制,也是任何时间的一个侧面反映。此外,新市民信息交流与获取并不局限于熟人之间或是与既定的、传统意义上的工具性信息给予者,房产销

[①] FISHER K E, DURRANCE J C, HINTON M B. Information grounds and the use of need-based services by immigrants in Queens, New York: A context-based, outcome evaluation approach [J]. *Journal of the American Society for Information Science and Technology*, 2004, 55(8): 754-766.

[②] PETTIGREW K E. The role of community health nurses in providing information and referral to the elderly: A study based on social network theory [D]. London: The University of Western Ontario, 1998.

[③] PETTIGREW K E. Waiting for chiropody: Contextual results from an ethnographic study of the information behavior among attendees at community clinics [J]. *Information Processing & Management*, 1999, 35(6): 801-817.

[④] CHATMAN E A. Framing social life in theory and research [J]. *New Review of Information Behaviour Research*, 2000, 1: 3-17.

售、一起参加活动的宝宝妈妈以及小区微信群中的陌生人同样是交流的对象。因此,命题一与新市民信息行为模式的理论分析框架具有很强一致性。

(2) 命题二:人们聚在信息场除分享信息外,另有一个关键的工具性目标。

通过对新市民信息行为模式理论框架进行分析,可以发现,从宏观视角出发,在城镇这一宏观的信息场内,新市民为了成为现居地市民这一工具性目的来到城镇,为了满足由各种基本需求引发的信息需求,与同在城镇信息场内的其他新市民或非新市民互动。从微观视角出发,新市民聚集在线上或线下某一信息场内,虽然会出现出于某一工具性目的而聚集到此并意外获得了信息,但是这种意外在很多情况下是情理之中的。根据新市民的阐述,虽然在一般情况下,聚集在这一场域内是出于工具性目的,但是偶然间在这一场域内关注到的具体信息或是了解具体信息的人,会在其需要信息时成为其最先寻找的目标,而非漫无目的的随机偶遇。与此同时,一旦新市民在这一信息场获得了所需信息或是有过信息需求满足的经历,这一信息场就会成为其信息源清单中非工具性信息源的一个,在后续再有需要时成为获取信息的非工具性信息源之一。因此,命题二与新市民信息行为模式的理论分析框架具有一定程度的一致性,但并不完全一致。与信息场命题二不同的是,新市民信息行为模式的理论分析框架更强调信息场作为信息源的属性。

(3) 命题三:不同社会类型参与信息场,大多数人在信息流中都发挥了预期和重要作用,尽管重要程度不同。

通过对新市民信息行为模式理论框架进行分析,可以发现,从宏观视角出发,在城镇这一宏观的信息场内,不同社会类型的新市民为了在城镇生活聚集于城镇中,与社会各类的身边人(如物业工作人员、商场推销员、儿科医生等)接触过程中有意或无意地产生信息行为,虽然信息行为的发生并不一定会出现在具体的微观信息场内,但是信息流动过程中,每个人都是信息的输出者、传播者与接收者。因此,命题三与新市民信息行为模式的理论分析框架具有一致性。

（4）命题四：信息流只是信息场的副产品，社交互动才是场内的主要活动。

通过对新市民信息行为模式理论框架进行分析，可以发现，他们对信息的需求与其基本的工作生活需求紧密相连，信息需求的动机既包括促进个人发展、解决日常生活问题、满足工作学习需求、提高生活质量、满足兴趣爱好、了解亲友近况，也包括了解周围环境与事物、了解外界情况、无聊、无目的的信息偶遇、习惯性行为等。虽然从宏观视角出发，社交互动是其在城镇信息场内的主要互动，信息流只是这种社交互动下出现的副产品，但是这是建立在信息场内信息流内行为主体间行为是同步发生的基础上。而从微观视角出发，在一定情况下，社交互动同样会成为信息流动过程中的副产品。例如当信息场表现为网络搜索引擎或是社区论坛时，新市民出于某一目的在网络上进行检索或留言询问是信息流的开端，其他人回答即出现了信息流动，而多次反复后，即社交互动出现；或者新市民出于某一目的在某一微信群内浏览信息，无意间接收到可满足其未表达的需求的信息，并试图获取更多信息，因此进一步询问场内的其他参与者。因此，命题四与新市民信息行为模式的理论分析框架存在一定程度上的一致性，但并不完全一致。与命题四不同的是，新市民信息行为模式的理论分析框架既包括同步性的信息场，也包括非同步性的信息场。

（5）命题五：参与者在信息场中正式或非正式地与他人分享信息，即信息流出现在多个方向上。

通过对新市民信息行为模式理论框架进行分析，可以发现，虽然从宏观视角出发，新市民长期在宏观的城镇信息场内，信息流总是出现在多个方向上，并且经常混入正式或非正式的信息分享行为，但是在微观的、具体的信息场内，其信息交流并不总是多个方向的，一些新市民倾向于在某一陌生的微观信息场内获取信息，然后与其所熟悉的人进行正式或非正式的信息分享，而在获取信息的信息场内，信息流可能是单向输出，大多数参与者都是"沉默的大多数"。因此，命题五与新市民信息行为模式的理论分析框架虽然存在一定程度的一致性，但这种一致性建立在长期基础上，而这与信息场的暂时性存在冲突。

（6）命题六：人们选择性地使用从信息场获取的信息，并能从中获得身体上、社交上、情感上、认知上的益处。

通过对新市民信息行为模式理论框架进行分析，可以发现，无论从宏观视角还是微观视角出发，新市民通过对城镇内不同信息场里信息的有选择性获取，不仅可以满足信息需求，还可以满足在城镇生活的各种基本需求，获得满足兴趣爱好、获知外界情况、打发无聊时光、增进亲友关系等身体上、社交上、情感上、认知上的益处。因此，可以说，命题六与新市民信息行为模式的理论分析框架是存在一致性的。

（7）命题七：信息场内存在着许多基于参与者观点和物理因素的亚情境因素，这些亚情境因素共创了完整的宏观情境。

如第一章所述，信息场理论具有很强的转移性，非常适用于分析不同类别或维度的情境，进而综合考虑它们，以获得整体性的宏观情境图，即通过分解并试图考虑研究中不同利益相关者所处的世界或是亚情境，更加深入系统地了解他们的世界如何重合并协同作用。① 新市民信息行为模式的理论分析框架正是通过采取一个宏观视角强调新市民信息行为以及所处情境的多维性，而非侧重具体的微观的个体视角来分析新市民的信息行为。因此，可以说，命题七与新市民信息行为模式的理论分析框架存在一致性。

综上所述，虽然从微观视角出发，信息场的七个基本命题与新市民信息行为模式的理论分析框架并不完全一致，但是从宏观视角看，信息场情境与新市民信息行为模式理论分析框架基本保持一致。其中工具性与非工具性的信息场同样可以映射于城镇中除人际交往、网络、大众传媒之外，不同的工具性或非工具性的信息源，并且可以从信息分享与交流中抽离出如何从不同信息源获取信息以及各种城镇情境因素如何影响新市民这一信息行为的内在机理的主线，以便通过更量化的方式对新市民信息行为模式进行实证。

---

① FISHER K E, DURRANCE J C, HINTON M B. Information grounds and the use of need-based services by immigrants in Queens, New York: A context-based, outcome evaluation approach [J]. *Journal of the American Society for Information Science and Technology*, 2004, 55 (8): 754-766.

5.3 新市民信息行为偏好

5.3.1 调研内容与方法

（一）调查问卷内容

调查问卷内容主要包括四个部分：(1) 新市民信息需求内容与动机；(2) 新市民信息获取路径、策略与障碍；(3) 新市民信息交流场所、信息交流场所选择原因；(4) 基本信息，包括年龄、性别、职业、学历、语言能力、收入水平、所在地区等。

由于本研究的研究对象年龄、受教育程度差距较大，为保证调查对象可以独立完成调查问卷，本研究在不同年龄段（19岁及以下、20—29岁、30—39岁、40—49岁、50岁及以上）各邀请了两名代表性公众作为典型被调查对象，填写了初始问卷（年长者与文化水平较低者通过结构访问完成），交流答卷感受，了解问卷难度、填写时间、问卷表达准确性等，并就填写中遇到的问题对部分问卷内容进行微调。综合代表性公众填写中遇到的问题，研究人员对调查问卷做了如下修订：一是将多选题中必选三项转为至少两项，因为部分代表性公众反映"有几个最少选出三项的，感觉只有两项能选择，然后纠结好久才选出第三个相对贴切的，如果随便选的话可能就不会选第三个"；二是修改部分存在抽象概念、双重含义和带有倾向性的语句以及提法不妥的地方，消除歧义、降低信息噪声，如

"题项：您需要的信息是（至少三项）"转换为

"题项：您最常查找的信息类型是（至少两项）"

经过修正，形成本研究的调查问卷，共包括25个题项。

（二）调研范围及样本选取

在样本规模选择上，主要有以下两点考虑：(1) 中型样本规模（300—1000）可以兼顾样本误差大小以及调查实施等多方面因素[①]；(2) 已有研究

---

① 风笑天.社会研究方法（第五版）[M].北京：中国人民大学出版社，2018：149.

发现,并非样本规模越大所得结果越准确,本研究的研究对象组成极其复杂,因此,相对于大规模的样本而言,样本内部的异质性更为关键。综上,为提升问卷调查对象的异质性,本次调查采取了判断抽样与滚雪球效应相结合的方法,即根据已有研究与前期研究成果,首先选取若干典型对象进行抽样,在此基础上,依据滚雪球抽样的原则,请典型对象推荐亲友进一步发放问卷(年长者与文化水平较低者通过结构访问完成),共产生308份问卷,紧接着为降低人工发放过程中出现的被调查对象同质性过高的风险,以专业性问卷调查网站"问卷星"发布,并通过样本服务回收了305份问卷。两者合计,最终共回收613份问卷。为了获得有效问卷,本研究基于以下标准做如下筛选:(1)出现逻辑错误的问卷,如学历为初中但专业技术职务等级为正高级;(2)答项过于统一;(3)重复填写问卷;(4)答卷时间过短;(5)答卷不完整以致影响统计结果。基于以上标准,共剔除无效问卷104份,得到有效问卷509份。本次调研样本人群的人口统计特征见表5.6。

表5.6 被调查样本基本信息表

特征变量	选项	频次	频率
性别	男	220	43.22%
	女	289	56.78%
年龄	19岁及以下	5	0.98%
	20—29岁	245	48.13%
	30—39岁	199	39.1%
	40—49岁	34	6.68%
	50岁及以上	26	5.11%
文化程度	初中及以下	18	3.54%
	高中或中专	25	4.91%
	大专	81	15.91%
	本科或专升本	292	57.37%
	研究生(硕士及以上)	93	18.27%

续 表

特征变量	选项	频次	频率
所在地区	东部	372	73.08%
	中部	94	18.47%
	西部	43	8.45%
迁移目的	投靠亲属	21	4.13%
	就业	318	62.48%
	上学	94	18.47%
	拆迁安置	3	0.59%
	随迁	40	7.86%
	人才引进	22	4.32%
	工作调动	11	2.16%
居住时间	1年以内	26	5.11%
	1—5年(含5年)	207	40.67%
	6—10年(含10年)	167	32.81%
	11—15年(含15年)	56	11%
	16年及以上	53	10.41%
出生地	农村	325	63.85%
	城市	184	36.15%
婚姻状况	有配偶	345	67.78%
	无配偶	164	32.22%
子女状况	有子女	288	56.58%
	无子女	221	43.42%
职业	事业单位人员	70	13.75%
	政府公务员	12	2.36%
	企业/公司人员	328	64.44%
	离退休人员	5	0.98%
	个体户/自由职业者	36	7.07%
	打工人员	36	7.07%
	学生	11	2.16%
	其他	11	2.16%

续 表

特征变量	选项	频次	频率
专业技术职务等级	正高级	2	0.39%
	副高级	30	5.89%
	中级	204	40.08%
	初级	113	22.2%
	无	160	31.43%
月平均收入	1000 元以下	10	1.96%
	1000—2000 元	13	2.55%
	2000—3000 元	33	6.48%
	3000—5000 元	119	23.38%
	5000—8000 元	170	33.4%
	8000 元以上	164	32.22%

年龄方面,在本次调查回收的 509 份有效问卷中,19 岁以下受访者只有 5 人,占比 0.98%;20—29 岁受访人数为 245 人,占比 48.13%;30—39 岁受访人数为 199 人,占比 39.1%;40—49 岁受访人数为 34 人,占比 6.68%;50 岁及以上受访人数为 26 人,占比 5.11%。总体而言,样本以 20—39 岁受访者居多,占总样本八成以上,即"80 后""90 后"是本次问卷调查的主要受访对象。

所在地区方面,本次调查回收的 509 份有效问卷中,受访对象当前所在地区主要为东部地区,占有效样本的 73.08%,其次为中部地区,占有效样本的 18.47%,最后为西部 8.45%。

学历方面,本次调查回收的 509 份有效问卷中,受访对象主要集中在大学本科学历,共计 292 人,占比 57.37%,其后依次为研究生学历、大专学历、高中或中专学历以及初中及以下学历,分别占比 18.27%、15.91%、4.91%、3.54%。总体而言,大专、大学本科及研究生三组合计 91.55%。究其原因,一方面,随着义务教育的普及,全民受教育程度逐步提高,截至 2017 年年底,我国九年义务教育巩固率为93.8%,高中阶段毛入学率为88.3%[①];另一方面,在调查问卷实地发放中,一部分调查对象虽然在刚刚进入现居地时,学历水平不高,但是在通过参加成人教育学校、地方高校下设继续教育学院等专升本、高起本业余班后,取得了大专及以上学历,其中较少数受访者还进入了研究生阶段,并取得了研究生学历。此外,这与张钰歆[②]在新市民信息素养研究中新市民学历情况调查结果基本相似。张钰歆指出,近年来新市民受教育程度已普遍提高,较前些年有了显著的变化。

职业方面,本次调查回收的509份有效问卷中,职业为企业/公司人员的受访对象居多,占比64.44%;其次分别为事业单位人员、个体户/自由职业者、打工人员、政府公务员、学生、离退休人员,分别占比13.75%、7.07%、7.07%、2.36%、2.16%、0.98%。此外,受访对象还包括全职太太等其他职业,占比2.16%。总体而言,相较于以往研究以农民工、城郊失地农民等为主要对象,本次调查对象更侧重于以往研究中较少关注的工作生活在城市中的白领阶层,对职业与所在地区、出生地分别进行交叉分析后发现,这些职业为企业/公司人员的受访对象超出七成现居地主要分布在北京、广东、上海、江苏、浙江等省市,并且超出六成出生在农村。不可否认,农民工为城市的发展带了丰富的人力资源,但是一直被忽略的白领阶层更有可能给城市发展带来更多的人力资本。

迁移目的方面,本次调查回收的509份有效问卷中,受访对象进入现居地的主要目的为就业,占比超过总样本的六成以上,其次分别为上学、随迁、人才引进、投靠家属、工作调动与拆迁安置,分别占比18.47%、7.86%、4.32%、4.13%、2.16%与0.59%。其中以就业为主要目的的与已有新市民相关研究基本符合。而次之以上学为目的,主要有两部分原因:一是根据迁移目的与当前职业的交叉分析可以发现(见表5.7),以上学为目的的新市民中绝大多数人是到现居城市求学,毕业后就地择业,因此95%以上以上学为目的的受访者是从业人员;二是由于随访发现部分新市民为了子女接受更

---

① 国家统计局.中华人民共和国2017年国民经济和社会发展统计公报[EB/OL].[2019-01-03].http://www.stats.gov.cn/tjsj/zxfb/201802/t20180228_1585631.html.
② 张钰歆.新市民信息素养现状及提升对策研究[D].福州:福建师范大学,2017.

好的教育，迁移到较原籍地教育水平更高的城市，因此在此问卷中出现此情况的家长均选择了以上学为目的。

表5.7 迁移目的与当前职业交叉分析表

迁移目的	事业单位人员	政府公务员	企业/公司人员	离退休人员	个体户/自由职业者	打工人员	学生	其他
投靠亲属	14.29%	0.00%	33.33%	4.76%	19.05%	23.81%	4.76%	0.00%
就业	10.69%	1.89%	71.38%	0.00%	6.92%	7.55%	0.31%	1.26%
上学	22.34%	1.06%	59.57%	0.00%	5.32%	4.26%	3.19%	4.26%
拆迁安置	0.00%	33.33%	33.33%	0.00%	0.00%	0.00%	0.00%	33.33%
随迁	7.5%	5%	45%	10%	7.5%	5%	15%	5%
人才引进	31.82%	4.55%	54.55%	0.00%	9.09%	0.00%	0.00%	0.00%
工作调动	18.18%	9.09%	63.64%	0.00%	0.00%	9.09%	0.00%	0.00%

收入方面。本次调查回收的509份有效问卷中，月收入在5000—8000元的受访者居多，占比33.4%，3000元以上的受访者占受访人数的89.00%。但是，在对月收入与收入在当地水平进行交叉分析时发现（见表5.8），收入在当地处于中等及以下水平的占比88.41%。究其原因，在对年长者通过结构访问方法收集问卷时发现，由于调查对象来自不同经济水平的区域，采用统一的标准进行区分是十分不科学的，例如，同样是月收入4000元，在广州的受访者认为这是"低水平"，而在东北地区小城市的受访者认为这是"中高水平"。

表5.8 收入与收入水平交叉分析表

收入/收入水平	低收入	中低收入	中等收入	中高收入	高收入
1000元以下	40%	40%	10%	10%	0.00%
1000—2000元	69.23%	15.38%	15.38%	0.00%	0.00%
2000—3000元	24.24%	45.45%	27.27%	3.03%	0.00%
3000—5000元	8.40%	42.86%	46.22%	2.52%	0.00%
5000—8000元	1.75%	33.92%	52.05%	11.70%	0.58%
8000元以上	0.00%	14.02%	65.24%	20.73%	0.00%

5.3.2 新市民信息需求偏好

（一）信息需求内容

如前所述，本次调查将新市民信息需求内容分为就业与职业技能培训、社会福利与保障、医疗健康、教育、科技与文化、住房与交通、政府政策、休闲娱乐等15类。如表5.9所示，在所有信息需求类型中，新市民对住房与交通相关信息的需求最为迫切，共314人经常查询该类信息，占有效问卷61.7%；同时，社会福利与保障、医疗健康、自身教育与子女教育、时事新闻、就业与职业技能培训、休闲娱乐等6类信息也是新市民迫切需要的信息，均占有效问卷四成以上，分别占比51.67%、48.92%、45.58%、45.19%、43.22%、42.24%。相对而言，经济收入与消费支出（32.61%）、政府政策（32.42%）、科技与文化（32.02%）等三类信息是新市民主要的信息需求内容，均占有效问卷三成以上。而新市民对于法律法规与规章制度（17.88%）、社会交往与家庭关系（15.52%）、农业与农村（6.29%）、政治参与（5.89%）以及其他类型（0.98%）的信息需求较弱。

表5.9 新市民信息需求内容统计

新市民信息需求内容	结果	频率	百分比（%）	有效百分比（%）	累积百分比（%）
就业与职业技能培训	未选中	289	56.8	56.8	56.8
	选中	220	43.2	43.2	100.0
社会福利与保障	未选中	246	48.3	48.3	48.3
	选中	263	51.7	51.7	100.0
医疗健康	未选中	260	51.1	51.1	51.1
	选中	249	48.9	48.9	100.0
自身教育与子女教育	未选中	277	54.4	54.4	54.4
	选中	232	45.6	45.6	100.0
科技与文化	未选中	346	68.0	68.0	68.0
	选中	163	32.0	32.0	100.0
住房与交通	未选中	195	38.3	38.3	38.3
	选中	314	61.7	61.7	100.0

续　表

新市民信息需求内容	结果	频率	百分比（%）	有效百分比（%）	累积百分比（%）
政府政策	未选中	344	67.6	67.6	67.6
	选中	165	32.4	32.4	100.0
休闲娱乐	未选中	294	57.8	57.8	57.8
	选中	215	42.2	42.2	100.0
经济收入与消费支出	未选中	343	67.4	67.4	67.4
	选中	166	32.6	32.6	100.0
法律法规与规章制度	未选中	418	82.1	82.1	82.1
	选中	91	17.9	17.9	100.0
农业与农村	未选中	477	93.7	93.7	93.7
	选中	32	6.3	6.3	100.0
时事新闻	未选中	279	54.8	54.8	54.8
	选中	230	45.2	45.2	100.0
政治参与	未选中	479	94.1	94.1	94.1
	选中	30	5.9	5.9	100.0
社会交往与家庭关系	未选中	430	84.5	84.5	84.5
	选中	79	15.5	15.5	100.0
其他	未选中	504	99.0	99.0	99.0
	选中	5	1.0	1.0	100.0

（二）信息需求动机

新市民信息需求动机多种多样，本研究将其分为满足个人兴趣爱好，满足工作需求，提高生活质量，促进个人发展，习惯性行为，无聊、打发时间，获取新闻、了解外界情况，了解亲友近况，了解周围环境与事物，解决日常生活中遇到的实际问题，没有什么目的、偶然间知道的以及其他。新市民信息需求动机的调查结果如表5.10所示。在所有需求动机中，提高生活质量是新市民获取信息最主要的动机，占有效问卷59.72%，并且满足工作需求、获取新闻以便了解外界情况、促进个人发展、解决日常生活中遇到的实际问题以及满足个人兴趣爱好也是新市民获取信息的重要动机，分别占有效问卷59.53%、56.39%、54.42%、54.03%、53.63%。同时，还有一部分新市民寻求信息的原因是了解周围环境与事物或是亲友近况。此外,部分新市民查信息只是一种习惯,或是无聊打发时间的方式,或者并不是为了有意识地专门去查找某类信息,而是偶然了解到的而已。

表 5.10　新市民信息需求动机统计

新市民信息需求动机	结果	频率	百分比（%）	有效百分比（%）	累积百分比（%）
满足个人兴趣爱好	未选中	236	46.4	46.4	46.4
	选中	273	53.6	53.6	100.0
满足工作需求	未选中	206	40.5	40.5	40.5
	选中	303	59.5	59.5	100.0
提高生活质量	未选中	205	40.3	40.3	40.3
	选中	304	59.7	59.7	100.0
促进个人发展	未选中	232	45.6	45.6	45.6
	选中	277	54.4	54.4	100.0
习惯性行为	未选中	432	84.9	84.9	84.9
	选中	77	15.1	15.1	100.0
无聊,打发时间	未选中	444	87.2	87.2	87.2
	选中	65	12.8	12.8	100.0
获取新闻,了解外界情况	未选中	222	43.6	43.6	43.6
	选中	287	56.4	56.4	100.0
了解亲友近况	未选中	462	90.8	90.8	90.8
	选中	47	9.2	9.2	100.0
了解周围环境与事物	未选中	336	66.0	66.0	66.0
	选中	173	34.0	34.0	100.0
解决日常生活中遇到的实际问题	未选中	234	46.0	46.0	46.0
	选中	275	54.0	54.0	100.0
没有什么目的,偶然间知道的	未选中	506	99.4	99.4	99.4
	选中	3	0.6	0.6	100.0

续　表

新市民信息需求动机	结果	频率	百分比（%）	有效百分比（%）	累积百分比（%）
其他	未选中	506	99.4	99.4	99.4
	选中	3	0.6	0.6	100.0

5.3.3　新市民信息获取行为偏好

（一）信息获取途径

根据对已有研究的梳理以及前期访谈结果的整理，新市民信息获取途径主要包括家人与亲戚、朋友、街坊邻里、老乡、网站、手机应用程序、手机电信业务、广播电视、报刊书籍、政府机构与专业人士、公共文化服务、中介机构、学校与培训机构、民间组织以及其他等途径。如表5.11所示，与以往研究中农民工新市民等偏好从熟人（亲朋好友、街坊老乡等）处获取信息不同，本次调查中，新市民最重要的两种信息获取途径是各种网站（83.69%）与手机APP（74.47%），虽然家人与亲戚、朋友等熟人也是新市民获取信息的一个重要途径，但是与网站和手机APP的选择存在明显差距。究其原因，一方面，随着互联网的普及以及智能手机的推广，越来越多的城市居民开始上网并使用智能手机。根据第43次CNNIC报告显示[1]，截至2018年12月，我国全国互联网普及率达到59.6%，手机上网率达98.6%，各类手机APP在架数量约为450万款，其中城市互联网普及率74.6%。另一方面，已有对新生代农民工与老一代农民工信息获取途径的对比研究发现，相较于老一代农民工，"80后""90后"新生代农民工更偏好于上网而非找熟人寻求信息[2]，由此，本研究认为，这种情况也与本研究受访对象主体为"80后""90后"相关。同时，不容忽视的是，广播电视、公共文化机构、报纸书籍、政府机构与专业人士也是新市民信息获取的一个主要途径，分别占有效问卷的23.6%、23.6%、22.8%与20.6%。此外，手机电信业务、街坊邻里、学校与培

---

[1] 第43次《中国互联网络发展状况统计报告》[EB/OL].[2019-02-28].http://202.119.32.195/cache/10/03/www.cnnic.net.cn/fa588c99b9e92f12a90d4f4a0561e2c9/P020190228510533388308.pdf.

[2] 程薇薇.新生代农民工信息获取权利实现研究[D].郑州：郑州大学，2014.

训机构、中介机构等也是新市民获取信息的途径。由此观之，新市民信息获取途径非常多样，在对新市民进行健康信息传播、公共文化信息传播中需要考虑这点，广开通路，进而增强传播效果。

表 5.11 新市民信息获取途径统计

新市民信息获取途径	结果	频率	百分比（%）	有效百分比（%）	累积百分比（%）
家人与亲戚	未选中	332	65.2	65.2	65.2
	选中	177	34.8	34.8	100.0
朋友	未选中	247	48.5	48.5	48.5
	选中	262	51.5	51.5	100.0
街坊邻里	未选中	446	87.6	87.6	87.6
	选中	63	12.4	12.4	100.0
老乡	未选中	459	90.2	90.2	90.2
	选中	50	9.8	9.8	100.0
各种网站	未选中	83	16.3	16.3	16.3
	选中	426	83.7	83.7	100.0
手机 APP	未选中	130	25.5	25.5	25.5
	选中	379	74.5	74.5	100.0
手机电信业务	未选中	436	85.7	85.7	85.7
	选中	73	14.3	14.3	100.0
广播电视	未选中	389	76.4	76.4	76.4
	选中	120	23.6	23.6	100.0
报刊书籍	未选中	393	77.2	77.2	77.2
	选中	116	22.8	22.8	100.0
政府机构与专业人士	未选中	404	79.4	79.4	79.4
	选中	105	20.6	20.6	100.0
公共文化机构	未选中	389	76.4	76.4	76.4
	选中	120	23.6	23.6	100.0

续 表

新市民信息获取途径	结果	频率	百分比（%）	有效百分比（%）	累积百分比（%）
各种中介机构	未选中	454	89.2	89.2	89.2
	选中	55	10.8	10.8	100.0
学校与培训机构	未选中	443	87.0	87.0	87.0
	选中	66	13.0	13.0	100.0
民间组织	未选中	494	97.1	97.1	97.1
	选中	15	2.9	2.9	100.0
其他	未选中	498	97.8	97.8	97.8
	选中	11	2.2	2.2	100.0

（二）信息获取策略

新市民信息获取策略与其信息获取途径密切相关。由表5.12可见，使用手机上网搜索或浏览网页与使用电脑上网搜索或浏览网页，分别占有效问卷的90.77%与77.41%。同时，面对面交谈与即时通信等从人际关系获取信息，也是新市民信息获取的重要策略。此外，参加活动或与一起参加活动的人闲谈被新市民认为是信息获取的重要策略，占有效问卷的31.6%。虽然与我国已有研究不同，但这与信息场理论的研究成果相一致。根据信息场理论，人们出于某一工具性的目的聚集到某地或是参加某项活动，但是在这一过程中形成了一种利于信息交流与共享的氛围。

表5.12 新市民信息获取策略统计

新市民信息获取策略	结果	频率	百分比（%）	有效百分比（%）	累积百分比（%）
面对面交谈	未选中	362	71.1	71.1	71.1
	选中	147	28.9	28.9	100.0
工作单位或学校通知	未选中	365	71.7	71.7	71.7
	选中	144	28.3	28.3	100.0
即时通信	未选中	264	51.9	51.9	51.9
	选中	245	48.1	48.1	100.0

续 表

新市民信息获取策略	结果	频率	百分比（%）	有效百分比（%）	累积百分比（%）
看电视	未选中	336	66.0	66.0	66.0
	选中	173	34.0	34.0	100.0
听广播	未选中	460	90.4	90.4	90.4
	选中	49	9.6	9.6	100.0
使用手机上网搜索或浏览网页	未选中	47	9.2	9.2	9.2
	选中	462	90.8	90.8	100.0
使用电脑上网搜索或浏览网页	未选中	115	22.6	22.6	22.6
	选中	394	77.4	77.4	100.0
阅读报刊书籍	未选中	380	74.7	74.7	74.7
	选中	129	25.3	25.3	100.0
参加活动或与一起参加活动的人闲谈	未选中	348	68.4	68.4	68.4
	选中	161	31.6	31.6	100.0
通过他人帮助	未选中	448	88.0	88.0	88.0
	选中	61	12.0	12.0	100.0
遛弯或闲逛	未选中	491	96.5	96.5	96.5
	选中	18	3.5	3.5	100.0
其他	未选中	505	99.2	99.2	99.2
	选中	4	0.8	0.8	100.0

（三）信息获取障碍

本次调查将新市民信息获取障碍分为语言障碍，难以区分真假，没有相关信息，不知道怎么表达出来，信息太多、无从下手，没有准确的信息，不会上网及其他等8类。如表5.13所示，在所有信息获取障碍中，难以区分真假是新市民信息获取过程中遇到的最大障碍，占有效问卷80.55%。究其原因，一方面与新市民信息甄别能力不强有关，另一方面是当前信息渠道多样，各种信息鱼龙混杂、难辨真伪。因此，提高新市民信息素养的同时还需对信息环境进行优化，提高信息内容质量。同时，信息太多、无从下手与没有准确信息也是新市民信息获取的主要障碍,分别占比71.51%与53.63%。这说明,在城镇环境中,信息贫瘠情况已逐渐转变为信息超载,新市民身在其中,难以寻得准确的信息。再结合难以区分真假这一障碍,可以看出,目前城镇中虽然信息量超载,但是真假混杂、粗略信息较多,因此,信息内容质量并不高。

表5.13 新市民信息获取障碍统计

新市民信息获取障碍	结果	频率	百分比(%)	有效百分比(%)	累积百分比(%)
语言障碍	未选中	471	92.5	92.5	92.5
	选中	38	7.5	7.5	100.0
难以区分真假	未选中	99	19.4	19.4	19.4
	选中	410	80.6	80.6	100.0
没有相关信息	未选中	394	77.4	77.4	77.4
	选中	115	22.6	22.6	100.0
不知道怎么表达出来	未选中	413	81.1	81.1	81.1
	选中	96	18.9	18.9	100.0
信息太多、无从下手	未选中	145	28.5	28.5	28.5
	选中	364	71.5	71.5	100.0
没有准确的信息	未选中	236	46.4	46.4	46.4
	选中	273	53.6	53.6	100.0
不会上网	未选中	504	99.0	99.0	99.0
	选中	5	1.0	1.0	100.0
其他	未选中	502	98.6	98.6	98.6
	选中	7	1.4	1.4	100.0

5.3.4 新市民信息交流行为偏好

表5.14与表5.15分别显示了新市民对不同信息场的偏好以及偏好原因。由表5.14可见,新市民最偏好的两个信息场分别是微信公众号、朋友圈、微博、QQ空间,以及社交群组,分别占有效问卷的72.3%与53.8%,而

对照表 5.15 可见,比较方便、比较舒服自在与比较熟悉是新市民选择信息场的最主要的原因,分别占有效问卷的 66.6%、63.46% 与 53.44%。这一分析可以为后续新市民信息服务供给途径的创新提供有效的支持。网络信息场在新市民日常生活中具有重要作用,其便利性、舒适性以及熟悉度对于新市民来说非常重要。

表5.14　新市民常去信息交流场所统计

新市民常去信息交流场所	结果	频率	百分比（%）	有效百分比（%）	累积百分比（%）
自己家或是熟人家	未选中	245	48.1	48.1	48.1
	选中	264	51.9	51.9	100.0
饭店	未选中	356	69.9	69.9	69.9
	选中	153	30.1	30.1	100.0
医院	未选中	494	97.1	97.1	97.1
	选中	15	2.9	2.9	100.0
网络论坛	未选中	307	60.3	60.3	60.3
	选中	202	39.7	39.7	100.0
社交群组	未选中	235	46.2	46.2	46.2
	选中	274	53.8	53.8	100.0
微信公众号、朋友圈、微博、QQ空间	未选中	141	27.7	27.7	27.7
	选中	368	72.3	72.3	100.0
小区	未选中	426	83.7	83.7	83.7
	选中	83	16.3	16.3	100.0
信息中介	未选中	480	94.3	94.3	94.3
	选中	29	5.7	5.7	100.0
学校与培训场所	未选中	442	86.8	86.8	86.8
	选中	67	13.2	13.2	100.0

续 表

新市民常去信息交流场所	结果	频率	百分比（%）	有效百分比（%）	累积百分比（%）
工作单位	未选中	241	47.3	47.3	47.3
	选中	268	52.7	52.7	100.0
政府办公场所	未选中	451	88.6	88.6	88.6
	选中	58	11.4	11.4	100.0
宗教场所	未选中	501	98.4	98.4	98.4
	选中	8	1.6	1.6	100.0
休闲娱乐场所	未选中	391	76.8	76.8	76.8
	选中	118	23.2	23.2	100.0
公共文化场所	未选中	372	73.1	73.1	73.1
	选中	137	26.9	26.9	100.0
其他	未选中	497	97.6	97.6	97.6
	选中	12	2.4	2.4	100.0

表 5.15 新市民常去信息交流场所的原因统计

新市民常去信息交流场所的原因	结果	频率	百分比（%）	有效百分比（%）	累积百分比（%）
比较舒服自在	未选中	186	36.5	36.5	36.5
	选中	323	63.5	63.5	100.0
比较安全	未选中	337	66.2	66.2	66.2
	选中	172	33.8	33.8	100.0
比较可信	未选中	328	64.4	64.4	64.4
	选中	181	35.6	35.6	100.0
比较熟悉	未选中	237	46.6	46.6	46.6
	选中	272	53.4	53.4	100.0

续 表

新市民常去信息交流场所的原因	结果	频率	百分比（%）	有效百分比（%）	累积百分比（%）
比较方便	未选中	170	33.4	33.4	33.4
	选中	339	66.6	66.6	100.0
比较友好	未选中	391	76.8	76.8	76.8
	选中	118	23.2	23.2	100.0
节省时间	未选中	385	75.6	75.6	75.6
	选中	124	24.4	24.4	100.0
不受时间限制	未选中	346	68.0	68.0	68.0
	选中	163	32.0	32.0	100.0

5.4 新市民信息服务采纳行为影响机制

5.4.1 概念模型

（一）概念模型的构建思路

通过文献综述、相关理论分析以及概念分析等工作，第五章第二节构建了新市民信息行为模式的理论分析框架，这一理论分析框架反映了新市民信息行为的构成要素以及新市民信息行为影响因素的作用机理。本节在此基础上对新市民信息服务采纳行为影响机制构建实证研究模型，具体思路如下：

（1）新市民信息服务采纳行为是新市民的心理因素（内因）与其所处的新城镇信息场中各种情境因素（外因）共同作用的结果，其中内在动机是促使其行为发生的源动力，多种城镇信息场情境因素为其行为提供了机会。新市民作为新城镇环境中的新兴群体，其能力特征是阻碍或推进他们信息服务采纳行为产生的内动力。因此，新市民信息服务采纳行为的产生是其心理因素、城镇信息场情境因素与能力特征共同作用的结果。这不仅与从心理、感知、情境、能力等多方面综合解释用户信息行为的动机—机会—能力模型(Motivation-Opportunity-Ability Model,MOAM)[①]相一致,还与技术采纳模型(Technology Acceptance Model,TAM)[②]存在较大相似性。基于此,本节将以新市民信息行为内在机理为基础,结合 MOA 模型与 TAM 模型构建新市民信息服务采纳行为影响机制的概念模型。

(2) 在本书的文献综述部分,笔者通过文献调研与内容分析总结了影响新市民信息行为的核心因素,即信息主体因素、信息环境因素、社会文化因素和城市融合因素,同时在新市民信息行为模式的理论分析框架研究中,发现了一些在已有研究中未出现或并不明显的新市民信息行为影响因素。新市民作为新型城镇化进程中的新兴群体以及我国流动人口的重要组成部分,国内外新市民相关研究结果对于新市民信息行为的揭示具有一定的适用性。虽然部分已有研究采用了部分新市民亚群体,如农民工、失地农转非等,作为实证样本,但是并未考虑新市民在原籍地与现居地不同社会文化的适应性,并将其研究对象的范畴大大缩小,无法反映整体情况。因此,实证分析中将侧重考量从已有相关研究中发展出来的以及从扎根理论研究中衍生出来的影响因素,以及由不同亚群体构成的新市民信息服务采纳行为影响机制,而已验证的因素将不再被深究。例如,在文献综述中讨论的,现有研究已经论证的城市融合度(社会融合、经济融合、文化融合、心理融合)与新市民信息行为能力具有显著相关关系且效应量较大的变量,将不再在本书中探讨,而直接被视为新市民信息服务采纳行为的显著相关要素。

(3) 扎根理论研究的结论是对新市民信息行为一手资料的归纳总结,是对新市民信息行为动态轨迹的分析;新市民信息服务采纳行为影响机制的实证研究是基于已有研究结论与扎根理论中的新发现,而对新市民信息服务采纳行为进行的一种静态截面数据的深入分析,在后续实证分析中将新市民信息服务采纳行为意向作为因变量进行研究。

---

① MACLNNIS D J, JAWORSKI B J. Information processing from advertisements: Toward an integrative framework [J]. *Journal of Marketing*, 1989, 53(4): 1-23.

② DAVIS F D. Perceived usefulness, perceived ease of use, and user acceptance of information technology [J]. *MIS Quarterly*, 1989, 13(3): 319-340.

(二) 研究假设与概念模型构建

MOA 模型最初源于工业和社会心理学领域对于用户信息行为的研究,目的是解释消费者对广告的反应。① 但随着理论的发展以及多位研究者的应用与拓展,目前已广泛用于解释管理学各个领域中的多种用户行为相关研究,如公司决策②、组织内知识共享③、用户信息行为④等。因此,通常被作为解释人类行为的元理论模型。⑤

MOA 模型指出,人类行为是个人从事特定行为的意愿(动机)、外部环境因素(机会)共同作用于个体以及个人内在能力(能力)的结果。从广义上讲,动机表达了个体的行动意愿,机会代表了客观环境或情境机制及其个体对其产生的认知,能力代表了与行为相关的个体技能,三者之间相互联系共同促成了行为的产生。动机、机会与能力是 MOA 模型分析框架的三个构成要素。⑥

就新市民信息服务采纳行为而言,动机是新市民对信息服务的感知与态度,如感知易用性、感知有用性、使用态度;机会是与新市民信息服务采纳行为有关的情境支持、约束,如文化适应性、信息内容特征、信息环境等;能力是新市民对各种信息服务进行认知所具备的信息素养,如新市民信息意识、信息能力特征。综上,各维度的要素构成如表 5.16 所示。

---

① MACLNNIS D J, JAWORSKI B J. Information processing from advertisements: Toward an integrative framework [J]. *Journal of Marketing*, 1989, 53(4):1-23.

② WU Y, BALASUBRAMANIAN S, MAHAJAN V. When is a preannounced new product likely to be delayed? [J]. *Journal of Marketing*, 2004, 68(2):101-113.

③ ARGOTE L, MCEVILY B, REAGANS R. Managing knowledge in organizations: An integrative framework and review of emerging themes [J]. *Management Science*, 2003, 49(4):571-582.

④ ROTHSCHILD M L. Carrots, sticks, and promises: A conceptual framework for the management of public health and social issue behaviors [J]. *Journal of Marketing*, 1999, 63(4):24-37.

⑤ MACINNIS D J, MOORMAN C, JAWORSKI B J. Enhancing and measuring consumers' motivation, opportunity, and ability to process brand information from ads [J]. *Journal of Marketing*, 1991, 55(4):32.

⑥ HUGHES J. 40th Hawaii International Conference on Systems Science, January 3-6, 2007 [C]. Waikoloa, Big Island, HI, USA: IEEE, 2007.

表 5.16　基于 MOA 的新市民信息服务采纳行为影响因素表

维度	影响因素
动机	感知(有用性、易用性)、使用态度
机会	信息环境、信息内容特征、文化适应性(分离度、弥散度、同化度、整合度)
能力	信息意识、信息能力

接下来,本研究将从动机、机会、能力三个方面分别阐释新市民信息服务采纳行为影响因素及其相关假设,并以此为依据构建实证分析的概念模型。

(1) 动机因素及其假设

新市民出于多方面的需求产生了信息服务采纳意向,如为了满足求职需求[①]、解决生活中遇到的实际问题[②]、提高文化素养与丰富业余生活[③]等。而基于 TAM 模型,可以发现作用于这些需求的内在机制是对信息服务的实用性与易用性的认知。

根据理性行为理论与技术采纳模型,行为主体对特定行为的态度会对行为主体的实际意向产生影响,进而影响行为主体是否采取实际行动的决策。[④] 影响行为主体特定行为态度的是其对自己所拥有的从事该行为的能力或资源的认知,主要表现在感知易用性与感知实用性两方面。其中,感知易用性是个人对使用特定信息达到预期效果需要努力的程度的估量,会对感知实用性以及其行为态度产生影响;感知实用性是个体在组织环境中对 ICT 使用将产生工作绩效或学习表现提高的主观期望,对采纳态度和采纳意愿会产生直接影响。新市民在进入现居地并从不同信息源获取可以满足需求的各种信息的过程中,会对信息服务的获取难易程度以及有用程度进行潜意识的估量,这种估量影响着新市民对信息服务的态度,并进一步对新市民信息服务采纳意愿产生影响。基于此,本研究提出如下假设:

---

① ACHARYA B B. A Systematic Literature Review on Immigrants' Motivation for ICT Adoption and Use [J]. *International Journal of E-Adoption*, 2016, 8(2): 34-35.
② 李琳琳.农民工日常生活信息查寻行为模型构建研究[D].重庆:西南大学,2013.
③ 张钰歆.新市民信息素养现状及提升对策研究[D].福州:福建师范大学,2017.
④ 孙建军,成颖,柯青.TAM 模型研究进展——整合分析[J].情报科学,2007(7):961-965.

H1、H2 感知易用性对新市民信息服务的感知实用性和采纳态度会产生正向影响

H3、H4 感知实用性对新市民信息服务的采纳态度和采纳意愿会产生正向影响

H5 新市民对信息服务的采纳态度会对新市民信息服务采纳意愿产生正向影响

(2) 机会因素及其假设

新市民从原籍地到现居地，原有的生活模式都被打破，在适应现居地的生活中，新的生存环境、社会情境等外部因素为其采纳新市民信息服务提供了机会，其中，外部因素既包括新市民对现居城市社会文化环境的文化适应程度，也包括现居城市信息环境、信息内容特征提供的机会。

文化适应是个体从初始熟悉的源文化进入异质文化后所产生的心理与行为的适应。[1][2] 新市民在从原籍地到现居地生活的过程中，会面临对新环境中的社会文化进行适应的情况，不论是民族文化差异、地域文化差异，还是城乡文化差异、语言文化差异等。新市民的文化适应程度反映新市民在社会文化环境中心理与行为的内在化程度，这种内在化程度的差异会对新市民的信息服务采纳行为产生重要的影响。[3][4][5] 根据上一节的研究成果，影响新市民信息行为的文化适应因素主要包括社会包容、社会排斥、生活条件、生活方式以及沟通难度五个方面，这与 Berry 验证的跨文化适应模型使用的文化具象概念存在较大相似性。

---

[1] BERRY J W, KIM U, POWER S, et al. Acculturation attitudes in plural societies [J]. *Applied Cross-Cultural Psychology*, 1989, 38(2):185 – 206.

[2] BERRY J W, POORTINGA Y H, SEGALL M H, et al. *Cross-cultural psychology: Research and applications* [M]. New York: Cambridge University Press, 1992.

[3] BRONSTEIN J. Information grounds as a vehicle for social inclusion of domestic migrant workers in Israel [J]. *Journal of Documentation*, 2017, 73(5):934 – 952.

[4] GOODALL K T, NEWMAN L A, WARD P R. Improving access to health information for older migrants by using grounded theory and social network analysis to understand their information behaviour and digital technology use [J]. *European Journal of Cancer Care*, 2014, 23(6): 728 – 738.

[5] WANG W, YU N. Coping with a new health culture: Acculturation and online health information seeking among Chinese immigrants in the United States [J]. *Journal of Immigrant & Minority Health*, 2014, 17(5):1 – 9.

根据 Berry 的跨文化适应模型[①][②],依照文化适应者对于源文化与现居社会主流文化的重视与轻视程度,可以分为四种文化适应类型:整合型(重视两种文化)、分离型(轻视主流文化而重视源文化)、同化型(重视主流文化而轻视源文化)和边缘化型(两种文化都轻视)[③]。但这一模型主要是基于对来自不同国家文化背景[④]的北美移民的研究而产生的[⑤][⑥][⑦]。孙丽璐[⑧]在对我国农民工的文化适应程度进行研究时,结合我国实际情况以及调查结果对这一模型进行了调整,在保持二维四种模型的基础上,将其调整为适应农村文化但避免和城市文化接触的分离型、对城市与农村文化适应度都低的弥散型、适应城市文化而不认同农村文化的同化型以及适应城市文化但也认同农村文化的整合型。农民工虽然是新市民中的一个重要亚群体,但是不能完全代表新市民,新市民中的多种亚群体并非出生或成长于农村文化环境中,且在新市民市民化过程中需要适应的也不仅仅是城乡文化,不同民族文化、不同地域文化等也会对其文化适应程度产生影响。因此,结合国内外已有研究以及本研究的研究情境,笔者将四种类型调整为文化适应程度的四个维度:分离度(适应源文化、轻视现居地主流文化)、弥散度(对源文化与现居地主流文化适应度都低)、同化度(适应现居地主流文化、轻视源文化)、整合度(适应现居地主流文化并认同源文化)。

---

① BERRY J W. Acculturation: Living successfully in two cultures [J]. *International Journal of Intercultural Relations*, 2005, 29(6):697-712.

② BERRY J W, POORTINGA Y H, SEGALL M H, et al. *Cross-cultural psychology: Research and applications* [M]. New York: Cambridge University Press, 1992.

③ BERRY J W, POORTINGA Y H, SEGALL M H, et al. *Cross-cultural psychology: Research and applications* [M]. New York: Cambridge University Press, 1992.

④ BERRY J W, PHINNEY J S, SAM D L, et al. Immigrant youth in cultural transition: Acculturation, identity, and adaptation across national contexts [J]. *Zeitschrift Fur Padagogik*, 2006, 55(55):303-332.

⑤ BERRY J W, KIM U, POWER S, et al. Acculturation attitudes in plural societies [J]. *Applied Cross-Cultural Psychology*, 1989, 38(2):185-206.

⑥ BERRY J W, SABATIER C. Acculturation, discrimination, and adaptation among second generation immigrant youth in Montreal and Paris [J]. *International Journal of Intercultural Relations*, 2010, 34(3):191-207.

⑦ BERRY J W. Immigration, acculturation, and adaptation [J]. *Applied Psychology*, 2010, 46(1):5-34.

⑧ 孙丽璐.农民工的文化适应研究[D].重庆:西南大学,2011.

基于以上分析,本研究提出如下假设:H6、H7、H8、H9 新市民文化适应程度(分离度、弥散度、同化度、整合度)对新市民信息服务采纳意愿会产生正向影响。

新型城镇化进程中,新市民在市民化过程中面临着包括新市民群体利用现居地信息基础设施、数字电视接入、宽带接入、移动支付设备、社交圈内其他人信息素养等推进其自身信息素养提升过程中受到的社会文化氛围、城市信息环境等多种因素的影响。

已有研究表明,信息行为嵌入在特定的环境或空间中[1],移民信息获取与信息使用行为等会受到移民所处信息环境的深刻影响[2][3]。孙红蕾、钱鹏和郑建明[4]在研究失地农转非、农民工等新市民信息贫困成因时发现,这类新市民生活环境以及社区信息基础设施建设落后,缺乏足够的信息环境和信息氛围,新市民社区的信息服务也显得十分匮乏,这在一定程度上也成为新市民信息贫困的主要原因。孙红蕾、严昕和郑建明[5]在对我国城镇信息环境扫描时也发现,虽然城镇信息基础设施建设取得了一定的成效,信息技术与城镇服务的融合程度日渐加深,信息资源的量级及复杂性达到了前所未有的程度,但是伴随城镇信息化的发展,信息资源配置不均衡、公共信息服务基础设施相对薄弱、信息服务效能有待提升等问题也随之而来,尤其是低俗信息泛滥、信息篡改与窃取、垃圾信息污染、知识产权侵害、网络诈骗与诱骗等信息内容问题的存在,不仅给城镇信息化发展带来了巨大的阻力,还对新市民信息服务采纳行为产生了负外部性。

基于以上分析,本研究提出如下假设:H10 信息环境对新市民信息服务采纳意愿会产生正向影响;H11 信息内容特征对新市民信息服务采纳意愿

---

[1] LLOYD A. Trapped between a rock and a hard place: What counts as information literacy in the workplace and how is it conceptualized? [J]. *Library Trends*, 2011, 60(2), 277 – 296.

[2] CAIDI N, ALLARD D. Social inclusion of newcomers to Canada: An information problem? [J]. *Library & Information Science Research*, 2005, 27(3):302 – 324.

[3] LLOYD A, ANNE KENNAN M, THOMPSON K M, et al. Connecting with new information landscapes: Information literacy practices of refugees [J]. *Journal of Documentation*, 2013, 69(1):121 – 144.

[4] 孙红蕾,钱鹏,郑建明.信息生态视域下新市民信息贫困成因及应对策略[J].图书与情报,2016(1):23 – 28.

[5] 孙红蕾,严昕,郑建明.基于环境扫描的城镇信息化发展战略转换研究[J].情报科学,2017,35(11):23 – 27,33.

会产生正向影响

与此同时,基于信息生态理论,信息本体,或简称"信息",是整个信息生态系统中最基本的要素①,是构成信息环境的基础,有什么样的信息就有什么样的信息环境②。而信息内容特征作为信息最直接的外显形式,是信息本体作用于信息环境过程中信息本体最基础的观测路径。基于此,本研究提出以下假设:H12 信息内容特征会对新市民所处信息环境产生正向影响。

(3) 能力因素及其假设

信息素养概念最早由美国信息产业协会主席 Zurkowski 在 1974 年提出,Zurkowski 进行了明确界定,即信息素养是人们为利用大量信息工具与信息源解决问题而学会的技术和能力。③ 1987 年,信息学家 Patrieia 对信息素养的概念进行具象化,指出信息素养是指如使用数据库、办公软件、处理文字等鉴别信息价值、选择最优信息获取路径以及掌握利用信息的技能。④ 目前,共识度最高、应用范围最广的信息素养定义是 1989 年美国图书馆协会的定义。⑤ 该定义与 Patrieia 的定义有较大相似性,指出信息素养是能够判断自我信息需求并知道如何通过获取、评价及利用有效信息满足需求的能力。⑥ 随着信息时代的到来以及互联网的普及,布拉格会议结合新环境的特点以及信息素养原有的含义,对网络时代的这一概念重新界定:信息素养是人们识别、查询、评价、组织、使用、生产、交流信息的一种意识与能力的集合。⑦

---

① CAPURRO R. Towards an information ecology: Contribution to the NORDINFO International Seminar "Information and Quality" [J]. *Royal School of Librarianship, Copenhagen*, 1989, 8:23-25.

② 张新明,王振,张红岩.以人为本的信息生态系统构建研究[J].情报理论与实践,2007(4):531-533.

③ ZURKOWSKI P G. The Information Service Environment Relationships and Priorities [EB/OL].[2021-06-21].https://www.eric.ed.gov/? id=ED100391.

④ 张倩苇.信息素养与信息素养教育[J].电化教育研究,2001(2):9-14.

⑤ 桑迪·坎贝尔著,肖永英,袁玉英译.21世纪信息素质概念的界定[J].大学图书馆学报,2005(6):83-87.

⑥ American Library Association and Association for Educational Communications and Technology: The Nine Information Standards for Students Learning, Information Power: Building Partnerships for Learning [EB/OL].[2018-08-09].http://www.ala.org/aasl/ip_nine.html.

⑦ 娜日,吴晓伟,吕继红.国内外信息素养标准研究现状与展望[J].图书情报工作,2010,54(3):32-35.

已有研究发现,新市民信息素养水平对其信息行为具有重要影响。钱旦敏[①]在对新市民健康信息获取行为研究时发现,随着搜索引擎的普及以及义务教育的普遍实施,大多数新市民可以通过网络获取健康信息,当有健康需求时,会首先借助搜索引擎进行检索,但是由于信息技术掌握程度有限,只会使用单一检索词简单检索,无法又快又准地找到所需内容,并且因为甄别能力有限,难免被不实信息所扰。张钰歆[②]发现,虽然新市民意识到提高信息素养的重要性并有强烈需求,但因为多种要素的牵制并不能实现感知与行动的统一,仍处于信息贫困状态。一些国外移民研究也发现健康信息获取能力较低的移民更偏好通过电视[③]或是母国[④]获取各种健康相关信息。与此同时,李琳琳[⑤]在对农民工日常生活信息查询行为研究中发现,信息意识越强的农民工与他人交流的频率越高,查询信息的主动性以及积极性越强,信息查询的频率也更高。陆浩东[⑥]通过对农民工信息素养研究发现,虽然很多新生代农民工热衷于使用网络,但其使用目的多半是娱乐和交友,信息意识较弱,只有少数人意识到应将获取有用的信息与自身知识结构相融合,并应用于实际学习、工作中,因此,大多数人错失许多重要信息源。

基于此,本研究提出以下假设:H13、H14 新市民信息意识、信息能力会对信息服务的感知实用性正向影响;H15、H16 新市民信息意识、信息能力会对信息服务的感知易用性正向影响。

综上所述,本研究针对新市民信息服务采纳行为的影响因素共提出了16 个假设(见表5.17),并构建实证分析的概念模型,如图5.4 所示。

---

① 钱旦敏.新市民健康信息精准服务模型构建研究[D].南京:南京大学,2018.
② 张钰歆.新市民信息素养现状及提升对策研究[D].福州:福建师范大学,2017.
③ TODD L, HOFFMAN-GOETZ L. A qualitative study of cancer information seeking among English-as-a-Second-Language older Chinese immigrant women to Canada: Sources, barriers, and strategies [J]. *Journal of Cancer Education*, 2011, 26(2):333-340.
④ ÅKERMAN E, ESSÉN B, WESTERLING R, et al. Healthcare-seeking behaviour in relation to sexual and reproductive health among Thai-born women in Sweden: A qualitative study [J]. *Culture, Health & Sexuality*, 2017, 19(2):194-207.
⑤ 李琳琳.农民工日常生活信息查寻行为模型构建研究[D].重庆:西南大学,2013.
⑥ 陆浩东.新城镇化进程中农民工信息素养教育与信息消费能力长效互动机制研究[J].农业图书情报学刊,2017,29(2):5-11.

表 5.17 研究假设

编号	假设内容
H1	感知易用性对新市民信息服务的感知实用性会产生正向影响
H2	感知易用性对新市民信息服务的采纳态度会产生正向影响
H3	感知实用性对新市民信息服务的采纳态度会产生正向影响
H4	感知实用性对新市民信息服务采纳意愿会产生正向影响
H5	新市民对信息服务的采纳态度会对新市民信息服务采纳意愿产生正向影响
H6	新市民文化分离度对新市民信息服务采纳意愿会产生正向影响
H7	新市民文化弥散度对新市民信息服务采纳意愿会产生正向影响
H8	新市民文化同化度对新市民信息服务采纳意愿会产生正向影响
H9	新市民文化整合度对新市民信息服务采纳意愿会产生正向影响
H10	信息环境对新市民信息服务采纳意愿会产生正向影响
H11	信息内容特征对新市民信息服务采纳意愿会产生正向影响
H12	信息内容特征会对新市民所处信息环境产生正向影响
H13	新市民信息意识会对信息服务的感知实用性产生正向影响
H14	新市民信息能力会对信息服务的感知实用性产生正向影响
H15	新市民信息意识会对信息服务的感知易用性产生正向影响
H16	新市民信息能力会对信息服务的感知易用性产生正向影响

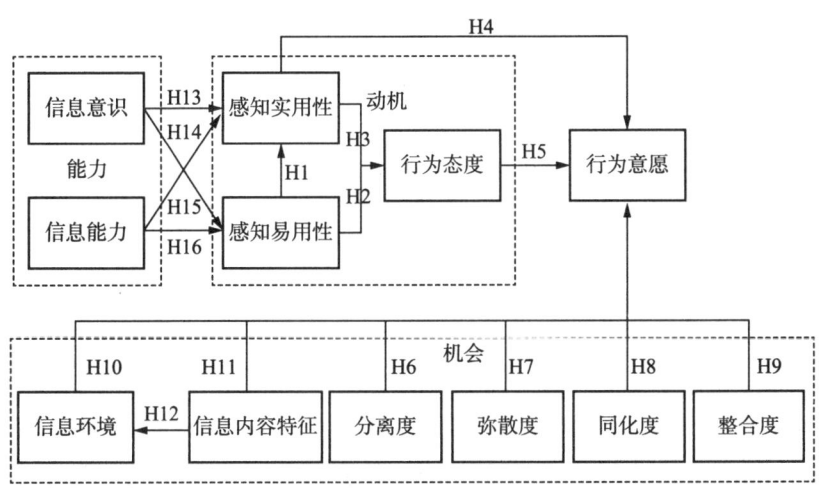

图 5.4 新市民信息服务采纳行为影响机制的概念模型图

5.4.2 量表开发

(一)量表开发流程

社会和行为科学领域的大多数变量,如动机、期望、感知、满意度,通过直接观察的方式并不能得到,需要对每个维度具体化。新市民信息服务采纳行为影响因素的各个维度包括信息服务采纳动机、文化适应度、信息服务采纳意愿等,它们同样难以通过直接观察来判断。因此,界定几个具体方面、使我们对维度的认知符合新市民信息服务采纳行为的实际情况,在研究中格外必要。为确保调查量表的可信性、科学性和有效性,本研究的量表编制步骤如图5.5。

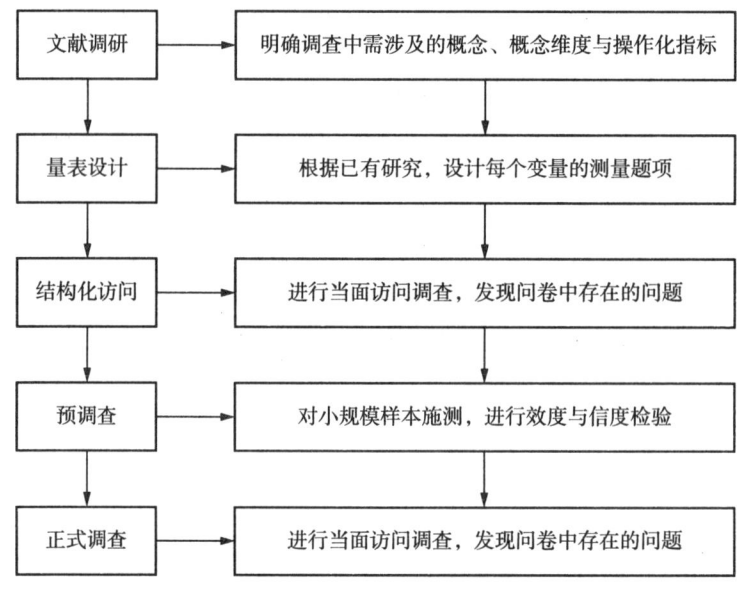

图5.5 量表开发与设计流程图

(二)变量选择

为验证研究假设,本研究对研究假设中涉及的12个概念——感知实用性、感知易用性、采纳态度、采纳意愿、分离度、弥散度、同化度、整合度、信息内容特征、信息环境特征、信息意识、信息能力等——设置了一定数量的操作化测量指标,这些测量指标共同构成了验证研究假设的量表。量表中的每个测量题项都参考了相关权威报告与已有研究成果的测量指标,并结合访谈中所知的研究对象特征与研究情境特征进行了适当修正,以保证量表的有效性、科学性与合理性。根据 Churchill[1] 提出的量表科学设计原则,量表中每个概念的测量题项数量大于或等于两个问题。下面将介绍每个概念的定义及相应的测量题项设计。

(1) 新市民信息服务采纳意向的动机因素、行为意愿及其测量题项

感知易用性、感知实用性、采纳态度三个变量源于技术接受模型,而采纳意愿则是作为因变量出现在该模型中。感知易用性指个体认为使用一个特定系统能够降低其努力的程度;感知实用性指个体认为一个特定系统对其工作绩效或学习表现的提升程度[2];采纳态度指在研究中个体对特定系统的信任程度[3];采纳意愿指个体进行某一行为的主观意愿强度[4][5]。

对于新市民信息服务采纳行为,感知易用性是指新市民认为特定信息服务能够降低努力的程度;感知实用性是指新市民认为特定信息服务对其工作、生活等方面的提升程度;采纳态度是指基于感知实用性和感知易用性,新市民对特定信息服务建立的信任感;采纳意愿是指新市民采纳该信息服务的意愿。本研究根据 Devis 和 Venkatesh 等人的研究成果,结合当前的研究情境、研究对象与新市民信息行为相关研究[6][7],对感知易用性、感知

---

[1] CHURCHILL G A. A Paradigm for developing better measures of marketing constructs [J]. *Journal of Marketing Research*, 1979, 16(1):64-73.

[2] DAVIS F D. Perceived usefulness, perceived ease of use, and user acceptance of information technology [J]. *MIS Quarterly*, 1989, 13(3):319-340.

[3] RENNY, GURITNO S, SIRINGORINGO H. Perceived usefulness, ease of use, and attitude towards online shopping usefulness towards online airlines ticket purchase [J]. *Procedia-Social and Behavioral Sciences*, 2013, 81:212-216.

[4] VENKATESH V, MORRIS M G, DAVIS G B, et al. User acceptance of information technology: Toward a unified view [J]. *MIS Quarterly*, 2003, 27(3):425-478.

[5] VENKATESH V, THONG J Y L, XU X. Consumer acceptance and use of information technology: Extending the unified theory of acceptance and use of technology [J]. *Social Science Electronic Publishing*, 2012, 36(1):157-178.

[6] 杨杰.农民工信息采纳行为模型及其实证研究[D].保定:河北大学,2015.

[7] 陶建杰.新生代农民工信息渠道使用意愿的影响因素研究[J].南京农业大学学报(社会科学版),2013,13(2):11-18.

实用性、采纳态度以及采纳意愿的测量题项进行设计,具体测量题项如表 5.18—表 5.21 所示。

表 5.18 感知易用性的测量题项

观测项	观测项说明	测量题项	题项来源
感知易用性（Perceived Ease of Use,PE）	测度新市民对信息服务的易用性感知	PE1:信息服务内容是容易理解的	Davis（1989）；Venkatesh, Morri, Davis, et al(2003); Venkatesh, Thong, James, & Xu(2012);陶建杰(2013); 杨杰(2015)
		PE2:信息服务使用障碍很少	
		PE3:信息服务是容易采用的	

表 5.19 感知实用性的测量题项

观测项	观测项说明	测量题项	题项来源
感知实用性（Perceived Usefulness, PU）	测度新市民对信息服务的有用性感知	PU1:使用信息服务可以获得有用信息	Davis（1989）；Venkatesh, Morri, Davis, et al(2003); Venkatesh, Thong, James, & Xu(2012);陶建杰(2013); 杨杰(2015)
		PU2:使用信息服务可以丰富生活	
		PU3:使用信息服务对我来说是有意义的	

表 5.20 采纳态度的测量题项

观测项	观测项说明	测量题项	题项来源
采纳态度（Attitude, AT）	测度新市民对信息服务的态度	AT1:我对信息服务是满意的	Davis（1989）；Venkatesh, Morri, Davis, et al(2003); Venkatesh, Thong, James, & Xu(2012);Renny, Guritno, & Siringoringo（2013）；陶建杰(2013)
		AT2:我对信息服务是信任的	
		AT3:我对信息服务是持肯定态度的	

表 5.21 采纳意愿的测量题项

观测项	观测项说明	测量题项	题项来源
采纳意愿 (Behavior Intention, BI)	测度新市民对信息服务的采纳意愿	BI1:我愿意使用信息服务 BI2:我愿意继续使用信息服务 BI3:我愿意多了解一些信息服务	Davis(1989);Venkatesh, Morri, Davis, et al(2003);Venkatesh, Thong, James, & Xu(2012);陶建杰(2013)

(2) 新市民信息服务采纳意向的机会因素及其测量题项

① 文化适应度

分离度、弥散度、同化度、整合度四个变量源于 Berry[1][2] 提出的跨文化适应模型以及孙丽璐[3]对我国农民工文化适应调查后修正的跨文化适应模型。分离度指适应源文化、轻视现居地主流文化的程度;弥散度指对源文化与现居地主流文化适应度都低的程度;同化度指适应现居地主流文化,轻视源文化的程度;整合度指适应现居地主流文化并认同源文化的程度。

对于新市民而言,分离度指新市民从原籍地搬入现居地后,适应源文化、轻视现居地主流文化的程度;弥散度指从原籍地搬入现居地后,对源文化与现居地主流文化适应度都低的程度;同化度指从原籍地搬入现居地后,适应现居地主流文化、轻视源文化的程度;整合度指从原籍地搬入现居地后,适应现居地主流文化并认同源文化的程度。本研究根据 Berry、孙丽璐等人的研究成果,结合当前的研究情境、研究对象与新市民信息行为

---

[1] BERRY J W, KIM U, POWER S, et al. Acculturation attitudes in plural societies [J]. Applied Cross-Cultural Psychology, 1989, 38(2):185-206.

[2] BERRY J W, POORTINGA Y H, SEGALL M H, et al. Cross-cultural psychology: Research and applications [M]. New York: Cambridge University Press, 1992.

[3] 孙丽璐.农民工的文化适应研究[D].重庆:西南大学,2011.

相关研究[1][2],分别对分离度、弥散度、同化度、整合度的测量题项进行设计,具体的测量题项如表 5.22—5.25 所示。

表 5.22　分离度的测量题项

观测项	观测项说明	测量题项	题项来源
分离度(Degree of Separation, DS)	新市民轻视主流文化而重视源文化的程度	DS1:我更适应老家生活,还是感觉老家好 DS2:我坚持在老家的生活方式 DS3:本地人歧视我们 DS4:在本地,我感觉自己是"二等公民" DS5:年轻时在本地多赚点儿钱,年纪大了就回老家	Berry, et al(1989); Berry, et al(1992); 孙丽璐(2011)

表 5.23　弥散度的测量题项

观测项	观测项说明	测量题项	题项来源
弥散度(Degree of Dispersion, DD)	新市民对两种文化都轻视的程度	DD1:我想到现实中的困难就烦 DD2:有时候,我感觉周围人都排斥我 DD3:本地人和外地人各做各的,缺乏沟通 DD4:在老家和在本地都很辛苦 DD5:我感觉与周围人打交道很困难	Berry, et al(1989); Berry, et al(1992); 孙丽璐(2011)

---

[1] 洪秋兰,刘倩.知识转移视角下新生代农民工城市文化适应研究[J].国家图书馆学刊,2018,27(1):3-18.

[2] 洪秋兰,林媛.新生代农民工城市文化适应的三维度评估——一份实证调研数据的发现[J].国家图书馆学刊,2018,27(2):36-49.

表 5.24 同化度的测量题项

观测项	观测项说明	测量题项	题项来源
同化度（Degree of Assimilation, DA）	新市民轻视源文化而重视主流文化的程度	DA1：已经习惯用普通话与人交流 DA2：我觉得和本地人打交道，比和老家人打交道更轻松 DA3：在本地待着更习惯 DA4：本地的生活品质更高 DA5：我的下一代以后应该会留在本地	Berry, et al(1989)； Berry, et al(1992)； 孙丽璐(2011)

表 5.25 整合度的测量题项

观测项	观测项说明	测量题项	题项来源
整合度（Degree of Integration, DI）	新市民对两种文化都重视的程度	DI1：本地生活节奏快，老家更清闲些 DI2：只要积极努力，我能适应本地生活 DI3：本地居民很友善，我们能彼此尊重 DI4：本地的教育和医疗条件比老家的更好 DI5：我愿意为本地的发展做出自己的贡献	Berry, et al(1989)； Berry, et al(1992)； 孙丽璐(2011)

② 信息相关变量

信息行为嵌入在特定的环境或空间中。[①] 新型城镇化进程中，新市民在市民化过程中面临着包括新市民群体利用现居地信息基础设施、数字电视

[①] LLOYD A. Trapped between a rock and a hard place: What counts as information literacy in the workplace and how is it conceptualized? [J]. *Library Trends*, 2011, 60(2): 277-296.

接入、宽带接入、移动支付设备、社交圈内其他人信息素养等推进其自身信息素养提升过程中受到的社会文化氛围、城市信息环境等多种因素的影响。而信息是构成信息环境的基础,有什么样的信息就有什么样的信息环境。信息服务内容特征作为信息最直接的外显形式,是信息本体作用于信息环境过程中信息本体最基础的观测路径。

对于新市民而言,信息服务内容特征指新市民所接触到的信息服务内容的真实性、准确性、易用性、安全性与实用性;信息环境指新市民所处环境中数字电视接入度、宽带接入度、移动支付便利性、信息服务便利性以及社交圈其他人的信息能力。本研究根据前期对典型新市民的访谈结果,结合当前的研究情境、研究对象以及与新市民信息行为相关的研究[1][2],对信息服务内容特征与信息环境的测量题项进行设计,具体的测量题项如表 5.26、表 5.27 所示。

表 5.26　信息服务内容特征的测量题项

观测项	观测项说明	测量题项	题项来源
信息服务内容特征（Characteristics of Information Service Content，CISC）	测度新市民信息服务内容的真实性	CISC1：我认为信息服务内容是真实的	孙红蕾、钱鹏、郑建明（2016）；孙红蕾、严昕、郑建明（2017）；根据访谈结果自拟
	测度新市民信息服务内容的准确性	CISC2：我认为信息服务内容是准确的	
	测度新市民信息服务内容的易用性	CISC3：我认为信息服务内容是容易用的	
	测度新市民信息服务内容的安全性	CISC4：我认为信息服务内容是安全可靠的	
	测度新市民信息服务内容的实用性	CISC5：我认为信息服务内容是比较有用的	

---

[1]　孙红蕾,钱鹏,郑建明.信息生态视域下新市民信息贫困成因及应对策略[J].图书与情报,2016(1):23-28.

[2]　孙红蕾,严昕,郑建明.基于环境扫描的城镇信息化发展战略转换研究[J].情报科学,2017,35(11):23-27,33.

表 5.27 信息环境的测量题项

观测项	观测项说明	测量题项	题项来源
信息环境 (Information Environment, IE)	测度新市民社交圈其他人的信息能力	IE1:我周围大多数人用智能手机	孙红蕾、钱鹏、郑建明(2016); 孙红蕾、严昕、郑建明(2017); 根据访谈结果自拟
	测度新市民所在环境的数字电视接入度	IE2:我经常待的地方有数字电视	
	测度新市民所在环境的宽带接入度	IE3:我经常待的地方有wifi	
	测度新市民所在环境移动支付的便利性	IE4:我经常待的地方附近大部分店家可以接受微信或支付宝支付	
	测度新市民所在环境信息服务的便利性	IE5:我经常待的地方附近有很多信息服务机构	

(3) 新市民信息服务采纳意愿的能力因素及其测量题项

信息素养是信息时代人的一种必备素养,与人的生活密切相关。信息素养标准是信息素养研究与实践中一个重要部分。当前,影响较大的信息素养标准主要包括英国 SCONUL 分别在 1999 年与 2011 年发布的《高等教育信息技能立场书》与《七支柱模型》;美国 ACRL 分别在 2000 年、2011 年与 2016 年批准的《高等教育的信息素养能力标准》《教师培养的信息素养标准》与《高等教育信息素养框架》;澳大利亚 CAUL 与新西兰合办机构 ANIIL 在 2004 年共同发布的《澳新信息素养框架》[1]。其中,适用性最广的是 ACRL 于 2000 年发布的《高等教育的信息素养能力标准》[以下简称"ACRL 标准"(2000)]。

综合前文对信息素养的界定以及研究对象的特点,本研究将影响新市民信息行为的信息素养构成要素确定为新市民信息意识与新市民信息能力两方面。其中,新市民信息意识是指新市民对信息的兴趣、对信息技能的认同、信息对适应环境与个人发展的作用的意识程度;新市民信息能力是指包

---

[1] 王本刚,马海群.国外信息素养标准研究[J].现代情报,2017,37(10):8-15.

括新市民信息获取能力、甄别能力、使用能力与运用能力等方面的能力。本研究根据 ACRL 标准(2000)[1]、张钰歆等人的研究成果[2],结合当前的研究情境、研究对象以及与新市民信息行为相关的研究[3][4],对信息意识与信息能力的测量题项进行设计,具体的测量题项如表 5.28、表 5.29 所示。

表 5.28 信息意识的测量题项

观测项	观测项说明	测量题项	题项来源
信息意识 (Information Awareness, IA)	测度新市民对信息的兴趣、对信息技能的认同、信息对适应环境与个人发展的作用	IA1:我喜欢学习新事物	ACRL 标准(2000); 张钰歆(2017)
		IA2:在网络上能找到自己需要的信息是一项重要技能	
		IA3:信息有助于我更快地适应新环境	
		IA4:获取信息对我个人发展有好处	

表 5.29 信息能力的测量题项

观测项	观测项说明	测量题项	题项来源
信息能力 (Information Competence, IC)	测度新市民信息获取能力、甄别能力、使用能力与运用能力	IC1:我能找到自己想要的信息	ACRL 标准(2000); 张钰歆(2017)
		IC2:我能够甄别信息真伪	
		IC3:我能利用信息解决问题	
		IC4:我愿意与人分享信息	

---

[1] LIBRARY A. Information Literacy: Competency standards for higher education [J]. Teacher Librarian, 2001, 9(4):63-67.

[2] 张钰歆.新市民信息素养现状及提升对策研究[D].福州:福建师范大学,2017.

[3] 洪秋兰,林媛.新生代农民工城市文化适应的三维度评估——一份实证调研数据的发现[J].国家图书馆学刊,2018,27(2):36-49.

[4] 洪秋兰,刘倩.知识转移视角下新生代农民工城市文化适应研究[J].国家图书馆学刊,2018,27(1):3-18.

(三) 初始观测项与问卷内容结构

如前所述,本问卷设计借鉴了权威调查报告与已有研究成果所使用的成熟量表,并结合本研究前期的访谈结果,对研究对象特征与研究情境特征进行了一定程度的适应性修正。在以上问题中,共有12道表格式问题,其余均为单项选择题。表格式问题采用了李克特量表,以陈述句的形式设置观测项,备选项表现了对陈述内容的赞同程度,从小到大依次为非常不同意、不同意、不确定、同意、非常同意。单选题采用细化选项的方法,一方面是为了减轻被调查对象的负担,另一方面是为了得到较准确的答案。综合考虑到被调查对象的文化程度和心理因素,研究人员在问卷结尾处设置了一道开放性问题,以了解被调查对象在问卷填写中的想法、建议和其他被调查对象认为需要补充的重要信息,其余问题都是封闭式选择,以便调查对象可以轻松理解和有效填写问卷。同时,为减轻被调查者的心理压力[①],笔者用黑色加粗字体在预调查及正式调查所用问卷的开篇,标注如下文字:《中华人民共和国统计法》规定,"属于私人、家庭的单项调查资料,非本人同意,不得泄露"。

此外,在保证量表科学性、有效性、合理性的同时,还需对本问卷的内容效度与可操作性进行检验。本阶段采用了主观评价法[②],具体操作步骤如下:

(1) 本研究邀请了4位社会信息学、用户信息行为、语言学和社会学领域的专业人士,包括1位教授、1位副教授、2位博士研究生,对问卷进行了定性修订,以减少信息噪声,提高问卷的科学性、准确性。修正标准包括问卷措辞通俗、明确、易懂、简短,不直接询问敏感性问题,避免问题有倾向性,不用否定形式提问。[③]

(2) 由于本研究的研究对象文化背景、年龄差距较大,为保证调查对象可以独立完成调查问卷,本研究邀请了拥有硕士及以上学历、本科学历、大

---

① 风笑天.社会调查中的问卷设计(第三版)[M].北京:中国人民大学出版社,2018:178.
② 风笑天.社会调查中的问卷设计(第三版)[M].北京:中国人民大学出版社,2018:82.
③ 风笑天.社会研究方法(第五版)[M].北京:中国人民大学出版社,2018:190.

专学历、高中及中专学历、初中及以下学历各两位，共计10位代表性公众作为典型被调查对象，填写了初始问卷（年长者与文化水平较低者通过结构访问完成），交流答卷感受，了解问卷难度、填写时间、问卷表达准确性等，并就填写中遇到的问题对部分问卷内容进行微调。

综合专家建议与代表性公众填写中遇到的问题，研究人员对调查问卷做了如下修订：一是近三分之一代表性公众在填写后反映初始问卷相对较长，填写到后期缺乏耐心和动力完成，因此，结合专家建议，在后续与预调查和正式调查中采用随机红包的形式调动被调查对象的积极性；二是将量表中的反向题转换为正向题，因为部分代表性公众反映正反向题混合部分出现困惑，难度较高，出现填写错误；三是修改部分存在抽象概念、双重含义和带有倾向性的语句以及提法不妥的地方，消除歧义、减少信息噪声，如"题项:感知实用性"转换为"题项:对您来说信息服务的有用程度"。

经过修正，形成本研究的初始量表，共包括12个变量和50个测量题项（见表5.30）。

表 5.30 初始量表

观测项	观测项说明	测量题项	题项来源
感知易用性（Perceived Ease of Use, PEU）	测度新市民对信息服务的易用性感知	PEU1:信息服务内容是容易理解的	Davis(1989); Venkatesh, Morri, Davis, et al(2003); Venkatesh, Thong, James, & Xu(2012); 陶建杰(2013); 杨杰(2015)
		PEU2:信息服务使用障碍很少	
		PEU3:信息服务是容易采用的	
感知实用性（Perceived Usefulness, PU）	测度新市民对信息服务的实用性感知	PU1:使用信息服务可以获得有用信息	Davis(1989); Venkatesh, Morri, Davis, et al(2003); Venkatesh, Thong, James, & Xu(2012); 陶建杰(2013); 杨杰(2015)
		PU2:使用信息服务可以丰富生活	
		PU3:使用信息服务对我来说是有意义的	

续　表

观测项	观测项说明	测量题项	题项来源
采纳态度 （Attitude, AT）	测度新市民对信息服务的程度	AT1：我对信息服务是满意的 AT2：我对信息服务是信任的 AT3：我对信息服务是持肯定态度的	Davis(1989)； Venkatesh, Morri, Davis, et al(2003)； Venkatesh, Thong, James, & Xu(2012)； Renny, Guritno, & Siringoringo(2013)； 陶建杰(2013)
采纳意愿 （Behavior Intenti-on, BI）	测度新市民对信息服务采纳意愿	BI1：我愿意使用信息服务 BI2：我愿意继续使用信息服务 BI3：我愿意多了解一些信息服务	Davis(1989)； Venkatesh, Morri, Davis, et al(2003)； Venkatesh, Thong, James, & Xu(2012)； 陶建杰(2013)
分离度 （Degree of Separation, DS）	新市民轻视主流文化而重视源文化的程度	DS1：我更适应老家生活，还是感觉老家好 DS2：我坚持在老家的生活方式 DS3：本地人歧视我们 DS4：在本地，我感觉自己是"二等公民" DS5：年轻时在本地多赚点儿钱，年纪大了就回老家	Berry, et al(1989)； Berry, et al(1992)； 孙丽璐(2011)
弥散度 （Degree of Dispersion, DD）	新市民对两种文化都轻视的程度	DD1：我想到现实中的困难就烦 DD2：有时候，我感觉周围人都排斥我 DD3：本地人和外地人各做各的，缺乏沟通 DD4：在老家和在本地都很辛苦 DD5：我感觉与周围人打交道很困难	Berry, et al(1989)； Berry, et al(1992)； 孙丽璐(2011)

续 表

观测项	观测项说明	测量题项	题项来源
同化度（Degree of Assimilation, DA）	新市民轻视源文化而重视主流文化的程度	DA1:已经习惯用普通话与人交流 DA2:我觉得和本地人打交道,比和老家人打交道更轻松 DA3:在本地待着更习惯 DA4:本地生活节奏快,老家更清闲些 DA5:我的下一代以后应该会留在本地	Berry, et al(1989); Berry, et al(1992); 孙丽璐(2011)
整合度（Degree of Integration, DI）	新市民对两种文化都重视的程度	DI1:我很喜欢现在的生活 DI2:只要积极努力,我能适应本地生活 DI3:本地居民很友善,我们能彼此尊重 DI4:本地的教育和医疗条件比老家的更好 DI5:我愿意为本地的发展做出自己的贡献	Berry, et al(1989); Berry, et al(1992); 孙丽璐(2011)
信息服务内容特征（Characteristics of Information Service Content, CISC）	测度新市民惯用信息服务内容特征	CISC1:我认为信息服务内容是真实的 CISC2:我认为信息服务内容是准确的 CISC3:我认为信息服务内容是容易用的 CISC4:我认为信息服务内容是安全可靠的 CISC5:我认为信息服务内容是比较有用的	孙红蕾、钱鹏、郑建明(2016);孙红蕾、严昕、郑建明(2017);根据访谈结果自拟

续 表

观测项	观测项说明	测量题项	题项来源
信息环境 (Information Environment, IE)	测度新市民社交圈其他人的信息能力	IE1：我周围大多数人用智能手机	孙红蕾、钱鹏、郑建明(2016)；孙红蕾、严昕、郑建明(2017)；根据访谈结果自拟
		IE2：我经常待的地方有数字电视	
		IE3：我经常待的地方有wifi	
		IE4：我经常待的地方附近大部分店家可以接受微信或支付宝支付	
		IE5：我经常待的地方附近有很多信息服务机构	
信息意识 (Information Awareness, IA)	测度新市民对信息的兴趣、对信息技能的认同、信息对适应环境与个人发展的作用	IA1：我喜欢学习新事物	ACRL标准(2000)；张钰歆(2017)
		IA2：在网络上能找到自己需要的信息是一项重要技能	
		IA3：信息有助于我更快地适应新环境	
		IA4：获取信息对我个人发展有好处	
信息能力 (Information Competence, IC)	测度新市民信息获取能力、甄别能力、使用能力与运用能力	IC1：我能找到自己想要的信息	ACRL标准(2000)；张钰歆(2017)
		IC2：我能够甄别信息真伪	
		IC3：我能利用信息解决问题	
		IC4：我愿意与人分享信息	

(四) 预调查

(1) 预调查样本的基本信息

为提高调查问卷的信度与效度,本研究进一步采用了预调查(Polit Test)的方法对问卷进行修正。因为预调查对样本数量的要求不高,为高效快捷,本研究主要面向南京大学成人教育学院的在职学生,以及南京大学已毕业的本科生、硕士生、博士生发放纸质问卷,网络调查主要通过"问卷星"网站进行,同时通过微信等方式邀请符合条件的亲戚、朋友作答。

预调查共发放问卷 140 份,回收问卷 133 份,剔除答题时间少于 200 秒、有明显逻辑错误(如高中学历且无专业技术,但迁移原因为人才引进)与同一人使用不同设备填写相同问卷内容的无效问卷后,最终获得有效问卷 109 份,有效回收率为 81.95%。此次预调查的目的是把握用户基本信息以及通过可靠性分析和因子分析,从整体上把握调查数据的信度和效度,分析观测变量及其能否预测潜在变量,以优化调查问卷。

预调查样本基本信息见表 5.31。在预调查中,男性共有 59 人,女性 50 人;年龄划分上,20—39 岁是主要被调查对象,占比 79.82%;就学历而言,大学本科学历最多,占 37.61%;所在地区以东部和中部为主,分别占 44.04% 和 43.12%;最初来现在所在城市主要是为了就业,占 50.46%,居住时间主要是 1—5 年,占 33.94%;出生地方面,出生于农村与城市分别占比 67.89% 与 32.11%;职业上,企业/公司人员最多,占 38.53%,且无技术的基层企业员工居多;收入上,月均 3000 元以上比例为 61.47%。此外,已婚、有子女的人数居多。

表 5.31 预调查样本基本信息统计表

有效样本特征	类型	频次	频率
性别	男	59	54.13%
	女	50	45.87%
年龄	19 岁及以下	1	0.92%
	20—29 岁	44	40.37%
	30—39 岁	43	39.45%
	40—49 岁	12	11.01%
	50 岁及以上	9	8.26%

续 表

有效样本特征	类型	频次	频率
文化程度	初中及以下	8	7.34%
	高中或中专	28	25.69%
	大专	20	18.35%
	本科或专升本	41	37.61%
	研究生（硕士及以上）	12	11.01%
所在地区	东部	48	44.04%
	中部	47	43.12%
	西部	14	12.84%
迁移目的	投靠亲属	10	9.17%
	就业	55	50.46%
	上学	20	18.35%
	拆迁安置	1	0.92%
	随迁	17	15.60%
	人才引进	1	0.92%
	工作调动	5	4.59%
居住时间	一年以内	5	4.59%
	1—5年（含5年）	37	33.94%
	6—10年（含10年）	23	21.10%
	11—15年（含15年）	14	11.76%
	16年及以上	30	27.52%
出生地	农村	74	67.89%
	城市	35	32.11%
婚姻状况	有配偶	73	66.97%
	无配偶	36	33.03%
子女状况	有子女	60	55.05%
	无子女	49	44.95%

续 表

有效样本特征	类型	频次	频率
职业	事业单位人员	17	15.60%
	政府公务员	11	10.09%
	企业/公司人员	42	38.53%
	离退休人员	3	2.75%
	个体户/自由职业者	12	11.01%
	打工人员	16	14.68%
	学生	3	2.75%
	其他	5	4.59%
专业技术职务等级	正高级	7	6.42%
	副高级	3	2.75%
	中级	33	30.28%
	初级	21	10.09%
	无	45	41.28%
月平均收入	1000元以下	6	5.50%
	1000—2000元	14	12.84%
	2000—3000元	22	20.18%
	3000—5000元	28	25.69%
	5000—8000元	25	22.94%
	8000元以上	14	12.84%

(2) 信度检验

信度体现了数据的一致性和稳定性。克隆巴赫 α 系数(Cronbach's alpha)是经常用到的一个信度指标,指在某一维度内不同题项一致性程度,在编制问卷或做因子分析时,通常会以 α 系数表明问卷可靠度。对李克特量表的信度估计一般采用内部一致性 α 系数来检验。α 系数越高,表示信度越高,测量误差越小,比如量表的 α 系数>0.80 表示量表信度相对理想。

在分析中,剔除某一维度的观测项,该维度信度系数相对之前提高了,表示该观测项在此维度中异质,需要将其剔除或者是替换掉。预调查数据信度分析结果如下,见表 5.32。

表 5.32 预调查数据的信度检验

变量	观测项	系数值	项目删除后系数值
IA	IA1	0.931	0.925
	IA2		0.886
	IA3		0.908
	IA4		0.912
IC	IC1	0.871	0.783
	IC2		0.880
	IC3		0.812
	IC4		0.845
DS	DS1	0.822	0.787
	DS2		0.788
	DS3		0.781
	DS4		0.775
	DS5		0.794
DD	DD1	0.893	0.896
	DD2		0.855
	DD3		0.848
	DD4		0.852
	DD5		0.856
DA	DA1	0.744	0.696
	DA2		0.702
	DA3		0.709
	DA4		0.758
	DA5		0.712

续　表

变量	观测项	系数值	项目删除后系数值
DI	DI1	0.857	0.862
	DI2		0.744
	DI3		0.783
	DI4		0.765
	DI5		0.798
CISC	CISC1	0.914	0.887
	CISC2		0.896
	CISC3		0.908
	CISC4		0.895
	CISC5		0.911
IE	IE1	0.774	0.754
	IE2		0.735
	IE3		0.731
	IE4		0.764
	IE5		0.709
PE	PE1	0.785	0.744
	PE2		0.739
	PE3		0.763
PU	PU1	0.797	0.772
	PU2		0.792
	PU3		0.756
AT	AT1	0.786	0.777
	AT2		0.783
	AT3		0.764
BI	BI1	0.836	0.815
	BI2		0.832
	BI3		0.805

由上表可见，除 IC2、DA4、DI1 外，多数观测项都通过了信度检验。如果把信息能力中的 IC2、同化度中的 DA4、整合度中的 DI1 从量表中剔除，量表的 α 系数会分别从 0.871 上升到 0.880，从 0.744 上升到 0.758，从 0.857 上升到 0.862。比删除之前有所提高，这表明这几项与变量中的其他观测项目的同质性较低。

（3）效度检验

在分析中，即使量表数据信度系数高，也不能保证该变量的有效性，确定量表是否是某特定变量的量度还要考虑效度问题。在对数据分析的过程中，体现量表能够测量概念或特质的程度的建构效度很重要。因子分析是检验建构效度的常用方法，我们就其判断某一变量的建构效度到底如何。预调查主要采用探索性因子分析的方法来观测因子的归属。因子分析之前的适切性量数检验（KMO）和巴特莱特球形检验（Bartlett Test of Sphericity）是必不可少的，因为其结果是判断调研数据能否进行因子分析的前提条件。当 KMO<0.5，不适合因子分析，KMO>0.6，适合因子分析，而当 KMO>0.8 时，则表示因子分析是有效的。因子分析中，观测项的因子归属是否有效可分为三个方面：一是自成一类的单个因子无需保留；二是某一因子负载均<0.5；三是某一因子在多个维度>0.5。文章以主成分分析法萃取因子，以直接斜交转轴法导出成分矩阵，解释观测项与因子的关系，并在分析中以其作为因子分析命名的依据。本研究以 SPSS 22.0 为分析工具，使用成分矩阵结果来判断观测项的因子归属。检验结果表明，KMO 检验值达到 0.925，Bartlett 球形检验近似卡方值为 2945.683，显著度 Sig.＝0.000<0.001，样本适合做因子分析。随后采用主成分分析法和最大方差法进行因子旋转，旋转在 6 次迭代后收敛，最终分离出 12 个因子，解释方差变异量 78.594%，说明问卷效度较好。在因子旋转分析过程中，每个题项与相应维度有较强的关联程度。

（4）正式调查问卷的形成

根据信度检验规则，即某观测项被删除后，整体量表的信度系数比原先提高，就将其删除或替换，以及效度分析中因子校正规则，即删除或替换只包括单个观测项的单个因子、删除或替换在各个因子上因子负载均小于0.5的观测项、删除或替换在多个因子上负载均大于或等于0.5的观测项,附录2为本研究修正初试调查后最终应用的调查问卷。

5.4.3 量表应用

(一)样本选取与数据收集

在样本规模选择上,主要有以下四点考虑:(1)中型样本规模(300—1000)可以兼顾样本误差大小以及调查实施等多方面因素[①];(2)已有研究发现,并非样本规模越大,所得结果越准确,本研究的研究对象组成极其复杂,因此,相对于大规模的样本而言,样本内部的异质性更为关键;(3)本研究将采用SEM分析法对概念模型进行检验,要得到稳定的SEM分析结果,样本需在200以上,且在正态或椭圆分布情况下,每个变量最好有5个及以上样本[②],本研究现有47个变量,则要235个及以上样本;(4)在SEM分析中,样本量越大,其绝对适配指数受到样本量的影响就越大,假设模型与实际数据不契合的机会也随之增大[③]。综上,本研究将正式调查问卷的样本数定为440—550个。为提升问卷调查对象的异质性,本次调查采取了判断抽样与滚雪球效应相结合的方法,即根据已有研究与前期访谈结果,首先选取若干具有代表性的典型进行抽样,在此基础上,依据滚雪球抽样的原则,请典型对象推荐亲友进一步发放问卷(年长者与文化水平较低者通过结构访问完成),共产生288份问卷,紧接着为降低人工发放过程中出现的被调查对象同质性过高的风险,以专业性问卷调查网站"问卷星"发布,并通过样本服务回收了314份问卷。两者合计,最终共回收602份问卷。

为了获得有效问卷,本研究基于以下标准做如下筛选:出现逻辑错误的问卷,如学历为初中但专业技术职务等级为正高级;答项过于统一;重复填

---

① 风笑天.社会研究方法(第五版)[M].北京:中国人民大学出版社,2018:149.
② 黄芳铭.结构方程模式:理论与应用[M].北京:中国税务出版社,2005.
③ 吴明隆.结构方程模型:AMOS的操作与应用[M].重庆:重庆大学出版社,2010:5.

写问卷;答卷时间过短;答卷不完整以致影响统计结果。基于以上标准,共剔除无效问卷110份,得到有效问卷492份。

调查问卷的内容主要包括以下三个部分:(1)新市民信息服务采纳行为的构成要素,包括感知有用性、感知易用性、采纳态度、采纳意愿等;(2)信息行为的影响因素,包括信息素养、分离度、弥散度、同化度、整合度、信息内容特征和信息环境等;(3)基本信息,包括年龄、性别、职业、学历、语言能力、收入水平、所在地区等。

(二)样本人口统计特征

本次调研样本的人口统计特征如表5.33。

表5.33 被调查样本基本信息表

特征变量	选项	频次	频率
性别	男	244	49.59%
	女	248	50.41%
年龄	19岁及以下	3	0.61%
	20—29岁	241	48.98%
	30—39岁	187	38.01%
	40—49岁	39	7.93%
	50岁及以上	22	4.47%
文化程度	初中及以下	15	3.05%
	高中或中专	26	5.28%
	大专	85	15.45%
	本科或专升本	290	58.94%
	研究生(硕士及以上)	85	17.28%
所在地区	东部	357	72.56%
	中部	78	15.45%
	西部	57	11.59%

续 表

特征变量	选项	频次	频率
迁移目的	投靠亲属	19	3.86%
	就业	299	60.77%
	上学	65	13.21%
	拆迁安置	6	1.22%
	随迁	45	9.15%
	人才引进	28	5.69%
	工作调动	30	6.10%
居住时间	1 年以内	18	3.66%
	1—5 年(含 5 年)	226	45.93%
	6—10 年(含 10 年)	183	37.20%
	11—15 年(含 15 年)	45	9.15%
	16 年及以上	20	4.07%
出生地	农村	336	68.29%
	城市	156	31.71%
婚姻状况	有配偶	306	62.20%
	无配偶	186	37.80%
子女状况	有子女	288	58.54%
	无子女	204	41.46%
职业	事业单位人员	58	11.79%
	政府公务员	13	2.64%
	企业/公司人员	305	61.99%
	离退休人员	6	1.22%
	个体户/自由职业者	26	5.28%
	打工人员	33	6.71%
	学生	31	6.30%
	其他	20	4.07%

续 表

特征变量	选项	频次	频率
专业技术职务等级	正高级	1	0.20%
	副高级	22	4.47%
	中级	102	20.73%
	初级	255	51.83%
	无	112	22.76%
月平均收入	1000元以下	35	7.11%
	1000—2000元	13	2.64%
	2000—3000元	45	9.15%
	3000—5000元	119	24.19%
	5000—8000元	159	32.32%
	8000元以上	121	24.59%

年龄方面。在本次调查回收的492份有效问卷中,19岁以下受访者只有3人,占比0.61%;20—29岁受访人数为241人,占比48.98%;30—39岁受访人数为187人,占比38.01%;40—49岁受访人数为39人,占比7.93%;50岁及以上受访人数为22人,占比4.47%。总体而言,样本以20—39岁的人居多,占总样本八成以上,即"80后""90后"是本次问卷调查的主要受访对象。

所在地区方面。本次调查回收的492份有效问卷中,受访对象当前所在地区主要为东部地区,占有效样本的72.56%,其次为中部地区,占有效样本的15.45%,最后为西部11.59%。

学历方面。本次调查回收的492份有效问卷中,受访对象主要集中在大学本科学历,共计290人,占比58.94%,其后依次为研究生学历、大专学历、高中或中专学历,以及初中及以下学历。总体而言,大专、大学本科及研究生三组合计91.67%。究其原因,一方面,随着义务教育的普及,全民受教育程度逐步提高,截至2017年年底,我国九年义务教育巩固率为93.8%,高中阶段毛入学率为88.3%[①]；另一方面，在调查问卷实地发放中，一部分调查对象虽然在刚刚进入现居地时，学历不高，但是在通过参加成人教育学校、地方高校下设继续教育学院等专升本和高起本业余班后，取得了大专及以上学历，其中较少数受访者还进入了研究生阶段，并取得了研究生学历。此外，这与张钰歆[②]在新市民信息素养研究中对新市民学历情况调查的结果基本相似。张钰歆指出，近年来新市民受教育程度已普遍提高，较前些年有了显著的变化。

职业方面。本次调查回收的492份有效问卷中，职业为企业/公司人员的受访对象居多，占比61.99%；其次分别为事业单位人员、个体户/自由职业者、打工人员、政府公务员、学生、离退休人员。此外，受访对象还包括全职太太等其他职业，占比4.07%。总体而言，相较于以往研究以农民工、城郊失地农民等为主要对象，本次调查更侧重于以往研究中较少关注的工作生活在城市中的白领阶层，对职业与所在地区、出生地分别进行交叉分析后发现，这些职业为企业/公司人员的受访对象超出七成现居地主要分布在北京、广东、上海、江苏、浙江等省市，并且超出六成出生在农村。不可否认，农民工为城市的发展带了丰富的人力资源，但是一直被忽略的白领阶层更有可能给城市发展带来更多的人力资本。

迁移目的方面。本次调查回收的492份有效问卷中，受访对象进入现居地的主要目的为就业，占比超过总样本的六成以上，其次分别为上学、随迁、人才引进、投靠家属、工作调动与拆迁安置。其中以就业为主要目的与已有新市民相关研究基本符合。而次之以上学为目的，主要有两部分原因：一是根据迁移目的与当前职业的交叉分析可以发现，以上学为目的的新市民中绝大多数人是到现居城市求学，毕业后就地择业，因此95%以上以上学为目的的受访者是从业人员；二是由于新市民为了子女接受更好的教育，迁移到较原籍地教育水平更高的城市，因此在此问卷中出现此情况的家长均选择了以上学为目的。

---

① 国家统计局.中华人民共和国2017年国民经济和社会发展统计公报[EB/OL].[2019-01-03].http://www.stats.gov.cn/tjsj/zxfb/201802/t20180228_1585631.html.
② 张钰歆.新市民信息素养现状及提升对策研究[D].福州：福建师范大学，2017.

收入方面。本次调查回收的 492 份有效问卷中,月收入在 5000—8000 元的受访者居多,占比 32.32%,3000 元以上的受访者占受访人数的 88.76%。但是,在对月收入与收入在当地水平进行交叉分析时发现,收入在当地处于中等及以下水平的占比 86.73%。究其原因,在对年长者通过结构访问方法收集问卷时发现,由于调查对象来自不同经济水平的区域,采用统一的标准进行区分是十分不科学的,例如,同样是月收入 4000 元,在广州的受访者认为这是"低水平",而在东北地区小城市的受访者认为这是"中高水平"。

5.4.4 模型验证

本研究以结构方程模型法进行模型检定。按照结构方程模型的分析过程,进行信度和效度检验以及路径分析与检验,逐一说明如下。

(一)样本信度检验

信度体现了数据的一致性和稳定性,一般采用内部一致性 α 系数进行检验。该系数越高,表明信度越高,测量误差越小。具体标准已在预调查检验部分说明,在此不再赘述。

结果表明,除 IC4、CISC5、IE5、DS3、DD1、DA1 外,多数观测项都通过了信度检验。如果把信息能力中的 IC4、信息内容特征中的 CISC5、信息环境中的 IE5、分离度中的 DS3、弥散度中的 DD1、同化度中的 DA1 从量表中剔除,量表的 α 系数会分别从 0.752 上升到 0.793,从 0.793 上升到 0.806,从 0.774 上升到 0.786,0.756 上升到 0.766,0.859 上升到 0.863,0.702 上升到 0.708。比删除之前有所提高,这表明这几项与变量中的其他观测项目同质性较低。

(二)验证性因子分析与内部一致性检验

在分析中,量表数据信度系数高并不意味着变量的有效性,确定量表是否是某变量的量度时还要考虑效度问题。建构效度常使用因子分析来判断。执行因子分析程序时,KMO 指标值至少在 0.6 以上。如表 5.34 所示,KMO 值为 0.787,近似卡方值达到 12815.819,自由度为 1326,显著性 0.000,表明适合做因子分析。

表 5.34　变量 KMO 和巴特利特检验

KMO 取样适切性量数		0.787
Bartlett 球形度检验	上次读取的卡方	12815.819
	自由度	1326
	显著性	0.000

在因子分析中,采用主成分分析的提取方法,共得到特征值大于 1 的因子 12 个。萃取的 12 个因子能共同解释总体变异量的 67.03%,比较合理。

同时,通过组合信度(CR)与平均方差萃取量(AVE)对样本内部一致性进行检验,得到的标准因子载荷值均达到显著且大于 0.5,CR 大于 0.8,AVE 大于 0.5(见表 5.35)。可以判定量表具有较好的收敛效度。

表 5.35　变量内部一致性检验结果

变量	因子载荷	CR	AVE
IA	0.774—0.857	0.880	0.647
IC	0.884—0.892	0.877	0.781
DS	0.683—0.758	0.858	0.548
DD	0.699—0.832	0.873	0.580
DA	0.673—0.782	0.811	0.519
DI	0.634—0.772	0.814	0.525
CISC	0.695—0.817	0.861	0.610
IE	0.516—0.880	0.887	0.666
PE	0.663—0.848	0.875	0.585
PU	0.642—0.812	0.856	0.545
AT	0.634—0.743	0.837	0.508
BI	0.642—0.793	0.845	0.522

(三) 模型路径分析与假设检验

March 等学者将拟合指数分成三类:绝对指数主要对假设模型和样本数据的拟合程度进行观察,主要参考指标包括 χ^2/df、RMSEA、GFI、AGFI 等;相对指数是比较假设模型与虚拟模型以衡量拟合程度,常用指标包括

NNFI、NFI、CFI、TLI 等；简约指数是前两者的派生指数，常用指标包括 PNFI、PCFI、PGFI 等。[①] 本研究运用 χ^2/df、GFI、RMSEA、AGFI、CFI、PNFI 来观察模型拟合程度。将经过数据检验的数据导入 AMOS 20.0，模型的各项拟合指标均大于推荐值，见表 5.36。

表 5.36 模型拟合指数

	χ^2/df	GFI	AGFI	RMSEA	RMR	NFI	CFI	PNFI
推荐值	<3	≥0.9	≥0.8	<0.08	≤0.1	≥0.9	≥0.9	≥0.5
实际值	2.79	0.91	0.88	0.05	0.04	0.92	0.94	0.84

注：*和* * 分别表示 P<0.05 和 P<0.01 的情况下显著，ns 表示不显著。

利用结构方程模型对 16 个研究假设进行检验，11 条通过了显著性验证。

(1) 动机维度假设检验结果

动机维度有 5 条假设，其中感知易用性对新市民信息服务采纳态度会产生正向影响，感知实用性对新市民信息服务采纳态度和意愿呈正向显著关系，新市民信息服务采纳态度会对其信息服务采纳意愿产生显著正向作用，但是感知易用性与感知实用性之间关系不显著，因此，H1 假设不成立。

如表 5.37 所示，在动机维度对新市民信息服务采纳意愿影响中，采纳态度不仅是最直接与最重要的因素，还是感知易用性与感知实用性对新市民新服务采纳意愿产生影响的中介因素，与此同时，感知实用性对于感知易用性的中介作用并不明显，但是对于采纳意愿会有直接正向影响。因此，要使新市民愿意采纳信息服务，首要环节是增强其对信息服务的信任感，并让他们感到信息服务是有用的和便利的。

表 5.37 动机维度假设检验结果

编号	假设路径	路径系数	检验结果
H1	感知易用性→感知实用性	0.074（P=0.07）	不显著，不支持
H2	感知易用性→采纳态度	0.11*	显著，支持
H3	感知实用性→采纳态度	0.13***	显著，支持

---

① 吴明隆.结构方程模型：AMOS 的操作与应用[M].重庆：重庆大学出版社，2010.

续 表

编号	假设路径	路径系数	检验结果
H4	感知实用性→采纳意愿	0.25***	显著,支持
H5	采纳态度→采纳意愿	0.65***	显著,支持

注:*和***分别表示 $P<0.05$ 和 $P<0.01$ 的情况下显著。

(2)机会维度假设检验结果

机会维度有7条假设,其中同化度、整合度、信息环境与信息服务内容特征均会对新市民信息服务采纳意愿产生显著正向影响,分离度与弥散度会对新市民信息服务采纳意愿产生显著负外部性,信息服务内容特征与信息环境之间关系不显著,因此,H6、H7与H12的假设不成立。

如表5.38所示,在机会维度对新市民信息服务采纳意愿影响中,信息服务内容特征与信息环境是最主要的影响因素,其次是文化适应程度。其中,分离度与弥散度会对新市民信息服务采纳意愿产生负面影响,即对现居地文化的轻视程度越高,越不愿意接受当地的信息服务;同化度与整合度对新市民信息服务采纳意愿产生正向影响,即对现居地文化的重视程度越高,越愿意接受当地的信息服务。因此,要使新市民愿意采纳信息服务,不仅要优化城镇信息环境,提高信息服务内容的真实性、准确性、易用性与安全性,还要构建具有人文关怀与包容性的城镇社会文化环境,增强新市民对现居地的文化认可度与认同感。

表 5.38 机会维度假设检验结果

编号	假设路径	路径系数	检验结果
H6	分离度→采纳意愿	−0.11***	显著,不支持
H7	弥散度→采纳意愿	−0.17***	显著,不支持
H8	同化度→采纳意愿	0.21*	显著,支持
H9	整合度→采纳意愿	0.29***	显著,支持
H10	信息环境→采纳意愿	0.37***	显著,支持
H11	信息服务内容特征→采纳意愿	0.45*	显著,支持
H12	信息服务内容特征→信息环境	0.01(P=0.13)	不显著,不支持

注:*和***分别表示 $P<0.05$ 和 $P<0.01$ 的情况下显著。

(3) 能力维度假设检验结果

能力维度有 4 条假设,其中新市民信息意识和信息能力会对新市民信息服务的感知实用性有正向影响,新市民信息能力会正向影响新市民信息服务的感知易用性,但是新市民信息意识与感知易用性间没有显著关系,因此 H15 假设不成立。

如表 5.39 所示,在能力维度对新市民信息服务采纳意愿影响中,信息能力对新市民信息服务的易用性与实用性感知都会产生正向影响,进而对新市民信息服务采纳态度产生正向的间接影响;信息意识对于新市民信息服务实用性的感知会产生正向作用,进而对新市民信息服务采纳态度产生正向的间接影响。因此,要强化新市民对城镇信息服务的信任感,进而积极采纳信息服务,不仅要改善与优化城镇环境,创造良好的氛围,还需加强新市民的信息素养,进行提升他们对城镇信息服务易用性与实用性的感知,增强其信息服务采纳行为的能动性,进而融入城镇生活,成为真正的新市民。

表 5.39 能力维度假设检验结果

编号	假设路径	路径系数	检验结果
H13	信息意识→感知实用性	0.13*	显著,支持
H14	信息能力→感知实用性	0.09***	显著,支持
H15	信息意识→感知易用性	0.07(P=0.11)	不显著,不支持
H16	信息能力→感知易用性	0.17*	显著,支持

注:* 和 *** 分别表示 P<0.05 和 P<0.01 的情况下显著。

综合上述三个维度的分析结果,新市民信息服务采纳行为是内外因共同驱动的。一方面,新市民的信息素养会影响其感知,这种对信息服务的感知会直接影响到其采纳态度,并作用于采纳意愿,进而影响其实际行动,因此,从这个方面出发,通过调动新市民参与各种信息活动的积极性,提升其信息素养,使他们切身感受到信息服务的作用,并有意愿去采纳信息服务;另一方面,新市民信息服务采纳行为还受到多种外界因素的影响,这些因素既包括新市民接触到的信息服务内容以及所处的信息环境,还包括社会文化环境对他们的作用,即其文化适应度。因此,从这个方面出发,提供高质量的信息服务内容、营造良好的社会信息环境和文化环境,可以使新市民积极使用城镇信息服务。总体而言,通过实证分析可以发现,新市民信息服务仍有较大的优化空间。

第六章 新市民信息服务平台建设

6.1 新市民信息服务平台建设的切入层次

2021年,《中华人民共和国国民经济和社会发展第十四个五年规划和2035年远景目标纲要》进一步提出,要"深入推进以人为核心的新型城镇化战略""统筹推进户籍制度改革和城镇基本公共服务常住人口全覆盖"。① 新型城镇化坚持人本位的原则,是与信息化紧密结合、互利共生的城镇化,相较于传统城镇化中"土地城镇化"的发展模式,新型城镇化倡导"人的城镇化"的发展模式。人的城镇化将人的需求作为基点,以人的全面发展为最根本目标,关注人口素质的提高,强调个体偏好的挖掘,重在面向人的服务,开发人的潜能,倡导人的自我价值和社会价值的双重实现。帮助社会弱势群体提升信息获取和利用能力、拓宽信息源视野、从信息弱势群体中突破出来,是提升城镇信息化整体水平的重要举措,是社会包容和社会福利的具象化体现,在城镇化建设的各个时期都应一以贯之。新市民信息服务平台建设将产生显著的正外部性——为新市民增强信息能力提供良好的契机、为新市民文化权益的实现提供更多的选择路径、为新市民融入城市生活开通快速通道、为缩短新型城镇化中的信息差距提供巨大推力。目前,关于新市民信息服务平台建设切入点的研究虽然较多,但并不深入,缺乏系统的阐释,这些研究考察角度较为多样。基于对已有观点的综合分析,笔者认为,

---

① 新华网.两会受权发布 中华人民共和国国民经济和社会发展第十四个五年规划和2035年远景目标纲要[EB/OL].[2021-4-31]. http://www.xinhuanet.com/2021-03/13/c_1127205564_9.htm.

新市民信息服务平台建设可从宏观、中观、微观三个层面切入。

6.1.1 宏观层面——从平台建设方案切入

新型城镇化是我国实现城镇发展"新常态"的强劲动力和重大历史抉择，坚持走新型城镇化道路是基于我国城乡发展现状提出的创新城市发展战略，是实现国家现代化的必由之路。已有一些地区在新市民信息服务平台方面开展了实践探索，如天津开发区构建了泰达新市民综合信息服务平台①、四川省龙江镇人民政府主办了龙江镇新市民服务信息网②、佛山新市民事务办公室主办了佛山新市民服务信息网③等。从总体上看，现有的新市民信息服务平台建设项目主要存在两个局限：一是平台多由政府及相关机构进行建设，社会力量较少参与其中，这不仅增加了政府服务负担和成本，还使服务深度很难得到提升；二是平台建设各自为战，不仅造成人力、物力、财力浪费，还导致新市民办理统一服务需要登录多种平台或系统。基于此，将新市民信息服务平台提升至战略高度、进行顶层设计，迫在眉睫。新市民信息服务平台顶层设计的核心理念在于整体性治理。整体性治理是伴随着信息时代变革而建立的能克服碎片化管理与滞后性服务等弊端的治理模式。在新市民信息服务平台建设中，应融入整体性治理理念，从宏观上对平台建设工作进行引导和监督，推进平台建设的协同共进。基于此，从宏观层面看，对新市民信息服务平台的建设方案进行深入研究尤为关键。

6.1.2 中观层面——从公共信息服务平台切入

新型城镇化战略的实施不仅会增加社会对公共信息服务的需求，还对公共信息服务平台的质量与效率提出了更高的要求。早在 2014 年 3 月 16 日，中共中央、国务院颁发的《国家新型城镇化规划（2014—2020 年）》就明确指出，建立健全公共服务体系、推进城镇基本公共文化服务常住人口全覆

---

① 天津经济技术开发区管理委员会政务平台.泰达新市民综合信息服务平台正式投用.[EB/OL].[2021-03-17].https://www.teda.gov.cn/contents/3952/47719.html.
② 龙江镇新市民服务信息网[EB/OL].[2021-03-17].http://www.shunde.gov.cn/sdqljz/ztzl/ljzxsmfwxxw/zxjj/index.html
③ 佛山新市民服务信息网[EB/OL].[2021-03-17].http://fslgb.foshan.gov.cn/hdjlpt.

盖、提升公共信息服务供给能力,是新型城镇化发展的基本指向和客观要求。① 当前,城镇化发展中严重存在着意识层面城镇化滞后于物质层面城镇化、市民化进程滞后于城镇化进程的问题。② 公共信息服务在推进信息融合以及推进新市民融入城市生活中具有重要作用。③ 将公共信息服务与新型城镇化深度融合,可为这一问题的解决提供有效路径。

公共信息服务以公共部门在职能实现过程中生产或搜集的信息资源④为依托,是政府主导、面向公众的服务有机集成所形成的统一服务模式,是公共文化服务的重要组成部分,具有投资成本高、边际成本低⑤等基本属性。公共信息服务平台作为提供城镇公共信息服务的基础设施,不仅是公共文化服务的前沿阵地,还是社会赋权和社会增能的基本途径,具有集成共享、综合立体、方便快捷等特征。⑥

公共信息服务平台并非一个新兴概念。早在1947年,印度学者Brigance⑦即对公共服务平台的重要性进行了系统阐述。当时,公共服务平台的载体还局限于无线电形式,以收音机为信息服务的接收媒介,是美国人言论交流的基础平台。此后,又有学者对公共服务平台的具体内容进行探索,并伴随信息技术的发展,进一步延伸到对公共信息服务平台的研究。近年来,随着"智慧城市"概念的兴起,公共信息服务平台作为智慧城市的基础设施再次成为研究热点。目前,国外研究多将该平台置于智慧城市整体框架

---

① 国家新型城镇化规划(2014—2020年).[EB/OL].[2015-03-17].http://www.gov.cn/zhengce/2014-03/16/content_2640075.htm.
② 庄荣盛.以人为核心的新型城镇化能走多远[J].社会科学,2014(3):55-58.
③ 李全喜,蔡慧慧.信息融合:新生代农民工城市融入不可忽视的问题[J].图书馆建设,2012(12):17-19,24.
④ 刘冰.公共部门信息资源增值开发利用效率研究述评[J].中国图书馆学报,2013(6):53-62.
⑤ 夏义堃.西方国家公共信息定价原则与定价规律分析[J].中国图书馆学报,2014(5):23-34.
⑥ 王伟军,孙晶.我国公共信息服务平台建设初探[J].中国图书馆学报,2007(2):33-36.
⑦ BRIGANCE W N. Effectiveness of the Public Platform.[EB/OL].[2015-03-31]. http://www.jstor.org/stable/1024650?seq=6#page_scan_tab_contents.

的平台层内[1],研究方向集中在平台整体模型构想、平台支持技术、平台结构内容三个方面。在平台整体模型构想方面,典型案例如意大利巴里理工大学的 Piro 等学者对智慧城市信息中心平台进行了大胆设想和细致分析[2];GraphiTech 公司的 Prandi 等高级研究员基于 3D 可视化技术,构建了城市公共信息服务平台的 3D 可视化模型[3];法国国家信息与自动化研究所 Benouaret 等研究员基于满足居民和当地政府有效联系的需求,提出了 CrowdSC's 运行模型[4]。在平台支持技术方面,代表性研究成果有西班牙 ESADE 商学院的 Almirall 与西班牙庞培法布拉大学 Domingo 等人合作,对智慧城市数据开放平台的传感器装置进行了研究和改进[5];IBM 校园高级研究中心的 Orłowskia 对基于物联网和社会传感技术的职能运营中心进行了细致研究[6];美国加州大学伯克利分校 Vilajosana 等学者在"开放 WSN 项目"的支持下对保障智慧城市异构、通用平台的主要组件和应用程序进行了系统阐释[7]。在平台内容结构方面,最为突出的是坎塔布里亚大学的 Luis Sánchez 等学者从公司平台和城市平台两条主线对公共信息服务平台框架的研究。[8]

---

① WALRAVENS N, BALLON P. Platform business models for smart cities:From control and value to governance and public value[EB/OL].[2015 - 04 - 14].http://ieeexplore.ieee.org/xpls/icp.jsp? arnumber = 6525598&tag = 1.

② PIRO G, CIANCI I, GRIECO L A, et al. Information centric services in Smart Cities.[J]. *Journal of Systems and Software*,2014(88):169 - 188.

③ PRANDI F,SOAVE M, DEVIGILI F, et al. Service oriented smart city platform based on 3D city model visualization.[EB/OL].[2015 - 03 - 31].http://www.isprs-ann-photogramm-remote-sens-spatial-inf-sci.net/II - 4/59/2014/isprsannals-II - 4 - 59 - 2014.pdf.

④ BENOUARET K, VALLIYUR-RAMALINGAM R, CHAROY F, et al. CrowdSC:Building Smart Cities with large-scale citizen participation.[EB/OL].[2015 - 03 - 31].http://ieeexplore.ieee.org/stamp/stamp.jsp? tp = &arnumber = 6588222.

⑤ DOMINGO A,BELLALTA B, PALACIN M, et al. Public open sensor data:Revolutionizing smart cities.[EB/OL].[2015 - 03 - 31].http://ieeexplore.ieee.org/xpls/icp.jsp? arnumber = 6679237.

⑥ ORŁOWSKIA C. Rule-based model for selecting integration technologies for smart cities systems[J]. *Cybernetics and Systems:An International Journal*,2014,45(2):136 - 145.

⑦ VILAJOSANA I, LLOSA J, MARTINEZ B, et al. Bootstrapping smart cities through a self-sustainable model based on big data flows.[EB/OL].[2015 - 03 - 31].http://ieeexplore.ieee.org/xpls/icp.jsp? arnumber = 6525605.

⑧ SÁNCHEZ L, ELICEGUI I, CUESTA J,et al. Integration of utilities infrastructures in a future internet enabled smart city framework.[J]. *Sensors*,2013,13(11),14438 - 14465.

国内研究方面,安小米对与公共信息服务平台关系较为密切的知识中心——如荷兰阿姆斯特丹智慧城市知识中心、巴西里约热内卢智能运行中心、澳大利亚昆士兰技术大学智能交通研究中心——的构建机制和发展经验进行了系统分析。[①]相较于国外研究,国内研究偏重于平台的实际建设和方案策划方面,且研究和实践尚处于对具体领域开发或试点探索阶段。研究领域主要集中在物流公共信息服务平台(如青岛港口物流公共信息服务平台[②]、淮安物流信息公共平台[③]),公共信用信息服务平台(如杭州信用信息平台[④]、上海市公共信用信息服务平台[⑤]),医疗卫生平台(如淮安市突发公共卫生事件应急相应技术支持网络平台[⑥]、深圳智慧医疗云服务平台[⑦]),地理公共信息服务平台(如莆田市地理信息公共服务平台[⑧]、重庆地理信息共享交互平台[⑨]、伊春市地理信息公共服务平台[⑩]),中小型企业信息平台(如厦门市中小企业公共信息服务平台[⑪]),交通信息平台(如全国交通电子口岸公共信息服务平台[⑫])等。典型的试点如湖南嘉禾县的城市公共信息服务平

---

① 安小米.国外智慧城市知识中心构建机制及其经验借鉴[J].情报资料工作,2013(4):31-35.
② 刘元华,郭乙运.青岛港口物流公共信息服务平台的架构与建设[J].物流工程与管理,2010(5):27-29.
③ 韦东方,游专.江苏淮安物流信息公共平台需求分析与系统规划[J].中国科技信息,2009(18):119-120,129.
④ 王亚琪.杭州信用信息平台开始试运行.[N].浙江日报,2014-10-14(3).
⑤ 中国上海网.上海市公共信用信息服务平台试开通.[EB/OL].[2015-03-31].http://www.shanghai.gov.cn/shanghai/node2314/node2315/node4411/u21ai829356.html.
⑥ 陈跃,刘林飞,张越.淮安市突发公共卫生事件应急响应技术支持网络平台建设思考[J].现代预防医学,2008(06):1100+1114.
⑦ 梁实,王益新.深圳智慧医疗云服务平台建设[J].测绘科学,2014(8):74-77,87.
⑧ 莆田市地理信息公共服务平台.[EB/OL].[2015-03-31].http://www.geostar.com.cn/whja/apply.aspx?aid=14.
⑨ 北京超图软件股份有限公司.重庆地埋信息共享交互平台.[EB/OL].[2015-03-31].http://www.supermap.com.cn/gis/html/cityview_3.html.
⑩ 伊春市政府.伊春市地理信息公共服务平台建设项目通过国家验收.[EB/OL].[2015-03-31].http://www.hlj.gov.cn/zwdt/system/2011/12/01/010264480.shtml.
⑪ 张朝进.厦门市中小企业公共信息服务平台运营浅谈[J].中国中小企业,2011(10):86.
⑫ 全国交通电子口岸公共信息服务平台10月运行[J].集装箱化,2011(10):11.

台①,发展相对成熟且具有公共信息服务平台性质的"中国上海网"②。与此同时,值得注意的是,企业作为一股强劲的力量正对平台的开发建设添砖加瓦,代表案例如方正国际软件有限公司开发的北京市政务信息资源共享服务平台。该平台为2008年北京奥运会以及2009年的国庆60周年等重大活动的应急保障工作提供了强有力的支持。③

从整体来看,当前国内外对公共信息服务平台的研究呈现四个特点:第一,集中在具体领域平台表面或内部细节研究;第二,针对具体领域的平台方案规划;第三,具体区域内平台试点的小范围摸索;第四,参与主体由单一向多元转变。总而言之,当前对真正具有新型城镇公共信息服务平台意义的跨系统、跨领域、跨组织、多元主体参与、功能清晰、囊括城市各方面信息的统一综合平台的研究,基本处于空白状态,有待深入研究。基于此,从中观层面看,对新型城镇公共信息服务平台如何建设进行深入研究,尤为关键。

6.1.3 微观层面——从社区信息服务平台切入

积极推进新市民融入城市生活、完成由农民向市民身份角色的转换,是人的城镇化建设的核心工作和基本指向。其中,新市民与城市社会融合不是单一的文化融合、经济融合、心理融合、身份融合④抑或社会关系融合,而是文化、经济、心理、社会以及社会关系的多元复合统一。新市民身份角色的转换亦不是单纯的户籍更改或生活住所地理位移,意识观念的转变、市民风貌的形成以及市民行为的培养,对市民身份认同的实现同样重要。

社区位于城市管理的最基层,是市民在城市生活的聚居之所。社区信息服务作为城市公共信息服务向社区延伸的有效媒介,是市民了解城市信息、表达信息诉求、获得信息满足的重要窗口。

然而,当前社区信息服务的开展往往以城市发展的整体态势为基准,对

---

① 嘉禾县人民政府.国家智慧城市2013—2016年重点项目简介(二).[EB/OL].[2015-03-31]. http://www.hnjh.gov.cn/zhihuijiahe/16686.htm.

② 中国上海网.[EB/OL].[2015-03-31].http://www.shanghai.gov.cn/.

③ 方正国际软件有限公司.公共信息服务平台.[EB/OL].[2015-03-31]. http://www.founderinternational.com/PublicInformation/index.htm.

④ 张文宏,雷开春.城市新移民社会融合的结构、现状与影响因素分析[J].社会学研究,2008(5):117-141,244-245.

个别的、具体的社区信息服务采取标准化、格式化的发展策略,忽视城市内部社区间的差异,忽略社区内居民对信息服务的期望,致使现有的社区服务面临"空壳化""真空化"等处境;市民,尤其是新市民的信息问题,悬而未决。与此同时,信息呈指数级增长,新市民因其自身能力的有限以及所处群体的劣势,在融入城市生活过程中面临成为"信息边缘人"的困境,在市民角色转换中面临"信息贫困""数字鸿沟"的难题;推及开来,新市民社区面临在城市中成为或濒临成为"信息孤岛""城中村"的危机。

任远[①]指出"落实以人为核心的城市化需要解构城市化,回归到人的需求的多样性,回归到人的利益和权利的多样性,来实现人的利益和需求的发展"。从新市民视角出发,实现新市民信息需求与社区供给的信息资源的无缝对接,是新市民社区信息服务开展的根本目标。然而,与现实中的迫切需求相悖的是,目前与新市民社区信息服务相关的研究较为缺乏,与社区信息服务平台相关的研究更是少之又少。基于此,从微观层面看,对新市民社区信息服务平台如何建设进行研究是必要而迫切的。

6.2 新市民信息服务平台建设方案

在新型城镇化持续推进、智慧服务进一步深入的时代背景下,融合数字化资源、智能化技术、网络化传播、泛在化服务的新市民信息服务,成为题中之义,新市民信息服务平台建设在新型城镇化发展中的重要性日益凸显:一方面,新市民信息服务平台对于实现创新发展、协调发展、绿色发展、共享发展的新发展理念,满足新市民的信息需求、培育新市民的信息素养、促进新型城镇化健康发展将发挥无可替代的引导和助推作用;另一方面,新市民信息服务平台与新型城镇化建设的质量息息相关,在加快形成政府主导、覆盖城乡、可持续发展的基本服务体系,推进城乡基本公共服务均等化,实现城乡一体化的历史进程中起着不可替代的作用。新市民信息服务平台建设方案的设计是开展新市民信息服务平台建设整体工作的第一步,是体现设计

---

① 任远.新型城镇化是以人为核心的城镇化[J].上海行政学院学报,2014(4):15-16.

者思路与意图的创意过程,是决定后期平台设计与运行过程的关键问题。[①]

新市民信息服务平台建设方案的设计对于新市民信息服务平台建设具有重要意义。(1)有利于减少平台建设中的失误。通过设计方案,提升平台建设的前瞻性,预计未来可能发生的变化,从而制定适应变化的最佳方案,规避平台建设中的潜在风险。(2)有利于明确平台建设目标。制定平台建设目标为各个平台建设主体指明了组织发展方向,可以使平台建设行动对准既定目标,减少资源浪费和人力损耗。(3)有利于提高平台治理效益。方案为平台建设提供了应坚持的基本原则,这些原则为平台建设活动提供了参考标准和依据。总体而言,新市民信息服务平台建设方案包括三个部分:建设目标、建设原则与总体架构。

6.2.1 建设目标

新市民信息服务平台以新市民信息服务机构的诉求为核心,依托移动互联网、大数据、云计算等技术架构,在不影响新型城镇既有应用架构的前提下,采用云服务的方式,聚合新型城镇中各种政务信息服务资源、社会公共信息服务资源以及市场专业信息服务资源,并基于"实名制"的信息聚合,通过对网页、手机、移动终端、自动终端、服务热线和政务大厅等多渠道的融合,为新市民提供全生命周期的信息服务,构建全面的、系统的新市民信息服务体系,为新市民打造一个安全、可信、便捷、实用的信息服务环境。

6.2.2 建设原则

新市民信息服务平台是一个庞大复杂的集成体,其组织建设要有章可循,其运营发展要有法可依。新市民信息服务平台在建设中应坚持以下六个基本原则,以保证平台发展方向的稳定和平台建设的可持续性。

一是坚持统筹规划原则。这一原则主要体现在三个方面:平台建设要重视顶层设计,注重统分结合,完善各级平台以及各区域平台间的统筹协调;平台建设要强化标准规范,推进服务事项、办事流程、数据交换等方面标准化建设;平台建设要充分利用各地区各部门已建信息服务平台,整合各类

[①] 杨谦.浅议规划方案设计的重要性[J].中小企业管理与科技(上旬刊),2014(10):153-154.

信息服务资源,协同共建、整体联动,不断提升建设集约化、管理规范化、服务便利化水平。

二是坚持以人为本原则。这一原则具体表现为四个方面:新市民信息服务平台初始构建及后续迭代更新,要以人的需求为依据;平台服务要以人的需求满足和全面发展为宗旨;平台界面和设施设置要将人性化理念渗透其中;平台效益评估要重视民众的反馈与评价。

三是坚持以服务为导向原则。新型城镇化背景下,服务的效果和质量是考量平台功能及效益的关键性指标,公众及社会组织对平台服务的好评将成为平台得以持续运营的原动力。在为新市民提供更好的信息服务的同时,满足在新型城镇中生活的老居民,是新市民信息服务平台建设的起点和归宿所在。

四是坚持可持续发展原则。一方面,新市民信息服务平台建设中信息资源在实时更新、动态变换,新技术不断涌现,这就要求平台能及时响应、嵌入新的技术,并长期可持续地"成长";另一方面,新型城镇化发展尚在快速上升的阶段,平台建设主体和面向对象的队伍在壮大,只有本着可持续发展的理念将平台建设为一个生长体,才能确保平台的长期有效运转,保证各项功能的充分发挥。

五是坚持优化流程原则。新市民信息服务平台建设过程中要梳理新市民办事的"难点""堵点""痛点",聚焦需要反复跑、窗口排队长的事项和"进多站跑多网"等问题,充分运用互联网和信息化发展成果,优化新市民信息服务流程,创新服务方式,强化新市民信息服务平台功能,不断提升用户体验,推动新市民信息服务更加便利高效,切实提升新市民的获得感、满意度。

六是坚持协同共享原则。新市民信息服务平台建设要推动线上线下深度融合,充分发挥新型城镇公共信息服务平台的公共入口、公共通道、公共支撑作用,以数据共享为核心,不断提升跨地区、跨层级的服务协同能力,推动面向新市民各类信息服务资源的共建共享。

6.2.3　总体架构

新市民信息服务平台由新型城镇公共信息服务平台与新市民社区信息服务平台组成。新型城镇公共信息服务平台是新市民信息服务平台的总枢纽,各个新市民社区信息服务平台是新市民信息服务平台的具体办事服务平台。

（一）新型城镇公共信息服务平台

新型城镇公共信息服务平台是以政府主导和引导建设，多元主体参与，集成整合政府、企业、市场、科研机构等多方面资源，以灵活多样的形式向全社会和公众供应权威和有效信息服务的开放、综合、统一的跨系统、跨组织、跨领域、结构层次清晰的城镇信息集散中心和基础服务窗口。

新型城镇公共信息服务平台作为新型城镇一体化公共信息服务平台的总枢纽，需要具有独立的服务界面和访问入口，不仅要联通城镇内各种新市民相关部门政务服务平台，还需与新市民社区信息服务平台互通互联，实现新市民信息服务数据汇聚共享和业务协同。

（二）新市民社区信息服务平台

新市民社区信息服务平台作为社区信息化的基础性保障，由社区图书馆信息服务衍生而来，既是交通信息、医疗信息、天气预报、就业信息、政策精神等方方面面信息扩散的综合性信息集散地，又是社区信息能力培养和扶助中心。

新市民社区信息服务平台应按照城镇统筹原则建设，遵循新型城镇公共信息服务平台统一标准规范及相关要求，在整合本社区各类办事服务基础上，建成与新型城镇公共信息服务平台互通互联、协同联动的新市民信息服务门户，办理区域范围内各种服务业务，并开展个性化、有特色的服务，实现新市民信息服务全覆盖。

6.3 新型城镇化进程中公共信息服务平台建设

新城镇的公共信息服务平台建设是新型城镇化背景下新市民信息服务发展的重中之重。公共信息服务平台作为新型城镇化建设的"重镇"，不仅是提供公共信息服务的基础设施，还是公共文化服务体系的关键一环，是经济发展新常态的信息保障，是国家治理现代化的巨大引擎。但是，当前我国城镇公共信息服务平台多是按照系统进行建设，存在部门、行业间的自我封闭、条块分割的问题,信息服务手段较差,信息收集渠道较为有限[1],真正具有普遍意义的公共信息服务平台仍处于规划阶段[2]。与此同时,新型城镇化的推进不仅加速了平台建设的紧迫性,还对平台建设工作提出了新挑战和新要求。平台面向对象更具综合复杂性,要求平台服务具备基础易用性、平台资源建设具备立体辐射性、平台载体具备虚实结合性。此外,一些基础性问题亟待解决,如新型城镇化背景下,公共信息服务平台的内容结构发生了哪些变化?如何调动更多信息主体参与平台建设、激励平台服务创新,以实现公共信息服务平台与新型城镇化的深度融合?怎样搭建平台的整体架构,以实现平台横纵贯通、效益最大化?平台的具体运行机制又是怎样一种模式?对这些基础性问题避而不谈,将会为后续的实践工作埋下潜在的发展障碍。因此,对这些问题的深入研究显得尤为关键。基于此,本节从新型城镇化背景下公共信息服务平台的概念界定出发,基于矩阵结构模型,构建了城镇公共信息服务平台的结构模型,解析了平台构建内容、结构框架及各部分细分要素,紧接着构建了新型城镇化进程中公共信息服务平台整体架构,对平台模块的细分要素与相互间关系做了详细阐释,并从用户使用视角和平台管理视角对平台的具体运行机制进行剖析,分析影响平台运行的主要因素,进而进一步指出新型城镇公共信息服务平台的构建策略:明确定位、把握原则、创新治理机制等。

6.3.1 概念界定

新型城镇化突显"人本位"要义,核心在于人的城镇化,是户籍城镇化、土地城镇化、观念城镇化与心理城镇化的集成体,是物质形态与意识形态全方位的统一过程[3],强调城镇化与市民化同步发展。新型城镇化背景下,公共信息服务平台是以政府主导和引导相结合,以城镇各部门及公众生产生活所产生或衍生的数字资源为依托,向社会全体成员提供各种公共信息服务的公共文化基础设施。相较于传统情境,将公共信息服务平台定位于电

---

[1] 雷晓庆,李春娇.基于新型城镇化的公共信息服务体系构建[J].图书馆学研究,2015(3):71-75.
[2] 周萍,陈雅.我国公共信息服务平台构建策略研究[J].图书馆学研究,2014(16):75-78,54.
[3] 刘群.新型城镇化背景下公共图书馆的服务策略[J].图书情报工作,2014(13):51-55.

子政务框架或某一专门领域的一部分,新型城镇化背景下的公共信息服务平台在内涵与外延上均有进一步延伸,具体体现为以下四个方面。

第一,新型城镇化背景下,公共信息服务平台是政府(包括其职能部门)、企业、第三部门(如公共图书馆和档案馆),以及社会公益组织向社会及公众提供科教文卫信息、政府政策法规与文件精神、日常生活娱乐信息、城镇动态信息等各种以公共信息资源为主体的数字资源的一体化服务窗口。

第二,新型城镇化进程中,公共信息服务平台是以上部门或社会组织提供公共信息服务的技术结构、组织结构、形式结构、体系结构、逻辑结构、标准规范等要素的有机集成体,是新城镇的综合性信息中心。

第三,新型城镇化背景下的公共信息服务平台,既是城镇居民信息获取的重要渠道和话语权表达的有效平台,又是加快城镇电子政务、网商经济、在线教育、数字文化等领域发展速度的助推器,其建设发展将全面提升城镇的信息传播速率和社会文明水平,增强城镇的核心竞争力,加速实现城乡居民信息一体化。

第四,从发展趋势上看,随着新型城镇化进程的推进,公共信息服务平台在实际运营中将有更多的公众及社会力量参与,共建共享规模将进一步扩大延展,并逐步衍生成为一个国家或地区各项工作发展状况的"晴雨表",政府、企业、社区、科研机构等相互交流的"互动空间",以及新老市民互相了解和融合的有效渠道。

6.3.2 结构

(一)矩阵式的平台结构模型

矩阵是线性代数中的基本概念之一。一个 i×j 的矩阵就是将 i×j 个数排成一个 i 行 j 列的数阵,并用圆括号将其两侧括起来,数阵中的每个数被叫作矩阵的元素。[1] 由于它能将众多数据紧凑集中,因此在一定情况下可以将一些复杂的模型简便表达。[2]

---

[1] 吴志红,朱榕,王一华.基于矩阵模型的区域集群式信息服务体系架构研究[J].大学图书馆学报,2011(5):50-54.

[2] 矩阵.[EB/OL].[2015-03-17]. http://baike.baidu.com/link? url = SCsxRMU7jS5HJ0YIBZaHrBnEcVR0JFSZn34kaRYja3KR8spPVS-3vkElgd-Gn1DbE_iU8KwrE-Cb2Q9SHRrHZa.

新型城镇化背景下,公共信息服务平台的矩阵结构模型即在 i 行(横行)上实现 i 模块内部各元素的横向整合,形成具有鲁棒性和自组织特性,并能够分布式协作的群集系统;在 j 列(竖列)上实现系统、技术、服务、功能、资源、行为主体等各个模块的纵向集成、交互响应;每个矩阵交叉点通过点对点协作,激发各个集成元素的个体智能行为,实现集成元素群集系统的群体智能,发挥平台的立体辐射作用。

将数学中的矩阵结构模型与群集智能理论引入公共信息服务平台的模型构建中,不仅有助于从多个视角对平台建设问题进行分析,探索构建工作中的核心,还兼具以下作用:首先,在组织结构层面,形成横向整合—纵向贯通—立体辐射的平台结构,构建了跨系统、跨部门、跨学科、跨组织、分布协作的空间矩阵,体现平台模型中模块内部的横向协同关系和模块间的纵向集成关系;其次,在信息保障层面,可以实现信息人、信息资源、信息技术、信息标准、信息管理等多方面的交叉复现和无缝链接,形成全方位、多层次、稳定的平台信息保障力;最后,在运行机制层面,众多具备自治性的矩阵交叉点通过分布式的竞争与合作机制,将实现平台在宏观上各子平台、各模块间的协同,中观上技术的协同,以及微观上具体服务、功能、参与主体行为的协同,进而推动平台有序运转,协调发展。

(二)平台结构模型的构建

假设以 X 表示城镇公共信息服务平台的结构模型,X_{ij} 为平台矩阵结构模型中第 i 行、第 j 列的具体元素,平台(用 X 表示)的构成可具体分为以下 6 个主要模块:

X_{1j} 表示系统模块:X_{11} = 界面操作系统,X_{12} = 管理系统,X_{13} = 服务系统,X_{14} = 网络系统,X_{15} = 人力资源保障系统。

X_{2j} 表示技术模块:X_{21} = 应用技术,X_{22} = 技术标准,X_{23} = 技术环境,X_{24} = 基础设施,X_{25} = 用户终端。

X_{3j} 表示服务模块:X_{31} = 数据服务,X_{32} = 信息服务,X_{33} = 知识服务。

X_{4j} 表示功能模块:X_{41} = 基础服务功能,X_{42} = 深入服务功能,X_{43} = 统计分析功能,X_{44} = 决策功能,X_{45} = 管理功能,X_{46} = 信息社区功能。

X_{5j} 表示资源模块:X_{51} = 私人资源,X_{52} = 公共资源,X_{53} = 企业资源,X_{54} = 科研资源。

X_{6j} 表示行为主体模块：X_{61} = 用户，X_{62} = 技术人员，X_{63} = 管理人员，X_{64} = 规划部门，X_{65} = 调查小组。

上述矩阵结构元素可用矩阵式概括表示为：

$$X_{ij} = \begin{pmatrix} X_{1j} \\ X_{2j} \\ X_{3j} \\ X_{4j} \\ X_{5j} \\ X_{6j} \end{pmatrix} = \begin{pmatrix} X_{11} & X_{12} & X_{13} & X_{14} & X_{15} & 0 \\ X_{21} & X_{22} & X_{23} & X_{24} & X_{25} & 0 \\ X_{31} & X_{32} & X_{33} & 0 & 0 & 0 \\ X_{41} & X_{42} & X_{43} & X_{44} & X_{45} & X_{46} \\ X_{51} & X_{52} & X_{53} & X_{54} & 0 & 0 \\ X_{61} & X_{62} & X_{63} & X_{64} & X_{65} & 0 \end{pmatrix}$$

即基于新型城镇化的公共信息服务平台 =

$$\begin{pmatrix} 界面操作系统 & 管理系统 & 服务系统 & 网络系统 & 人力资源保障系统 & \\ 应用技术 & 技术标准 & 技术环境 & 基础设施 & 用户终端 & \\ 数据服务 & 信息服务 & 知识服务 & & & \\ 基础服务功能 & 深入服务功能 & 统计分析功能 & 决策功能 & 管理功能 & 信息社区功能 \\ 私人资源 & 公共资源 & 企业资源 & 科研资源 & & \\ 用户 & 技术人员 & 管理人员 & 规划部门 & 调查小组 & \end{pmatrix}$$

(三) 平台矩阵结构模型的细分要素

新型城镇化背景下，矩阵式城镇公共信息服务平台的构成模块中各元素具体细分要素如下。

(1) 平台系统模块的内在机理

系统模块中，界面操作系统即平台与用户的接入界面，是平台与用户互动的基本保障系统，其友好性、易用性水平将直接影响平台效能发挥的程度；管理系统是平台构建、运行、维护、更新、迭代等工作能稳定完成的关键；服务系统是平台效益实现的主要支持力量，其好坏关系整个平台效能实现程度的高低；网络系统是平台提供泛在服务的网络保障；平台建设既涉及内部工作人员的管理问题，还包含对用户进行技术能力培训，以提升用户使用平台能力的问题，而这些都与平台人力资源保障系统密不可分。

(2) 平台技术模块的内部构成

技术模块中，应用技术是支撑平台建设和发展的技术支持力量，是人机交互技术、云计算技术、web2.0 技术等新一代技术与传统技术的综合集成；技术标准又可细分为信息组织标准、信息技术标准、元数据标准、硬件软件标准、互操作标准等规范体系；技术环境主要指平台所依附的泛在网络环境、移动服务环境和IPv6协议等；基础设施可进一步细分为硬件基础设施和软件基础设施；用户终端包括计算机终端和移动客户终端等。

（3）平台服务模块的基本结构

服务模块中，可根据服务深度分为数据服务、信息服务、知识服务三个单元。其中，数据服务是平台的最基础的服务，投入小、范围广、规模大，主要用以满足平台用户日常生活中最基本的需求，如天气预报查询、政府新闻浏览等；信息服务是对数据进行初步整合组织，并对数据间的关联进行有效揭示后所形成的简单粗糙的增值服务，主要用以查询线索；知识服务是平台的高级服务，面向对象范围窄、知识含量高、投入成本大，主要为有较高服务需求的高知用户提供系统、全面、复合、有偿的增值服务。

（4）平台功能模块的要素细分

功能模块中，基础服务功能可细分为查询共享功能和参考咨询功能；深入服务功能是基础服务功能的延伸，包括相关订阅功能、信息推送功能、用户自组织功能等深层次的平台功能；统计分析功能主要是对平台日常运营数据及用户行为进行统计分析，并形成系统的报告以供查询；决策功能的面向对象主要为政府部门和企业部门，帮助政府和企业了解用户需求，把握城镇"脉搏"，助推其做出合理决策和正确规划；管理功能既包括平台构建主体，即政府对平台整体建设发展的宏观调控和更新维护，又包括平台个人空间中用户对个人信息的管理；信息社区是围绕个人获得和使用信息的需求而形成[1]的虚拟社区，信息社区功能即通过平台将具有共同需求的个体聚合到某一虚拟空间，凭借用户间的协同交互行为促进用户间资源的互利共享，激发用户隐性知识的显性化，丰富平台的资源储备量。

（5）平台资源模块的具体成分

资源模块中，私人资源主要为个人博客日志、贴吧论坛帖子等个人公开信息资源；公共资源包括各种形式的网络资源、多媒体资源、数字化的传统文献资源等；企业资源多指企业自建的特色数据库资源和外购的数据库资

---

[1] FISHER K E, UNRUH K T, DURRANCE J C. Information communities: Characteristics gleaned from studies of three online networks[J]. *Proceedings of the Association for Information Science and Technology*, 2003, 40(1): 298-305.

源；科研资源包括高校和科研机构原有馆藏、后续自主开发建设的特色资源以及自购或联合外购的数据库资源。

(6) 平台行为主体模块的构建重点

行为主体模块中，不仅包含平台的面向对象——用户，还包含平台从初始规划到建设、运营、维护等过程中涉及的规划部门、技术人员、管理人员、调查小组等方方面面的利益相关者。其中，规划部门和调查小组是平台行为主体模块构建的关键所在。规划部门是对平台进行宏观调控的专管部门，致力于平台初期建设规划的修订、保障制度的设立、运行机制的完善等相关工作；调查小组致力于面向平台用户的调查工作，周期性地深入平台用户群体中，征询用户诉求，调查平台效能水平和有待完善之处。

6.3.3 整体架构

（一）整体架构

新型城镇化进程中的公共信息服务平台基本内容包括管理模块、资源模块、技术模块、功能模块和用户模块五个部分，每一模块具体内容见图6.1。

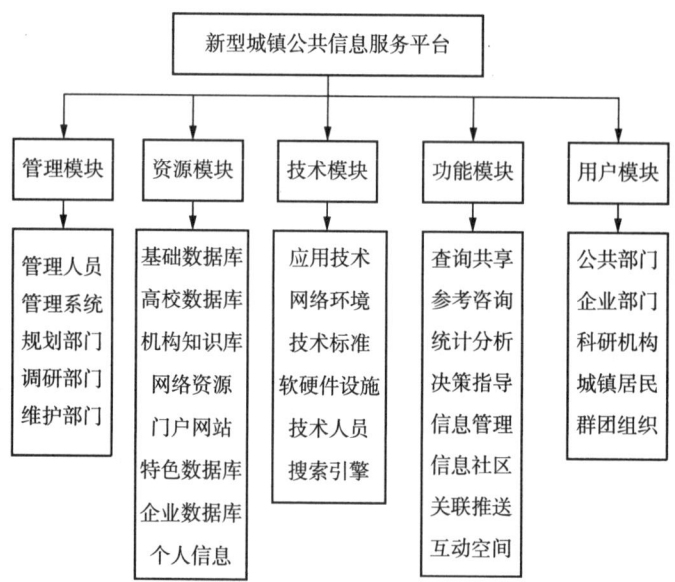

图6.1 新型城镇化进程中公共信息服务平台内容结构模型图

与之相呼应,平台整体架构主要由管理模块、功能模块、技术模块、资源模块和用户模块这5层构成(见图6.2),并呈现横向协同整合、纵向集成贯

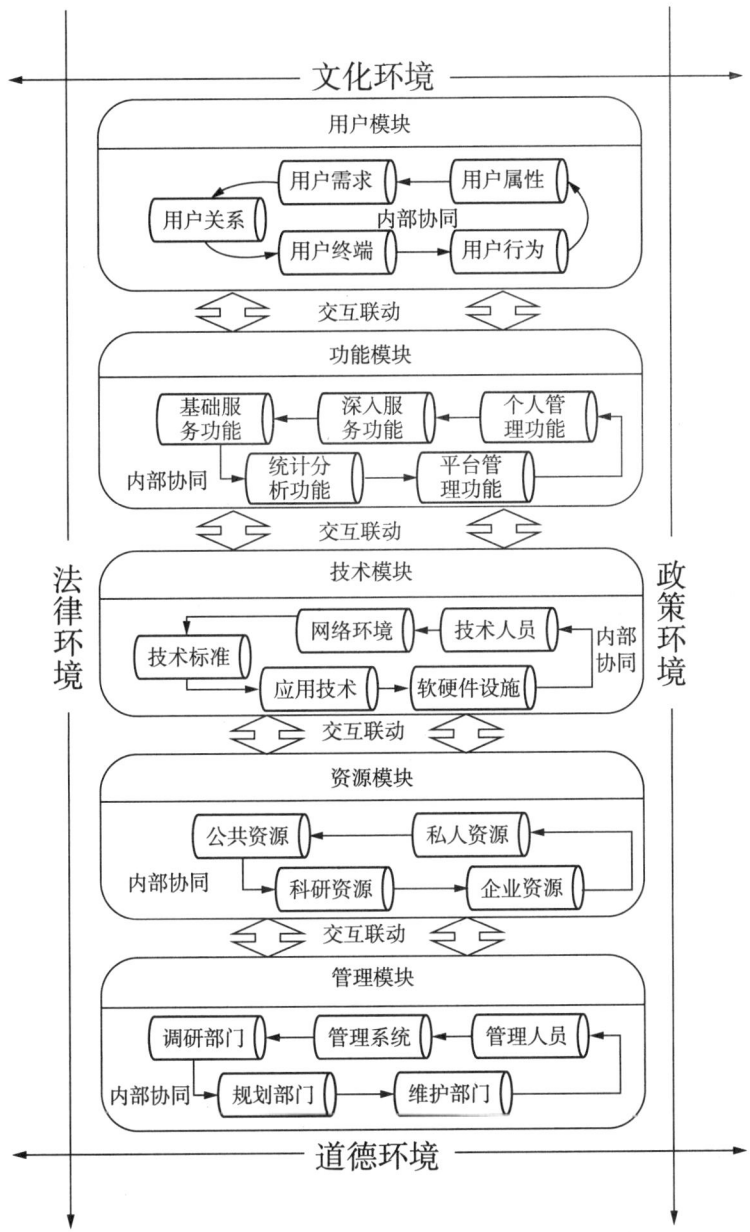

图6.2 新型城镇化进程中公共信息服务平台整体架构图

通的整体特征,即横向上实现模块内部各元素的协同整合,形成具有鲁棒性和自组织特性并能够分布式协作的群集系统;竖向上实现管理、资源、技术、功能、用户等模块的纵向集成、交互响应。明晰平台整体架构是解决不同模块间关系问题和阐释具体模块功能与定位问题的必然要求。

(二)整体架构内部模块细分

(1)用户模块是平台的前端

用户模块位于平台整体架构最顶层,具体又可细分为用户属性、用户关系、用户行为、用户需求、用户终端。用户属性即用户的自然特征和基本社会属性,如所属部门、学历、性别、户籍等;用户关系与用户行为是一对共生的概念,一方面用户关系影响着用户行为,另一方面用户间的协同或互斥行为又会反作用于用户关系;用户需求不仅包含用户使用平台的动机,还包含用户对信息资源的具体要求;用户终端即用户访问平台、获取服务的媒介,如计算机终端、移动客户端等。此外,用户模块是平台架构中最活跃的模块,一方面与功能层紧密相连、交互联动,另一方面其内部协同活动频繁,包括政府及相关部门、企业、高校及科研机构、群团组织、城镇居民在内[①]的不同用户群体间的行为协同,会刺激相应的用户特征和用户需求转换,驱动平台功能的迭代更新与研发。

(2)功能模块是平台的运行核心

平台功能的发挥水平是平台效益考量的关键性指标,平台功能缺位或功能架空无异于将平台其他模块建设变为摆设。平台功能模块的划分可归纳为服务功能和管理功能两个单元。其中服务功能又可细分为基础服务功能(如查询共享)、深入服务功能(如关联推送)、统计分析功能等;管理功能可进一步细分为平台对用户信息的管理功能(如平台对用户使用痕迹整合,进行云存储,以供后续决策)、用户对自身信息的管理(如用户对个人信息空间 iplatform 的管理)。

(3)技术模块是平台的技术支撑

技术模块包括应用技术、技术环境和技术支持。在应用技术方面,平台

---

① 雷晓庆,李春娇.基于新型城镇化的公共信息服务体系构建[J].图书馆学研究,2015(3):71-75.

的构建要综合新旧技术,同步集成运用多种技术,如人机交互技术、中间件技术、智能识别技术、关联技术等,这些应用技术的综合投入将为平台功能的平稳发挥提供技术保障,并合力驱动平台功能的创新;在技术环境方面,平台建设要面对内部标准环境和外部网络环境两方面,内部标准环境主要包括信息组织标准、信息技术标准、元数据标准、硬件软件标准、互操作标准等,外部网络环境主要为平台所依附的泛在网络环境、移动服务环境和IPv6协议;在技术支持方面,技术人员的作用至关重要,不仅体现在对平台整体运行的维护和设置上,还体现在平台功能的开发、更新以及平台迭代的完成上。

(4) 资源模块是平台的资源保障

资源模块是公共信息服务平台建设的基础支撑部分。一方面,用户忠诚度培养、平台功能发挥、平台技术价值实现,均有赖于资源建设的好坏;另一方面,资源模块是平台数据仓储层,既包含原始数据资源和经过一定程度组织揭示的低值信息资源,也包括深度挖掘和关联揭示的增值知识资源。

(5) 管理模块是平台的基础

管理模块的本质作用在于对整个平台的宏观调控。平台建设中需通过管理模块的宏观调控力量,来权衡市场在资源配置中基础作用与坚持平台整体属性(即公共信息服务平台是公共性和公益性服务机构)二者之间的关系。否则,单纯依靠市场作用往往会使平台这两种基本属性缺位。同时,管理层还兼有规划部门和调研小组,二者的存在为平台整体发展方向定位和用户需求征询解决提供了有力保障。

6.3.4 运作机制

根据《辞海》解释,"运行"一词有三种含义:一是周而复始地运转;二是犹活动;三是世运、命运。① "机制"意为事物或系统为实现具体功能、发挥作用,其内部各因素间相互作用和协调运行的原理、方式与过程。② 因此,运行机制可以理解为在有规律的人类社会运动中,影响该运动的各因素的结构

---

① 在线辞海.[EB/OL].[2015-03-30]. http://cihai.supfree.net/two.asp?id=173505.
② 张序,张霞.机制:一个亟待厘清的概念[J].理论与改革,2015(2):13-15.

与关系,以及这些因素产生影响和发挥功能的作用过程、作用原理及其运行方式。基于此,我们可将新型城镇化进程中公共信息服务平台的运行机制归纳为平台的具体运行流程和影响平台运行的因素两部分。

(一)平台的具体运行流程

在平台总体框架中,用户模块与管理模块既是平台构建的行为主体模块,又是影响平台运作机制最主要的因素和驱动平台发展的源动力。为方便展示和理解平台具体运作机制,下文将从平台用户使用视角和平台管理视角两条主线,分别对平台的具体运作机制进行阐释。但要注意的是,在实际运行中,两条主线并非分而治之,而是实时同步运行、互动联通、协同运作,共同构成一个可闭合的、完整的、循环往复的信息服务链条,达成平台整体信息生态环境的平衡和可持续发展。

(1)基于用户使用视角的平台运行机制

新型城镇化是人的城镇化,坚持以人本理念作为核心思想,须将人性化和立体化理念渗透到平台服务的每个环节。同时,新城镇组成人口的综合性直接决定了公共信息服务平台用户成分的复杂性,服务对象知识层次参差不齐,这对平台功能的智能化与易操作性提出了更高的要求。基于此,从用户使用视角出发的平台运作流程见图6.3。

① 用户登录平台后,根据是否具有相关操作经验进入新手视频导学或向导式服务环节,这一环节主要是为了增加平台易用性,降低平台对技术知识水平较低用户的使用难度,体现平台的教育功能。

② 进入向导式服务后,用户可根据自身需要,按照向导提示,选择性进入分类浏览、信息查询、划词检索或个人空间管理的使用界面。

③ 用户经过筛选、检索或管理信息等操作,将得到一定的信息反馈,并自主对所得信息进行处理,判定是否满足自身需求,若满足需求则退出平台;若不满足,则进入下一环节。

④ 当所得信息不满足用户需求时,用户可对不满足原因进行预判,若衍生了新需求,则直接返回平台向导式服务,根据向导提示改变操作策略,重新进行操作;若存在疑问,则可直接进入在线咨询界面。

⑤ 进入在线咨询界面后,用户可进一步根据自身具体情况选择 FAQ

服务、专业人员咨询服务或信息社区服务。其中信息社区服务类似于网络知识社区"知乎"的在线问答功能,主要是依靠用户参与而自发组成的在线咨询路径,具有同样疑问的用户可通过在线交互共享的协同行为,探索问题的解决方案。

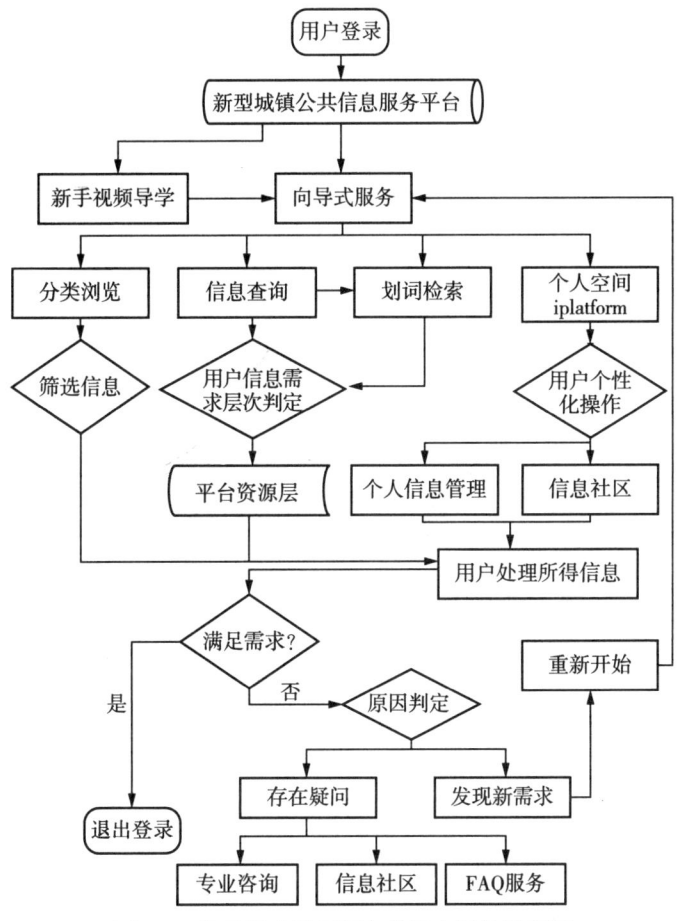

图6.3 基于用户使用视角的平台运作流程图

(2) 基于平台管理视角的平台运行机制

平台管理是平台行为主体的另一个有机成分,与用户使用相对应。平台的长效运行与良性发展必须有成熟的平台管理做保障,平台的管理需要技术、人员、系统等多种元素,合力完成。其中,云技术、语义网技术、大数据技术是平台管理的核心支持技术。从平台管理视角出发,平台运行机制可进一步细分为日常动态维护和定期迭代更新两部分,详见图6.4。

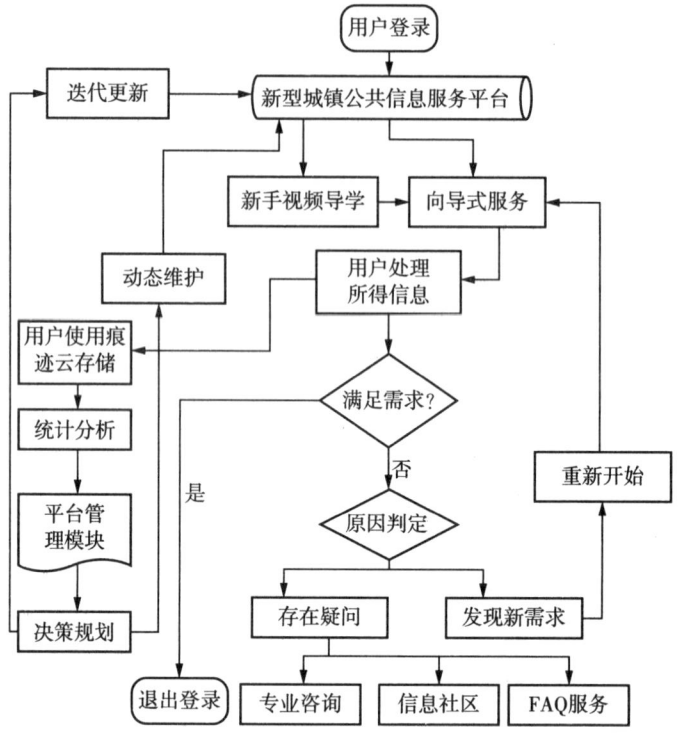

图6.4 基于平台管理视角的平台运作流程图

① 用户登录平台后操作行为和使用痕迹通过传感器网络系统和服务系统运营监控设备实时采集,并基于云在线存储到云平台的用户信息数据库。

② 平台管理系统自动定期对用户信息数据库进行噪声过滤、数据整合、信息挖掘、价值提取,进而形成相应报告,反馈到平台的管理模块,与模块内部调研小组周期性深入用户内部调研形成的报告信息交叉验证。

③ 平台管理人员在对平台内外交叉验证信息整合之后,形成平台迭代更新总的规划方案和日常动态维护的行动指南。

（二）平台运行中的影响因素

平台在运行过程中,必然受到各种因素的影响和制约,这些因素对平台效能发挥和运行速率提升将产生至关重要的作用。根据上文对平台内容结构和整体架构的分析,可将平台的影响因素概括为3个维度:行为主体因素维度、环境因素维度和技术因素维度。如图6.5。

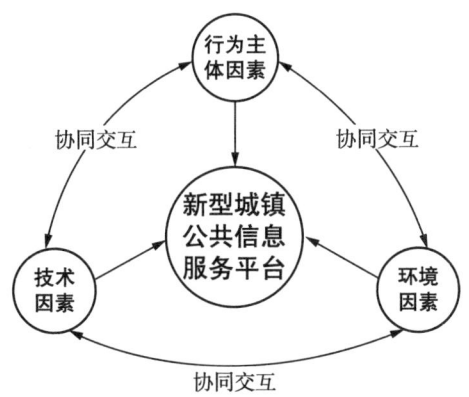

图6.5 新型城镇化进程中公共信息服务平台影响因素图

(1) 行为主体因素

新型城镇化的核心理念是"人的城镇化",获得公共服务是人的基本权益实现的重要形式。人即发生行为的主体,基于新型城镇化的公共信息服务平台建设中,行为主体包括平台用户群体和平台管理群体两部分,任一群体的变化都会对平台的整体运行产生巨大影响。其中,用户群体是平台所有影响因素中最重要的因素。一方面,随着新型城镇化进程的推进,人口数量规模在不断扩大,人口内部复杂性加剧,信息需求层次综合性加强;另一方面,众包与众筹理念在各个领域的扩大传播、用户参与机制日趋完善、下一代信息技术的出现,将推动用户成为平台建设的重要力量,兼具信息服务消费者、生产者和管理者多重身份。

(2) 技术因素

平台在实际运行中,会受到行为主体因素的影响,其功能发挥和信息服务内容的提供需要配套的物理基础设施、技术培训服务、平台支持技术、技术标准的支持。人机交互技术、云计算技术、语义网技术、智能识别技术是影响公共信息服务平台构建的核心技术。其中,智能识别技术又包括视频识别技术RFID、条码识别技术,以及传感识别、视频识别和无线定位测量技术。[①]

[①] 王晰巍,王维,李连子.智慧城市演进发展及信息服务平台构建研究[J].图书情报工作,2012 (23):141-146,134.

(3) 环境因素

任何一个事物都不是孤立存在的,平台的构建和运行需要环境的承载,也受到环境的制约。影响较为显著的环境因素主要包括道德环境因素、文化环境因素、政策环境因素和法律环境因素。其中,道德在资源配置中起基础性作用,对平台的整体资源建设具有导向作用,而政策法律因素作为政府宏观调控的基本手段,可以对平台建设中市场作用下的不当行为进行规避和约束,为平台的稳定运行提供支持。同时,文化环境将影响用户对平台的认可度和忠诚度,平台运行效益的发挥在很大程度上要依赖用户参与来考核,若建而无用,平台就失去了存在的意义。

(4) 三种因素协同交互作用对平台的影响

行为主体因素、技术因素、环境因素,并非交替性对平台产生影响,而是实时同步、交互协作对平台产生制约作用或推进作用。同时,三种影响因素也在动态变化、相互制衡、协同交互中对彼此产生作用,进而调整对平台的影响。如国家通过颁布政策鼓励信息基础设施建设,将推动城镇整体文化氛围的转变、城镇居民信息素养的提升,而城镇居民信息素养的提升又将促使平台的用户规模加大,要求平台增强承载力,在平台的资源、功能、管理模式保持不变的情况下,技术是提高平台承载力的首推力量,必然对技术因素具有正外部性,刺激平台支持技术的开发,而技术的更新迭代又将对平台的整体效能产生巨大推力。

6.3.5 建设策略

(一) 明确平台的定位

公共信息服务平台的建设是一项系统工程,找准平台定位和明晰平台边界是平台统筹规划中最为紧要的工作,这对于规避因前期规划失误或准备不充分而造成的后续人为工作障碍,具有重要意义。

新型城镇化进程中,公共信息服务平台的定位是面向全社会和公众的参考咨询平台、信息获取平台、社区交流平台、培训扶助平台以及生活服务平台,应兼具灵活性、可拓展性、基础性、公共性及易用性等基本属性。基于微观视角,平台建设的目标是培养城镇居民(原有市民与新市民)的信息意识,满足城镇居民的信息服务需求,缩小居民内部的社会距离(包括物质距离与文化距离),提高居民生活幸福指数,实现人的全面发展;基于宏观视角,平台建设的目标是加快城镇信息一体化建设,进而带动城乡信息一体化的实现,改善整个社会的文化生态,防范动态性公共危机爆发。

(二)创新平台治理机制

要应对新型城镇化进程中的新问题、新挑战,创新平台治理机制势在必行。平台治理机制的创新可具体表现为服务机制创新、资金投入机制创新、技术开发与保障机制创新、用户激励机制创新、信息安全保障机制创新和协作共享机制创新等多个层面。在此,仅对用户参与机制与服务收费机制进行重点剖析。

(1)引入用户参与机制

泛在网络环境下,用户是兼信息生产、信息加工与信息消费为一体的主要信息参与者,其信息活动融入信息生命周期的每一个阶段。当代创新理论认为,用户是典型的创新源。[1] 对此,以麻省理工学院艾瑞克·冯·西佩尔教授为代表的创新学者,经过长期深入多行业多领域的实证研究,充分验证了"用户是创新者"的观点。同时,已有的用户参与企业产品创新实践结果也表明,用户是创新能力的新源泉。因此,在平台治理机制创新中,引入用户参与机制、开发用户潜能、吸引用户成为推进平台功能开发和服务延展的新动力,具有重要建设意义。

根据 OCI(Opportunities for Consumer Involvement,用户参与机会)强弱程度,即用户对产品研发的影响力,可将用户参与方式分为三种:强形式(为用户提供创新工具箱,提高容错性,允许用户根据自身需求自主研发和创新)、弱形式(将用户的需求作为研发的源泉,将用户拉入研发团队,强调用户需求征询和反馈分析)和交互形式(通过开发者和用户群体中的高级用户的交互进行研发和创新)。[2] 基于新型城镇化的公共信息服务平台在用户激励机制创新中,引入并完善用户参与机制,可表现为三种方式的有机结

---

[1] 吴伟.企业产品创新过程中的用户参与机制研究[J].开发研究,2010(4):130-133.

[2] JEPPESEN L B. User toolkits for innovation: Consumers support each other[J]. *Journal of Product Innovation Management*,2005,22(4):347-362.

合。一是将用户的需求作为平台功能和服务开发的驱动力;二是为用户提供创新工具,为他们参与平台建设提供必备条件,为他们自主创新过程中反复试错和方案验证提供必备空间;三是重视采纳用户的概念模型或初步模型,并深化和开发模型。这样可以形成三位一体的用户参与机制,延展基于新型城镇化的公共信息服务平台的服务边界,充分开发新市民这一城市化进程中所衍生的人力资源增量,充实平台内容,增添平台建设新动力。

(2) 确立金字塔式服务收费机制

新型城镇化进程中,公共信息服务平台建设的成本—收益问题至关重要,牵动着全局发展,应给予高度重视。在一定程度上,信息服务的深度与信息资源的开发成本成正比,信息服务深度越大,信息资源开发所耗费的人力资本、物质资本和时间成本越高。在平台的实际运营中,若对所有信息服务进行免费供应,必然会产生巨大的成本,这些成本若都由政府来负担,势必造成服务增值乏力,只能提供基于全局考虑的低水平均等信息服务。因此,建立金字塔式服务收费机制是新型城镇化背景下公共信息服务平台建设的题中应有之义。

金字塔式服务收费机制即基于政府管放的理念,根据平台信息资源开发成本对服务进行分层,并依照不同层次的信息服务进行差异化管理,采取相应收费的制度,见图6.6。如前文分析,数据服务主要用以满足平台用户日常生活中最基本的需求,此类基础性公共信息服务应由政府投入建设,免费向公众提供;信息服务是对数据进行初步整合和组织后形成的简单增值服务,可采取"市场定价+政府补偿"的方式,低价向有相关需求的城镇居民提供;知识服务是平台的深度服务,面向对象范围窄、知识含量高、投入成本大,主要用以满足有较高服务需求的高知用户,对于此类服务应充分发挥市场在资源配置中的基础性作用,依据市场定价收费。简言之,就是免费提供基础性公共信息服务,对超出基础信息服务层面的额外服务,根据其增值程度和开发投入成本酌情收费。

建立金字塔式服务收费机制,从局部看,有助于满足不同服务需求层次用户的需求,推进信息服务增值活动的发展,吸引更多资源建设的利益相关者积极参与,激发信息服务深挖掘主体(尤其是企业、科研机构等)的开发潜力;从全局看,有助于政府将更多有效资金投入基础服务建设中,使城乡基础普惠服务的广度和深度进一步提升,满足不同服务需求层次用户的需求,规避"劫富济贫"式或"曲高和寡"式发展所带来的社会风险,实现社会包容和社会公平。

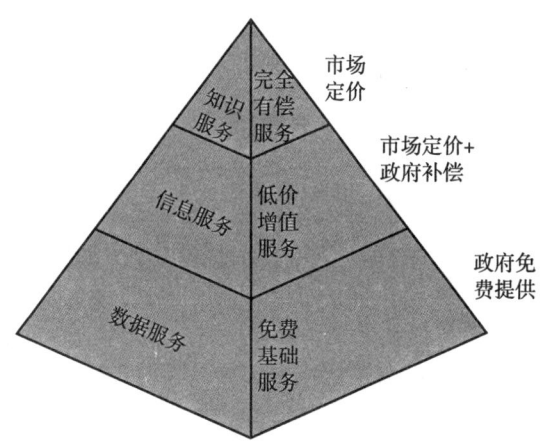

图 6.6　金字塔式服务收费机制模型

6.4　新市民社区信息服务平台建设

新市民又被称为新移民、半市民,是城市化进程中衍生出的一个新兴群体,具有流动性强、多重弱势、内部文化距离较大、身份获得与角色认同不同步等特征。新市民群体兼具特殊性与复杂性,面向新市民群体的社区信息服务平台需要从新市民的视角出发,加强针对性建设。正如学者任远[①]所言"落实以人为核心的城市化需要解构城市化,回归到人的需求的多样性,回归到人的利益和权利的多样性,来实现人的利益和需求的发展"。社区信息服务平台作为社区图书馆信息服务延伸与拓展的具体形式,需从新市民视角出发,并以实现新市民的信息需求与社区供给的信息资源的无缝对接为新市民社区信息平台构建的根本指向。本节在对新市民社区信息服务平台进行详细解析的基础上,指出新市民社区信息服务平台建设的必要性,并进一步对新市民社区信息服务平台构建对策进行探索与思考,即提出以下新

---

① 任远.新型城镇化是以人为核心的城镇化[J].上海行政学院学报,2014(4):15-16.

市民社区信息服务平台的构建对策:信息资源集群整合,协同管理;创新管理机制,完善相关保障制度;建立信息社区,开发个性化信息空间;重视平台内容差异性,因城制宜开发特色功能;以先进技术做支撑,建立规范的技术标准体系等。

6.4.1 解析

社区是社会基层自治的最基本组织形式。新市民社区简而言之就是以新市民为主体的社区[①],是新市民在城镇生活的聚集地。新市民社区具有四种属性:首先,新市民社区是新型城镇化建设中的基层管理单元,其发展动态牵动着整个社会的稳定;其次,因社区内居民具有流动性、复杂性、多重弱势等特性,相对于原市民社区而言,新市民社区的建设更为复杂和迫切;再次,新市民社区服务具有高消耗性、基础性、难测量性、滞后性(服务效益通常表现为内在影响,不会立竿见影,但一段时间之后,会显现其作用);最后,新市民社区内社会关系网络的"黏性"较弱,具体来讲,新市民市民化过程中,原有的生活结构被破坏[②],从"熟人社区"转向"陌生人社区",社区认同感和社区归属感丧失,人与人之间的关系由"血缘关系"转换到"社会关系",人际关系的黏着力在弱化,人与人之间的依附性降低。

新市民社区建设中面临三个难题:第一,要避免人口二元(农民和市民)结构矛盾向三元结构(农民、新市民和市民)矛盾转变;第二,要预防"农村社区"的出现,扶助和改造现有的"城中村",进而缩小社会距离;第三,要重建新市民社区中的社会网络,培养新市民的社区认同感和社区归属感。而这三个问题的解决方法中有一个共同的指向,即创新面向新市民的社区信息服务,通过信息的"黏着力"与"影响力"助推新市民融入社区,融入城市生活。

(一)概念界定

所谓新市民社区信息服务平台,是指为保障新市民公共文化权利、满足

---

① 林建鸿,郑明芬.论城市化进程中的新市民社区教育[J].福建农林大学学报(哲学社会科学版),2010(3):22-26.

② 文军."被市民化"及其问题——对城郊农民市民化的再反思[J].华东师范大学学报(哲学社会科学版),2012(4):7-11,152.

新市民信息获取需求,由地方政府和基层组织联合建设、多元主体参与、社会力量广泛支持的为新市民社区内所有居民提供信息服务及免费信息技能培训的社区基层服务中心。

(二) 构成要素

(1) 政府对整个平台的构建与发展工作进行组织和引导,是社区信息服务平台的资金投入主体;基层组织负责社区信息服务平台的日常管理与维护;公益组织、基金会等社会力量是平台建设和维护的辅助支撑;市场在平台的信息资源配置中发挥基础性作用。

(2) 社区信息服务平台主要由社区综合信息服务子平台、社区政务服务子平台、社区电子商务子平台等多个子平台组成,各个平台又可进一步细分为管理、人员、技术、用户等多个系统,平台之间、系统之间以及平台与系统之间广泛互联、协同运作,保障平台功能稳定实现供应与持续开发。

(3) 社区图书馆、社区图书室等是社区信息服务平台的重要组成部分,协助平台管理部门保障社区信息服务平台服务的持续性、有效性。同时,新市民社区信息服务平台与城市公共信息服务平台紧密相连、协同运作,为新市民提供全面的、公益性的信息服务。

(4) 社会公益性组织也是新市民社区信息服务平台建设中的重要参与主体,这些公益性组织通过公益创投项目或公益活动,将新市民社区信息服务平台的服务进一步延伸到新市民弱势群体之中,通过开展多种信息活动,激发新市民信息主体意识,调动新市民积极为社区信息服务平台建设献计献策,使平台的发展更加贴近新市民最真实的需求。

(三) 服务对象

新市民社区信息服务平台服务的对象是新市民,根本宗旨是保障他们便捷使用公共信息资源的权益和能力,使公共文化基础设施更有效使用,增强新市民对社区信息服务平台以及公共文化基础设施的认可度和参与度。

(四) 基本功能

新市民需求的满足、潜力的开发、能力的提升、参与机会的增加是平台功能实现的直接目标。新市民社区信息平台在功能建设中要坚持普遍性和特殊性结合的原则。既要考虑到当前社会公众信息需求呈现的新特征(全面综合性、集成高效性、互联交互性①),设立基础性的功能(查询共享功能、信息社区功能、信息推送功能与移动服务功能),又要考虑到新市民群体的特殊属性,有针对性地开发完善教育培训功能、就业指导功能、用户体验功能以及向导功能等。此外,平台建设还应重视对信息交互功能的开发,强化新市民显现出的自组织性、自媒体性,推动新市民从传统的信息消费者向兼具信息生产行为与信息消费行为的复合角色转变,形成信息主体意识。

6.4.2 建设的必要性

(一) 新市民社区信息服务平台建设现状

新市民作为城市的新生人口增量,面向新市民的信息服务已引起一定重视,很多城市开展了一系列针对新市民信息服务的工作,如杭州市的"新市民之家"、上海市的"新市民生活馆"、张家港市的"新市民事务中心"等,但当前的发展局限在于缺乏专门的信息服务媒介与系统的信息服务体系,针对新市民的信息服务多是附属于新市民公共卫生服务体系下的一个较小分支,同时多是针对技能水平较低、文化素养较差的新市民群体,而忽略了新市民群体中的另一个重要组成部分——"80后""90后"新生代农民工。相较于其他新市民而言,他们的文化素质更高、信息意识更强,对于信息、知识、文化的需求更加迫切,具有较强的时代性、发展性、双重性与边缘性的独特群体特征。②

与此同时,当前社区信息服务平台的建设往往以城市发展的整体态势为基准,对个别和具体的社区信息平台采取标准化、格式化的建构策略,忽视城市内部社区间的差异,忽略社区内居民对信息平台的期望,因而往往使现有的社区平台陷入"空壳化""真空化"的处境,新市民的信息问题悬而未决。

(二) 新市民社区信息服务平台构建的现实意义

社区信息服务平台面向基层、深入社区、承上启下,其建设不仅有助于

---

① 肖希明,唐义.公共数字文化资源整合动力机制研究[J].图书馆建设,2014(7):1-5.
② 郭韫丽,吴青林,王小雄.保障新生代农民工信息权益视角下的高校图书馆信息服务[J].图书馆工作与研究,2015(2):74-76.

社会文化的发展,同时对城市的稳定、医疗卫生、电子政务等方面大有裨益。从宏观上看,社区信息平台的构建是一个服务问题,更是一个政治问题,关系国计民生、社会安定。从微观上看,新市民社区信息服务平台的构建具有如下意义。

(1) 有利于新市民文化权益的实现

农民群体或农转非群体普遍缺乏能动性和自主性,文化主体意识淡薄,进而缺乏文化权益的主动权。① 新市民群体由农民群体或农转非群体转换而成,难免保持原有思维惯性和价值观。而社区信息服务平台深入基层,为新市民发挥能动性和自主性提供了广阔的活动空间和良好的信息环境,为新市民文化权益的实现提供了更多选择路径,其建设不仅有助于加强对新市民群体的人文关怀、丰富新市民精神文化生活、增强新市民文化主体意识、缩小市民间的信息贫富差距,还可以解决宏观公共文化服务体系中出现的体系末端不畅的问题,保障新市民文化权益的均等获得,实现社会信息公平,彰显社会包容。

(2) 为新市民提供表达话语权的平台

保障新市民话语权是新市民基本权益实现的前提条件。在人的城镇化发展进程中,建立健全新市民信息诉求表达机制,重视新市民群体话语权,避免其信息需求落空导致对城市文化排斥或抵触②是新市民社区建设的题中之义。新市民社区信息平台的构建将成为新市民信息需求的传达渠道、信息获取的有效途径和话语权表达的空间,让新市民的心声和需求被听见和满足。

(3) 提升新市民文化素质的重要形式

当前,新市民文化素质低的问题是阻碍新市民完成市民身份转变的一块顽石。其原因一方面是新市民自身往往存在着传统思想根深蒂固、技术能力弱等问题;另一方面是基层组织对新市民文化素质的提升工作缺乏热情、流于形式等问题严重。③ 构建新市民社区信息服务平台在一定程度上降

---

① 高洁.论人的文化权益与人的发展[D].济南:山东师范大学,2013.
② 蒋占峰,张栋.社会质量理论视阈下的农村和谐文化建设[J].理论探索,2011(5):91-93.
③ 赖宁,蒋飞云.新市民文化素质教育研究——以图书馆的教育职能为视角[J].图书馆工作与研究,2015(3):80-82.

低了信息准入门槛,让新市民拥有更多的机会参与平台的建设与监督,更加贴近新市民的诉求和生活,为新市民融入城市生活开通便捷通道,通过用户体验的方式让新市民享受市民待遇、融入市民生活,激发其文化归属感和身份认同感,成为提升新市民文化素质的重要形式。

(4) 辅助政府更好地为新市民服务

传统的电子政务方式存在单边化的弊端,市民可以通过媒体或网络获取政府的信息,而政府对市民的了解往往经过金字塔式行政层级的传达,难免存在信息失真与延滞,导致惠民政策易出现"架空化"的问题。新市民社区信息平台可以深入新市民日常生活中,既是政府实时了解新市民真正需求与相关问题评价反馈的有效途径,又是政府了解新市民动态、把握城市脉搏的渠道。此外,构建新市民社区信息平台,对于提升政府公共危机准备能力、预测与减缓突发事件对于城市和人民生活的破坏力,具有积极作用。

(5) 开发新市民潜力的有效途径

社区信息服务源起于20世纪中期美国的社区图书馆运动,随后在英国引起广泛关注,社区信息被定位为生存信息[①],对个人潜力的开发具有积极推动作用。新市民虽然普遍为信息弱势群体,但换个角度看,也说明新市民的信息能力尚有较大的提升空间,而这部分空白的填补将为新型城镇化的建设带来巨大的人力资本增量。社区信息服务平台作为新市民和信息连接的纽带,对于提升新市民的信息素养和信息技能具有直接优越性,是新市民潜力开发的重要路径。

6.4.3 建设策略

(一) 信息资源集群整合,协同管理

信息资源建设是新市民社区信息服务平台构建的基础性支撑,信息资源集群是多种类型信息机构根据特定信息资源服务优势汇集在某一虚拟平台,形成类生物体的信息群落[②],能够实现信息资源高度集中,降低信息资源利用的边际成本,衍生溢出效应。信息资源的集群整合将有助于降低平台

---

① 王素芳.国外公共图书馆弱势群体服务研究述评[J].中国图书馆学报,2010(3):95-107.
② 肖希明,李硕.信息集群理论和公共数字文化资源整合[J].图书馆,2015(1):1-4,11.

成本(时间+空间+经济),提升效率,增强响应的敏感度,促进增值服务的开发,并为新市民社区信息平台的可扩展性能及可持续发展提供信息资源保障。信息资源集群整合具体包含三个层面:微观层面,社区信息平台建设要将现有的纸质社区信息文档库、实体资料库以及档案等数字化为可供收集、处理、存储、调取、查询、更新的社区信息系统[1],将传统的文献资料与数字资源无缝对接,并作为平台的信息库;中观层面,整合现存的异构数字资源,对异构数据进行加工处理、集成整合,以便于信息的深挖掘和平台信息共享的实现;宏观层面,建立全国范围内的文献资源集群发展模式,将社区信息服务平台看作一个群集系统,发挥其分布式协作、自组织、鲁邦交互等特性,激发群集智能的涌现[2]。

与此同时,社区信息服务平台文献资源建设要广泛互联、协同管理,不能孤立和割裂地发展,否则只是将个体的"信息孤岛"扩大化,转变成组织性的"信息孤岛"。在协同管理工作中,横向上要与企事业单位、街道社区、科研机构、政府机关合作,重视新市民社区与市民社区的协同共建共享;纵向上要重视与公共信息服务平台的协同、与社区公共文化服务体系的协同、与文化共享工程及项目(如 CALIS 和国家数字图书馆工程)的协同。

(二) 创新管理机制,完善相关制度

坚持人本思想是新市民社区信息平台构建应坚持的基本态度和根本立场。在平台构建中要充分考虑到新市民群体信息贫困问题的特殊性——自贫困与被贫困并存。新市民群体往往素质不高,信息主体意识较差,信息能动性和主动性较弱,处于信息弱势群体中,是自发原因导致的信息贫困。此外,城市信息基础设施及公共信息服务本质上隐含着对知识、技能的要求,这些"潜规则"间接排斥新市民融入城市,是"被动"的信息贫困。基于上述问题,平台构建既要创新管理机制,增进人性化和易用性,又要完善相关制度,给予新市民相对优先的制度保障。

---

[1] 李刚,孙建军,傅丽萍.促进社会包容——美国社群信息学研究述评[J].中国图书馆学报,2012(3):40-50.

[2] 徐文哲,郑建明,郝世博.数字图书馆系统微观协同运行机制——基于群集理论视角[J].情报理论与实践,2014(9):106-111.

创新平台管理机制主要体现在以下四方面：第一，在面向新市民服务方面，建立用户需求征询机制、群众评价与反馈机制，给予新市民更多的话语权，让他们表达自身真实的诉求；第二，在经费投入方面，采取以奖代补的经费投入模式[1]，提高建设主体的积极性，鼓励创新和优先发展，效率优先、兼顾公平；第三，在平台用户维护方面，建立信任机制，规避信息平台建设中存在的多重风险，如信息安全问题、所有权问题、合理使用原则等；第四，在平台维护发展方面，建立平台与新市民的交互机制，调动新市民的主动性和积极性，鼓励新市民参与平台的建设中，献计献策，开发自媒体的优越性，重视自组织的作用。

基于新市民群体的特征属性，平台运营中要提供相应的咨询服务、定期开展培训、发放社区信息平台使用指南、与媒体广泛互联、加大宣传力度等。这些举措有效稳定的进行都需要完善的制度提供刚性化的保障。此外，信息平台的建设中社区内新市民隐私保护问题无疑需要妥善解决，而信任机制及道德约束的力量远不足以确保隐私的安全，必须制定和完善相应的制度进行保障。

（三）建立信息社区，开发个性化信息空间

在单一个体组成一个大的共同体的过程中，如何保持整体架构的稳定以及他们之间的"黏性"是必须考虑的问题。新市民在融入城市社区的过程中，面对熟人社会到陌生人社会、血缘关系到社会关系的转换，人际的"黏性"在弱化，新市民之间、新市民与原有市民之间的社会距离显著，缩短新型城镇中人际、社区间的社会距离理所应当成为社区信息服务平台的责任。而信息社区围绕人们获得和使用信息的需求而形成，具有拉近人际关系、推进社会沟通、将信息壁垒转化为共享的作用。[2] 因此，建立信息社区应是新市民社区信息平台构建的关键一环，这一方面有助于通过信息共识拉近新型城镇社区中人与人之间的距离，推进信息共享及社会关系融合；另一方

---

[1] 冯佳.地方公共文化相关法规与公共图书馆发展[J].中国图书馆学报,2014(6):55-66.

[2] FISHER K E, UNRUH K T, DURRANCE J C. Information communities: Characteristics gleaned from studies of three online networks[J]. *Proceedings of the Association for Information Science and Technology*,2003,40(1):298-305.

面,同一社区内新市民在发生协同信息行为的过程中,可以建设性地探索走出自身困境的方案①,促进协同智能的产生,激发个体隐性知识的显性化,创造信息增量。

值得注意的是,泛在环境下,个性化服务、人性化服务成为服务发展的必然趋势,要依据新市民信息习惯、信息行为动机开发平台的自定义个性化空间,设立专属账号,将新市民信息整合一体化并进行云存储。一方面利于新市民管理个人信息并按照自身需要和理解重新定义信息,进而放在自定义空间中,以便后续查询信息行为路径、检索历史及收藏点赞的信息资料;另一方面也为城市居民信息服务开发中的用户分析提供原始数据和资料,并为今后更进一步的城乡居民信息一体化建设奠定基础。

(四)重视平台内容差异性,因城制宜开发特色功能

中国幅员辽阔,东中西部发展并不均衡,东部的社区和西部的社区面临的问题差异甚大,即便面对同样的问题采取的措施也不一而足。社区信息服务平台建设既要在宏观统筹下坚持平台建设的原则、方向和宗旨等共性因素,又要发挥微观自治的能动性,因城制宜,重视平台内容的差异性,开发平台特色功能。

在社区信息平台构建中,服务宗旨、经费来源、传播媒介、参与主体等方面的共性为社区平台间的互利共享和协同共建奠定了基础。但是,文献资源整合共享的前提是各个社区文献资源内容、平台功能的差异性,若各平台内容不存在差异性,则相当于重复建设多个缩微版的公共信息服务平台,面向新市民的针对性和有效性大大削弱。因此,在平台内容建设中,要避免重复建设和"面面俱到"的工作惯性,重视开发本城本区内的特色资源,建立地方性的特色数据库,并据此开发社区内的特色功能,如在新生代农民工聚集的新市民社区中开通微信公众平台、微博主页、移动客户端,增添用户参与和检索的路径,以及登录和使用的窗口;在老年人较多的新市民社区,提供上门服务以及短信推送服务。经典案例如天津市滨海新区针对青年农民工较多的社区,开展"青年农民工融入社区"试点项目,免费开放社区图书馆、电子阅览室、活动中心等社区信息服务平台的实体空间,助力青年农民工真

---

① 张薇薇.社群环境下用户协同信息行为研究述评[J].中国图书馆学报,2010(4):90-100.

正融入城市社区,成为城市新主人。①

（五）以先进技术做支撑,建立规范的技术标准体系

技术是平台建设的关键性支撑之一,不仅是平台服务个性化、人性化、智能化发展程度及质量高低的决定性因素,还是平台承载力和资源存储能力增强的助推器。平台的响应速度、共享程度、信息效益、互操作性、时效性、稳定性、安全性等都需要技术的保障,并受到技术水平的制约。平台的效度水平在一定程度上是由技术水平决定的。

近年来,人机交互技术、群集技术、本体技术、互操作技术、关联数据技术等新兴技术大量涌现,为平台的建设打开了全新的局面。首先,新技术为平台的建构营造了良好的技术环境,要积极引入先进技术并提升平台的技术含量,鼓励学科交叉、技术交叉,创新边缘技术,在发展存量的同时寻找增量,进而推动平台新功能的开发,使平台满足新型城镇居民的多样化需求,适应信息动态变换,保障平台自身的稳健运营。在此值得注意的是,在提升平台技术水平的同时,要联合其他部门,加大平台使用指南的宣传推广,并提升平台操作的无障碍程度,规避"技术墙"的产生,避免人为造成平台曲高和寡、被无用化。其次,多种新兴技术的涌现也对技术标准提出了更高的要求,要加快制定相应的技术标准,诸如信息组织标准、信息技术标准、元数据标准、硬件软件标准、互操作标准等,统一规范,建立健全具有普适性的技术标准体系。最后,社区信息服务平台的建设中,保护社区用户隐私是平台可以维持和有效利用的关键性影响因素,隐私安全不仅需要相关政策制度的保障,而且需要相关技术的研发和应用。

---

① 李培志.青年农民工融入城市社区:经验与思考——以天津滨海新区"青年农民工融入社区"项目为例[J].社会工作,2012(8):58-60.

第七章　新市民信息服务体系建设

新型城镇化是基于我国城乡发展现状提出的创新发展模式,是关乎国家长治久安的战略性决策。新型城镇化的背景赋予了揭示信息化效果的重要视角,即人的发展视角。① 通过这一视角,不仅可以明晰新型城镇化的发展趋向、存在价值、实践意义,还可发现新型城镇化的本质,即新型城镇化的问题归根结底是人的发展的问题。积极推进新市民融入城市生活,完成市民身份角色的转换,是人的城镇化建设的核心工作和基本指向。

随着新型城镇化的发展,新市民的概念范畴进一步扩大,但已有研究多将新市民群体界定为游离于城市文化与农村文化两大板块边缘的"边缘人"②,认为其在融入城市生活的过程中需要获得大量信息(如政府政策、就业保障、子女教育以及生活娱乐等),以维持城市生活正常进行,但由于受到自身传统生活方式、行为习惯、受教育水平低及信息能力偏低等因素的影响③,很难满足适应城市生活的信息需求④。这也导致大部分新市民的市民化仅完成了居住地地理迁移或是户籍身份转变,实际上在城市中多聚集于"城中村""棚户区"中,其所处信息环境以及文化氛围仍然维持在市民化之

---

① 孙红蕾,钱鹏,郑建明.信息生态视域下新市民信息贫困成因及应对策略[J].图书与情报,2016(1):23-28.
② 李汉宗.血缘、地缘、业缘:新市民的社会关系转型[J].深圳大学学报(人文社会科学版),2013(4):113-119.
③ 杨兰芝,刘庆,王春红.面向新型城镇化的社会化信息服务创新机制研究[J].情报科学,2015(3):56-59.
④ 孙红蕾,钱鹏,郑建明.信息生态视域下新市民信息贫困成因及应对策略[J].图书与情报,2016(1):23-28.

前的状态。①

目前,面向新市民的信息服务已引起一定重视,很多城市开展了一系列针对新市民信息服务的工作,如杭州市的"新市民之家"、上海市的"新市民生活馆"、张家港市的"新市民事务中心"等。但在实践中,由于信息服务机构网络布局不合理、供求不对接等问题的存在,针对新市民开展的信息服务大都缺乏连续性、系统性与整体性,即使信息服务形式多样,新市民信息需求仍然无法得到满足。② 与此同时,由于当前缺乏专门的信息服务媒介与系统的信息服务体系,针对新市民的信息服务多是附属于新市民公共卫生服务体系下的一个较小分支,多是针对技能水平较低、文化素养较差的新市民群体,而忽略了新市民群体中的另一个重要组成部分——技能水平高、受教育程度高的新市民群体。相较于其他新市民而言,后者的文化素质更高、信息意识更强,对于信息、知识、文化的需求更加迫切,具有较强的时代性、发展性、双重性与边缘性的独特群体特征。③ 不可否认,这些已有研究成果为新市民信息服务理论研究与实践发展提供了良好借鉴,但是综观已有研究成果,研究者对于新市民信息服务问题的研究多集中在新市民信息服务需求、面向新市民的图书馆服务、新市民信息服务平台等方面,多以农民工为新市民代表作为研究对象,且极少考虑新市民信息行为特征以及新城镇信息服务发展环境特点,因此,系统、深入地对新市民信息服务体系展开研究是必要而迫切的。

根据《辞海》解释,"体系"的含义是若干有关事物互相联系、互相制约而构成的一个整体。④ 基于此,结合1.2.1小节对新市民信息服务的界定,本研究将新市民信息服务体系定义为新型城镇化背景下,以满足新市民个人与群体信息需求为目标的各种信息服务相关要素的集合,包括新市民信息服务的理论体系、技术体系、内容体系、人才体系、供给体系与治理体系。基

---

① 孙红蕾,郑建明.新市民社区信息服务创新与思考[J].图书情报知识,2015(5):74-81.
② 张新杰,王新阳.新生代农民工信息需求研究[J].民营科技,2012(8):190-191.
③ 吴诗贤,张必兰.农转城新市民信息素养与城市社会融合度的神经网络映射模型[J].图书情报工作,2013(23):48-52.
④ 在线辞海.[EB/OL].[2021-03-30]. https://www.cihai.com.cn/search/words? q = %E4%BD%93%E7%B3%BB.

于此,研究和构建新市民信息服务体系,对新市民信息行为模式优化、新市民信息服务升级和新市民信息政策制定,具有非常重要的理论和实践意义。

7.1 学术价值与现实意义

7.1.1 学术价值

(1) 在综合考虑新市民信息行为特征与新市民信息服务发展环境特点的基础上,对新型城镇化进程中的新市民信息服务体系进行系统建构,深化新市民信息服务的理论基础,不仅可以丰富边缘化群体信息服务研究理论,还有助于拓展信息服务理论的研究范畴。

(2) 针对国内新市民群体异质性日益增强、群体边界日益扩大的现实,以及已有研究集中在农民工信息行为及服务问题上的现状,在系统研究新市民概念的基础上,提出符合我国当前发展国情的"新市民"概念,并明确新市民信息服务体系的内容构成,可以为开发设计新市民个性化和精准化信息服务提供理论依据。

(3) 广泛借鉴国内外图书馆学理论、信息学理论、服务理论和移民理论,并以批判性的视角将多种新理论融入新市民信息服务体系研究中,构建出可为实践提供理论指引的新市民信息服务体系,有利于促进新市民研究全面化和科学化,促进新市民信息服务研究领域的学术繁荣。

7.1.2 现实意义

深入研究新型城镇化进程中新市民信息服务发展环境的特点,揭示新市民信息行为特征,进而建构系统化的新市民信息服务体系,是坚持使用"以人为本"理念推进"人的城镇化"的前提条件,是推进新市民市民化、促进新市民在城市安居乐业工作的基础。具体而言,新市民信息服务体系研究的现实意义体现在宏观、中观与微观三个层面。

(1) 宏观层面的现实意义

① 协调新型城镇化快速推进后出现的利益矛盾。随着新型城镇化的快速发展,大量人口涌入城市,城镇化水平连年提升。但是城市承载力增速

与新市民规模增速间存在差距,户籍市民化与身份权益市民化间存在差距,要使城镇软硬件配套与城镇人口结构相匹配,使新市民与老市民的利益相协调,使城镇信息服务供给与新市民信息需求对接,势必要了解新市民信息服务体系内容与新市民信息行为特征,才能有的放矢,对新型城镇化快速推进中出现的各种利益矛盾进行有效调节。

② 提升新型城镇化质量。《国家新型城镇化规划(2014—2020 年)》颁布后,我国先后设立了三批国家新型城镇化综合试点地区,并取得了较好的成果。但是户籍城镇化与人的城镇化的差距仍然存在,新型城镇化质量仍然不高。而要提升新型城镇化的质量,首先要提高人的城镇化的质量,而研究与分析新市民这一新型城镇化中的关键主体的信息行为,是实现"人的城镇化"质量提升的重要抓手,因此,基于新市民信息行为特征建构系统化的新市民信息服务体系,具有重要意义。

③ 使城市更加包容,更有人文关怀。城市信息基础设施及公共信息服务本质上隐含着对知识、技能的要求,这些潜规则间接阻碍新市民融入城市,对这些设施的应用产生负外部性。发现与揭示新市民信息行为规律、在新市民信息服务体系建设中考虑新市民信息需求与行为特征,有助于城市宜居性与包容性的提升,使城市的发展处处体现以人为核心的理念,更具人文关怀。

(2)中观层面的现实意义

① 促进服务型政府职能的实现。在深入研究新市民信息服务发展环境特点与新市民信息行为特征的基础上,建构系统化的新市民信息服务体系,可以为政府制定新市民信息政策与新型城镇信息化政策提供参考与决策支持,使顶层设计更符合实践发展的需要,提升新市民信息服务的精准性与有效性,进而促进其社会管理与公共服务两大职能的实现。

② 有助于城镇信息服务的供给侧改革。随着信息通信技术的飞速发展以及新型城镇化的不断深化,城镇信息服务供给滞后与需求强劲的矛盾、无效供给与实际需求的矛盾、供给单一与需求多样的矛盾等城镇信息服务供需矛盾日益突出,并严重制约着城镇信息服务的发展。在深入研究新市民信息服务发展环境特点与新市民信息行为特征的基础上建构系统化的新

市民信息服务体系,有助于更深刻透彻了解需求端与供给端,进而推进供给端的调整,实现城镇信息服务的供给侧改革。

③ 有助于人力资源向人力资本转化。新型城镇化的发展不仅需要物力财力,还需要大量的人力。毋庸置疑,在过去的发展中,新市民的增多为城市的发展带来了丰富的人力资源,但是过去涌入城市的新市民以农民工等能力较弱的群体为主,城镇发展仍存在人力资本不足的问题。在深入研究新市民信息服务发展环境特点与新市民信息行为特征的基础上建构系统化的新市民信息服务体系,有助于促进新市民信息能力的提升,进而带动整体能力的发展,是加速城镇人力资源向人力资本转化的重要助力。

(3) 微观层面的现实意义

① 通过安居乐业,满足新市民的基本生存需求。在深入研究新市民信息服务发展环境特点与新市民信息行为特征的基础上建构系统化的新市民信息服务体系,有助于推动新市民信息服务与新市民的所需所求的有效对接,使新市民的衣食住行在城市得到妥善安顿、安居乐业,进而满足自身的基本生活需求。

② 通过强化归属感与存在感,促进新市民身份转换。归属感与存在感是新市民获得身份认同的关键,也是新市民信息需求的一个重要动机。在深入研究新市民信息服务发展环境特点与新市民信息行为特征的基础上建构系统化的新市民信息服务体系,有助于开发和设计更有利于新市民归属感与存在感形成的服务,使城市的建设发展与新市民紧密相连,进而使新市民认同自身城市身份,加速新市民身份角色的转换,真正成为市民。

③ 通过信息素养提升,满足新市民自我发展的需求。长期以来,新市民中多种亚群体的信息素养不高,给其在城市生活发展、实现文化融合与心理融合带来了巨大阻碍,使其深陷信息贫困的窘境。在深入研究新市民信息服务发展环境特点与新市民信息行为特征的基础上建构系统化的新市民信息服务体系,有助于为新市民提供更精准的信息服务,促进城市中各种新市民信息素养提升工作的针对性,创新新市民信息能力提升与信息脱贫的方法,进而通过提升新市民信息素养,满足其自我发展的需求。

7.2 新市民信息服务体系框架及其构成要素

框架是一种可以用来分析与解决各种错综复杂问题的基本概念结构。笔者以"框架"这一基本概念分析工具来分析新市民信息服务体系涉及的概念结构。借鉴前人"要素说"的研究思想,笔者认为,对新市民信息服务体系的研究,可以从新市民信息服务的研究对象入手,因此,设计了一个包括理论体系、技术体系、内容体系、人才体系、供给体系与治理体系等六种构成要素的新市民信息服务体系框架。

7.2.1 理论体系

科学理论是对相应领域内实践经验教训进行的高屋建瓴的抽象归纳与提炼。一套成熟、系统的理论和方法论支撑体系,是统一话语体系、促进学界业界探讨交流、推进新市民信息服务相关实践健康持续发展的必要前提。诚然,随着新型城镇化的发展,学界对新市民信息服务发展与实践开展了大量研究,明确了公共产品理论、服务创新理论、社会质量理论、社群信息学理论等对于新市民信息服务理论建构的指导作用[1],并取得了一些理论成果,但是,新形势下新市民信息服务应当如何发展?其理论又有怎样的新特征?需向何种方向拓展?这些尚不清楚。因此,新市民信息服务理论体系构建是新市民信息服务体系构建的支持力。

新市民信息服务理论体系建构包括两个层面。一是从新市民信息服务发展的基本规律出发,批判性吸收社会学、信息学、管理学等相关方法和理念,如文化适应理论、智慧城市理论、多源数据融合理论等,对相关内容的学术思想、理论体系进行梳理和分析,明确研究范畴,探究新市民信息服务的概念、内涵、特点、基本职能及理论发展空间,总结新市民信息服务发展现状、水平与趋势,进而构建新市民信息服务理论与实践研究的分析框架,为新市民信息服务理论体系的建构奠定基础。二是结合当前我国新市民信息服务发展实际情况,把最新学术研究成果运用于新市民信息服务实践中,考

---

[1] 孙红蕾,郑建明.新市民社区信息服务创新与思考[J].图书情报知识,2015(5):74-81.

察新市民信息服务理论的有效性与实用性,分析比较理论研究成果与实际工作的偏差,进而提炼恰当而又具体的新市民信息服务理论体系构成要素,系统界定新市民信息服务发展中的各种概念,对新市民信息服务体系的相关理论精髓进行归纳与综合,分析体系构成要素间的逻辑关联以及新市民信息服务研究方法。

7.2.2 技术体系

技术助推发展与创新。新市民信息服务技术体系构建是新市民信息服务体系构建的核心推动力,主要包括新市民信息服务数据开发以及新市民信息服务平台搭建两方面,前者是后者的基础。

大数据时代,新市民信息服务数据呈几何级数增长,但由于各种新市民信息服务机构建设标准和规范不一,组织机制和利益诉求各异,新市民信息服务实践存在海量较难利用、不能利用的新市民信息服务异构数据。而数据本质上是愚蠢的,获得更多经常降低了其智慧性[1],要运用数据帮助人们"知道做什么""知道如何做""知道为什么"。要想使人的决策、行为变得更有智慧,就要有效整合、组织、提取与关联多源异构数据,使它从"大"数据升格为具有价值的知识综合体,即智慧数据。[2] 因此,建设新市民信息服务技术体系的首先任务,就是实现新市民信息服务大数据与新市民信息行为大数据的融合,进而向新市民信息服务智慧数据转化,即推进新市民信息服务数据的智慧化。

在此基础上,可借助数据驱动与多源数据融合的理念,通过数据化—语义化—可视化—智慧化的演化路径,将传统新市民信息服务积极融入智慧化建设,转化为实时响应的专业智慧化服务,形成新市民信息服务的创新模式与服务方式,升级传统服务平台。同时,可从基于机器学习的启发式主动服务、基于用户画像和模型算法的个性化服务、基于多维存储的智能资源处理整合服务、基于多源数据融合的全周期一站式服务、基于风险评估和隐私

---

[1] FITZGERALD M. Turning big data into smart data [EB/OL].[2019-03-11].https://sloanreview.mit.edu/article/turning-big-data-into-smart-data/.

[2] 曾蕾,王晓光,范炜.图档博领域的智慧数据及其在数字人文研究中的角色[J].中国图书馆学报,2018,44(1):17-34.

保护的智能预警服务等多方面展开,对新市民信息服务平台的运行机制进行优化,进而实现新市民信息服务资源的一站式供给。

7.2.3 内容体系

新市民在离开原籍地到陌生的城市工作并适应新环境时,通常比其他人更需要信息服务。①② 新市民的信息服务需求核心在于内容,而非技术。因此,新市民信息服务内容体系是驱动新市民信息服务实践不断向前发展的内在核心价值体系,新市民信息服务内容体系构建是新市民信息服务体系构建的内在驱动。

按照服务内容需求程度,新市民信息服务内容需求可分为两类:一般性需求与个体特殊需求。前者主要是指大多数新市民都存在的信息服务内容需求,如关于医疗、住宿、交通等方面的信息服务,后者主要指新市民的个性化信息服务内容需求,如维权农民工对特定法律援助服务信息的需求。基于此,新市民信息服务内容体系主要由两个部分构成:一般性信息服务与个性化信息服务。一般性信息服务内容的建设主要是为了满足新市民群体中较为常见的信息服务需求,一般性信息服务内容的知识含量不高且差异化程度较低,其所需的人力、物力、财力远低于个性化信息服务,有助于促进新市民信息服务"保基本"目标的实现,对于满足大多数新市民的基本信息服务需求是必不可少的。与之相反,个性化信息服务内容的建设对人力、物力、财力的要求较高,是由于新市民个体特性对特定信息服务内容的需求而产生的对新市民个体有用的信息服务内容,强调对新市民个性化信息服务需求的精准供给,有助于促进新市民信息服务"高质量发展"目标的实现,对提升新市民信息服务质量和拉动新市民信息服务向积极健康方向发展至关重要。

---

① WANG F, CHEN Y. From potential users to actual users: Use of e-government service by Chinese migrant farmer workers [J]. *Government Information Quarterly*, 2012, 29: S98-S111.

② FISHER K E, MARCOUX E B, MILLER L S, et al. Information behavior of migrant Hispanic farm workers and their families in the Pacific Northwest [J]. *Information Research*, 2004, 10(1): 49-57.

7.2.4 人才体系

新市民信息服务的主体是服务供给者。要实现服务的智慧,最根本的是开发服务供给者的聪明才智,使其不仅可以通过智能技术挖掘分析海量数据中的有用资源,对多源数据进行融合并从语义层面深度解释资源,还能为新市民信息服务的发展规划提供智力支持,开展前瞻性、针对性、储备性政策研究,为制定新市民信息服务相关政策提出专业的、有建设性的、切实有用的建议。而要做到这些,人才体系的建设势在必行。新市民信息服务人才体系构建是新市民信息服务体系构建的智力保障。

新市民信息服务人才体系主要由四个部分构成:一是专家队伍建设,专家队伍运用所掌握的信息服务相关专业知识以及综合研判和战略谋划能力,将对新市民信息服务的中长期发展战略规划进行统筹,对短期发展路径进行规划;二是专业技术人员队伍建设,这些技术人员的存在将为新市民信息服务多源数据融合、新市民信息服务平台建设、新市民信息服务创新等提供专业技术支持;三是师资队伍建设,建设可以为新市民信息服务不断培养专业人才的师资队伍,将积极推进新市民信息服务研究的发展,推动相关知识理论整合成专业课程;四是服务队伍建设,对新市民信息服务第一线工作者进行定期培训,将加深其对新市民信息服务发展的理解,开发其聪明才智,使服务可以更加贴近新市民的实际需求和行为特征,提高新市民的服务满意度。

7.2.5 供给体系

新市民信息服务供给体系旨在以云计算、移动互联、多源融合等智慧技术为支撑,在新市民信息服务的供需之间搭起桥梁,最大限度满足各个地域不同新市民亚群体的个性化信息服务诉求,整合利用多源异构多维的城镇信息资源数据,惠及民众并提高新市民信息服务供给质量。而供给智慧的本质不在技术,而在于对新市民信息服务供给侧的深度改革。基于此,要构建新市民信息服务供给体系,毋庸置疑要从供给侧视角重新审视新市民信息服务供给主体、供需对接、供给结构等深层次问题,并围绕其中的矛盾进行协调与改革。新市民信息服务供给体系构建是新市民信息服务体系构建的拉动力。新市民信息服务供给体系构建主要从三个层面展开。

一是要解决供给主体改革这一新市民信息服务供给侧改革的首要问题,推动主体多元化,吸引社会力量进入新市民信息服务系统,超越传统简单线性的信息服务供给模式,开创"1+n"的供给主体模式,推动多元化主体共谋发展。已有研究发现,新市民不仅可以从政府机构等权威性较高的信息源、亲人朋友等便利的信息源获取到较多可以满足由解决当前实际问题、满足工作需求等引发的信息需求,而且可以从公共文化服务机构、企事业单位、街道社区、民间公益组织、科研机构、社交媒体等信息源获取各种信息。提高多种信息供给主体的供给效能,不仅可以通过群智群力创新新市民信息获取路径,还可以增加新市民获取信息的机会,降低信息需求满足难度,进而促进其融入城镇生活,实现经济融合、文化融合、社会融合以及心理融合四位一体的城市融合。例如社会组织作为新市民社区信息服务创新和开发的重要组成力量,通过公益创投项目深入新市民社区,积极献计献策,有力推进新市民社区信息服务的创新。一些企业通过搭建重点关注新市民人群的网媒,来帮助新市民融入城市生活,并在网站首页专设"新市民风采"与"新市民学堂"专栏,以鼓励新市民学习信息知识,激发其参与热情。①

二是要实现供需对接,增强城镇信息资源供给的有效性、及时性、均衡性与多样性。新市民群体间差异极大,高收入、高学历、信息素养好的新市民与低收入、低学历、信息素养差的新市民虽然同样生活在城镇中,但其信息源偏好、信息行为表现方式等都存在差异。而在面向这群内部差异极大的群体传播信息与供给信息服务时,必须考虑群体中不同亚群体间的差异,通过多样化的形式提供信息,进行信息传播,开展信息服务,否则就会导致只有少数人的需求得到了满足。与此同时,除了兼顾新市民亚群体间因文化程度差异、收入差异、信息素养差异引起的对信息供给的不同需求形式,还要考虑到新市民亚群体因人口特征差异而引起的信息供给需求形式的不同。例如在对健康信息进行普及时,提供多种形式的信息供给,在口头传播、文本资料供给的基础上,增加多媒体资源和视听资源,以提高信息供给力并规避语言差异和文化差异导致的误解。相关研究发现,视觉图像以及

---

① 孙红蕾,郑建明.新市民社区信息服务创新与思考[J].图书情报知识,2015(5):74-81.

视听资料对于进入新环境中存在语言障碍和识字障碍的人来说,是理解信息非常有效的方式。[1]

三是要通过城镇信息资源共建共享共治,来优化组合现有城镇信息资源,调整各个区域间和各个群体间供给比例关系,进而推动供给结构的最优化以及供给效益的最大化。城镇内多种信息源间广泛互联,共建共享共治城镇信息资源,不仅可以规避部分服务水平不高、服务态度差、服务资源规模小等问题导致新市民信息需求无法满足的情况,还有助于形成国家城镇信息资源保障体系以及地方城镇信息资源服务保障体系,优化新市民信息服务供给结构,形成信息资源与服务的合力,进而使新市民可以从多种途径获取满足自身需求的信息,广泛参与各种信息活动,提升信息素养。

7.2.6 治理体系

不同于传统公共服务治理体系突出制度安排的作用[2],新市民信息服务治理体系更强调从"社会—技术交互论"的视角[3]重新审视如何智慧治理新市民信息服务中存在的问题,关注社会、技术、文化、服务与人之间的互动关系,重视人、技术、文化、服务以及社会等的协同治理,突出以"治理"思想提升和优化技术对社会文化的构型作用、社会文化对服务的承载作用、新市民信息服务对人的塑造作用,使新市民信息服务是实实在在置于中国社会文化情境下的,可以为我国新市民信息服务发展提供制度保障,并能为人所用。简言之,新市民信息服务治理体系主要包括新市民信息服务数据治理机制与新市民信息服务治理理论实践机制两部分。

新市民信息服务数据治理机制,旨在构建一套包括运行要素确定、模式设计优化、系统平台搭建、反馈保障维护等全部流程的完整数据价值体系,系统指明从数据收集、整合、呈现到最终转化成为知识、辅助决策的完整流

---

[1] LEE S K, SULAIMAN-HILL, CHERYL M R. Providing health information for culturally and linguistically diverse women: Priorities and preferences of new migrants and refugees [J]. *Health Promotion Journal of Australia*, 2013, 24(2): 98-103.

[2] 孙红蕾,马岩,郑建明.区域集群式公共数字文化协同治理——以广东为例[J].图书馆论坛,2015,35(10):35-38.

[3] FICHMAN P, SANFILIPPO M R, ROSENBAUM H. *Social informatics evolving* [M]. San Rafael: Morgan Claypool Publishers, 2015.

程。这一机制的优点在于可以基于海量数据、自动化技术操作以及强大的决策支持模型,确定新市民信息服务机构多源数据的治理模式,验证多源数据治理实践活动,并探索多源数据治理的实现路径和具体对策。

新市民信息服务发展的治理理论实践机制,着力于从组织机制、制度安排、运营管理与监督方式等方面,对现有新市民信息服务相关理论、区域相关实践所产生的规律、试行的城镇信息化制度等进行实践检验,对现有治理理论的实际效用进行验证,修正完善治理理论中的不足之处,提炼总结新市民信息服务实践中的规律与逻辑,提升治理理论的科学性与有效性,并强化其对相关实践的指导。

7.3　新市民信息服务体系构成要素间的逻辑关联

新市民信息服务体系构成要素共生于同一个客观关系系统,彼此间存在着广泛而密切的联系。新市民信息服务理论体系是对相关实践规律与逻辑的高度总结与提炼,为技术体系、内容体系、人才体系、供给体系与治理体系的构建和完善提供理论支持;技术体系作为新市民信息服务体系的助推器,其发展不仅有助于理论体系的深化、供给体系的优化,还会对人才体系、内容体系与治理体系的构型产生重要影响;内容体系作为新市民信息服务体系的内在核心价值体系,一方面将对深化新市民信息服务研究与实践范式发挥作用,另一方面将对智能技术的开发、设计、使用以及实际效果产生重要影响;人才体系将社会文化转化为服务的一部分,并通过服务实践,合理衔接新市民信息服务供给与理论研究过程中的具体问题,揭示新市民信息服务发展中的内在规律,形成新的理论,强化治理制度的指引性与前瞻性,修正技术开发设计中的不足;供给体系在理论体系指导与技术体系的助推下,不仅使新市民信息服务的供给模式更加符合新市民的行为特征,还有力推动服务内在文化价值的增值,创新服务模式与治理模式,开发新市民信息服务的新形态;治理体系将新市民信息服务发展过程中的理论与实践经验制度化,为理论体系、内容体系、人才体系、供给体系与技术体系的建设与完善提供强有力的制度保障。

7.4 新市民信息服务体系的整体框架

技术的发展为新市民信息服务可持续性发展提供了强有力的支撑力量[①]，但是技术并非万能，新市民信息服务的发展不能就技术谈技术，还需关注社会、技术、文化、服务与人之间的互动关系，突出社会、技术、文化、服务与人之间的协同，在设计服务体系过程中充分考虑人本性、系统性、层次性、社会文化性等新市民信息服务的基本属性，在重视不同构成要素对整体框架的作用的同时，关注构成要素间的互动关系对于新市民信息服务体系整体的作用。基于此，笔者认为新市民信息服务体系的整体框架如图7.1所示。

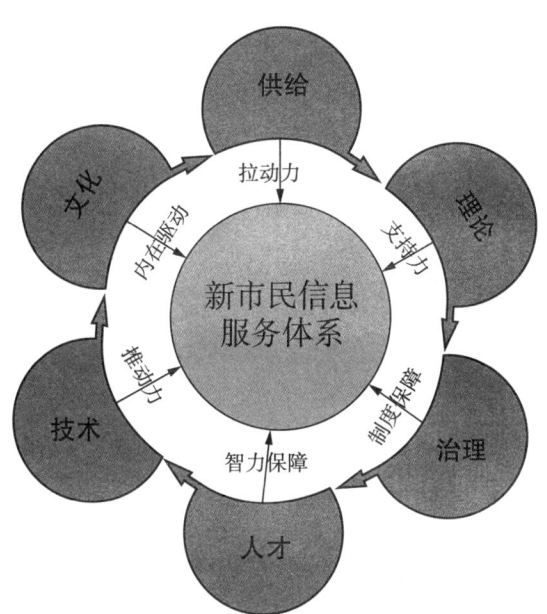

图 7.1 新市民信息服务体系的整体框架图

在新市民信息服务体系的整体框架内，理论体系、治理体系、人才体系、技术体系、内容体系、供给体系等六个构成要素共生于同一个客观关系系统

---

① 王淼,经渊.智慧公共文化服务云平台构建研究[J].数字图书馆论坛,2019(2):43-50.

内,在彼此联系又相互影响的同时,分别对发展产生支持力、制度保障、智力保障、推动力、内在驱动、拉动力的作用,推动新市民信息服务的发展。因此,新市民信息服务发展既要关注构成要素间合力的作用,也要重视每种构成要素的影响。

第八章 新市民信息服务治理机制

8.1 新市民信息服务治理机制内涵辨析

8.1.1 何谓"治理"?

"治理"一词源于古典拉丁文和古希腊语中的"古代的船长或舵手"的解释,具有控制、引导和操纵之意。[①] "治理"的现代解释中增加了多元治理主体(含公共与私人)管理共同事务的诸多方式总和的特征[②],被认为是协调不同利益相关主体冲突、促使其联合行动的持续过程[③]。治理的主体不仅包括政府,而且包括社会和市场主体,更加注重多元主体的参与;运行的着眼点在于管理过程的上下互动;治理的内容主要指向跨领域和跨机构的公共事务;治理的目的是更好地实现公共利益,满足社会公共需求[④]。

8.1.2 新市民信息服务治理

结合上一节对治理的认识,新市民信息服务治理是指在协调新市民信

---

① 王锰,陈雅,郑建明.公共数字文化服务治理的信息资源管理基础[J].图书馆,2018(5):37-43.

② JESSOP B. The governance of complexity and the complexity of governance: Preliminary remarks on some problems and limits of economic guidance[J]. *Beyond market and hierarchy: Interactive governance and social complexity*, 1997: 95-128.

③ The Commission on Global Governance. *Our Global Neighborhood: The Report of the Commission on Global Governance*[M]. Oxford University Press, 1995.

④ 王锰,陈雅.国内外公共数字文化服务的治理研究进展[J].图书馆,2018(12):67-73.

息服务治理各主体之间的关系的基础上,协调新市民信息服务治理各种相关要素之间的关系,明确新市民信息服务治理的运行方式,保证治理目标顺利完成的一系列理论和措施。新市民信息服务治理的基本前提是不同治理主体能够独立、自主且平等地开展新市民信息服务活动和从事新市民信息服务治理工作。

8.1.3 本研究对新市民信息服务治理机制的界定

根据《辞海》解释,"机制"是事物或系统为实现具体功能、发挥作用,其内部各因素间相互作用和协调运行的原理、方式与过程。[①] 机制早期用来指代机器构造和工作的原理,如今泛指一个工作系统通过一定的制度或规律来限制或确定系统存在或发展状态过程中的各种相关因素、进程和内容。

基于以上对治理与新市民信息服务治理的认识,本研究认为,新市民信息服务治理机制是指以新市民信息服务发展以及新市民信息服务治理的客观规律为依据,立足于新市民信息服务发展环境,将新市民信息服务治理的各项要求转化为新市民信息服务治理实践中行之有效的措施和运行过程中的每个环节,促进各种制度规范在新市民信息服务治理实践中产生效果,并保障新市民信息服务治理正常运行以及治理目标实现的持续过程。

8.2 新市民信息服务治理机制的特性

从本质上看,新市民信息服务治理机制具有四大特性。

8.2.1 协同性

新市民信息服务治理过程在本质上是一个协同过程,展现了一个复杂要素系统中各种要素在持续变化的环境中如何协同演化的过程。具体而言,一方面,多种治理要素各自分解后再结合,形成了新市民信息服务治理机制的若干内容成分;另一方面,在新市民信息服务治理过程中,单一主体

---

① 孙红蕾,郑建明.新型城镇化进程中公共信息服务平台整体架构及其运行机制研究[J].图书馆,2016(2):5-10.

本身的力量非常有限,但是通过多元主体协作、协同各种治理要素,就可以发挥整体的功效,产生较大的新市民信息服务治理效益。

8.2.2 系统性

新市民服务是一个复杂的社会系统,新市民信息服务治理机制是复杂社会系统中的一个重要的子系统,子系统与其他系统和整体系统之间存在着紧密的相关性,子系统内部的各种要素之间也在互相作用。新市民信息服务治理机制是新市民服务内各个子系统与信息服务系统间相互作用、融合发展、协同共进而产生的结果,并非新市民服务要素与信息服务其他要素的简单堆砌,也不是一种线性的叠加。新市民信息服务治理机制系统的每一次变化都对整体系统产生外部性。与之相对,其他子系统的些许改变一定程度上也会对新市民信息服务治理机制系统的发展产生"质"的影响。

8.2.3 层次性

新市民信息服务治理机制并非空中楼阁,而是与不同区域相关实践相结合,伴随区域层次的高低不同,有着明确的高低层次的区分,而各个层次的新市民信息服务治理机制又可以继续分解为若干个低于本层次的下级区域新市民信息服务治理路径。简言之,高低层次间具有等级从属关系,这是新市民信息服务治理机制的层次性的第一个表现。与此同时,这种层次性还表现在新市民信息服务治理机制内容的层次性,即区域新市民信息服务治理由低水平向高水平发展的渐进过程,可以划分为若干个层次,虽然在某些情况下会出现跨越式发展,但是不同层次各具特色,特征要素可分辨,机制内容可辨明。

8.2.4 社会文化性

新市民信息服务治理机制根植于我国特定的社会文化环境中,是新市民信息服务治理在我国具体地域单元与社会文化要素相互作用的结构中发挥作用的结果。因此,其发展过程亦是地域单元间多种固有要素与社会文化要素融合衍生、协同耦合的过程,对不同区域中既有的社会文化要素有着先天的依赖性。① 与此同时,新市民信息服务治理机制变化,又会对处于这种社会文化环境中的人产生塑造作用,进而重构这种社会文化结构。因此,新市民信息服务治理机制具有显著的社会文化性,与所在社会环境紧密相连,相互作用,又共生共进。

8.3 新市民信息服务治理的责任机制

新市民信息服务治理的责任机制是指以政府为主导、相关机构各司其职、社会力量广泛参与的责任分配制度。当前,新市民信息服务治理尚处于不成熟阶段,高度分散的责任机制并不能满足新市民信息服务治理工作的要求,缺乏强有力的核心将难以使治理工作可持续进行。基于利益相关者理论的视角,新市民信息服务治理主体包括政府部门和图书馆等公共服务机构、信息服务机构、企事业单位、街道社区、民间公益组织、科研机构、社交媒体、新市民等多种责任主体。

8.3.1 构建"1+n"治理主体模式

面向新市民信息服务治理这一全新问题,超越传统简单线性的信息服务治理模式,开创"1+n"的治理主体模式,对于发展新市民信息服务与优化新市民信息服务治理的责任机制,具有较强现实意义。

鉴于新市民信息服务的公共性以及各治理主体治理能力的分析,政府部门当之无愧成为新市民信息服务治理工作的主心骨。与此同时,从历史发展的角度分析,政府部门古往今来一直是公共服务与治理的专门机构,为社会服务并对其进行治理是服务型政府最基本的职能之一。但是,独木难成林,在政府部门主导新市民信息服务治理工作的同时,还需借助现有的新市民信息服务治理基础,鼓励和引导图书馆等公共服务机构、信息服务机构、企事业单位、街道社区、民间公益组织、科研机构、社交媒体、新市民等多

---

① FICHMAN P, SANFILIPPO M R. Multiculturalism and information and communication technology[J]. *Synthesis Lectures on Information Concepts, Retrieval, and Services*, 2013, 5(5): 1-101.

元主体积极发挥自身优势,完成所分配的任务,并努力引导更多的社会力量参与新市民信息服务协同治理工作中。

8.3.2 激励社会力量参与新市民信息服务治理

为了调动协同治理主体以及社会力量参与治理工作的积极性与主动性,使新市民信息服务治理网络不断扩大,融入更多的积极力量,共同推进新市民信息服务治理工作的开展,采取有效方式激励社会力量参与新市民信息服务治理至关重要。在新市民信息服务协同治理过程中,政府部门可以通过对任务完成质量高的治理主体进行奖励,来激励各机构及社会力量参与新市民信息服务治理工作,在宏观层面对各参与主体进行引导,进而达到目标统一、思想统一、行动统一的愿景,推进新市民信息服务治理工作的发展与深化。具体而言,政府部门可通过如下两种方式激励社会力量参与新市民信息服务治理:一是引导参与机构与工作人员将其个体发展的小目标与社会力量参与新市民信息服务治理的大目标相结合,从而提高各个治理主体的自组织性与主观能动性;二是坚持公平、公开、公正的基本原则,通过定期与不定期的监督与考核,既对参与机构与工作人员的工作绩效进行考评,又对新市民信息服务治理工作的质量、进程与效果进行检查和评估,根据最终的考核结果给予先进单位和个人以适当的奖励,并重点鼓励创新性行为。

8.3.3 助推新市民参与新市民信息服务治理

根据美国学者阿尔斯泰因的观点,公众参与可分为三个层级:第一级是假性参与或非参与,具体包括操纵性参与和教育性参与两种形式;第二级是象征性参与,可进一步细分为告知性参与、咨询性参与和限制性参与等形式;第三级是实质性参与,有合作性参与、代表性参与、决策性参与等形式。公众参与的程度与层级的级数呈正相关,即随着参与层级的上升而逐渐加强。①

新市民群体中并不都是信息弱势群体,信息素养较高的新市民往往会比

---

① 刘叶婷,唐斯斯.大数据对政府治理的影响及挑战[J].电子政务,2014(6):20-29.

其他新市民了解更丰富的信息获取渠道,识别不同信息源的实用性和易用程度,较早发现并接触新的信息获取路径,进而拥有更大的话语权,成为新市民中的"意见领袖"。[①] 而提供多元化的新市民参与机会、激发新市民中"意见领袖"参与信息服务治理的积极性、助推新市民参与新市民信息服务治理,不仅可以有效推动新市民参与服务治理的层级由当前的假性参与或象征性参与迈向实质性参与,调动新市民成为城市问题的决策者,还可以为新市民信息服务治理增加更多活力和力量。但是,值得注意的是,在助推新市民参与的过程中,也要防范参与的无序化、无组织化、低质化(或劣质化),提升新市民参与所能产生的效能,防止出现参与后产生更大混乱和恐慌的局面。

8.4 新市民信息服务治理的工作机制

新市民信息服务治理的工作机制涉及新市民信息服务治理中社会环境资源、数据资源、人才资源、基础设施等内容,主要由治理目标、治理方案、治理内容组成。

8.4.1 治理目标

新市民信息服务治理工作的出发点是为新市民信息服务建设和可持续发展提供保障。结合新市民信息服务的特性以及国内现有的新市民信息服务治理实践经验,新市民信息服务治理的根本目标在于保障治理单元内的新市民可以公平有效地获取服务。而实现这一目标的关键在于,构建一个紧密耦合、纵横交错、内合外联的多元协同服务网络。在横向上,努力实现新市民信息服务管理、人才、标准、资源、技术等多方面的大协同,推动新市民信息服务效益最大化;在纵向上,积极推进国家支持、责任机构各司其职、社会力量广泛参与的大贯通,促进新市民信息服务向高质量发展。

[①] 陶建杰.新生代农民工信息渠道使用意愿的影响因素研究[J].南京农业大学学报(社会科学版),2013,13(2):11-18.

8.4.2 治理方案

新市民信息服务治理工作的实施成效,与负责建设的机构、划拨经费的机构以及新市民信息服务治理内容、治理范围、工作方式以及运行情况密切相关。负责建设的机构与划拨经费的机构关系着新市民信息服务治理工作是否可以持续进行,实现可持续发展;新市民信息服务治理内容与范围是新市民信息服务治理的效能能否发挥作用的关键;工作方式及运行情况是否遵循一定的规范、标准、原则及政策,则关系到新市民信息服务治理是否具备实效性。而对这些林林总总的问题进行统筹规划的前提,是制定一套完整的新市民信息服务治理方案:设定新市民信息服务治理的短期目标、中期目标与长期目标;对开展新市民信息服务治理工作的经费支持提前做出合理预算;确立新市民信息服务治理在治理主体日常工作中的地位,使之成为治理主体日常工作的一部分;明确相关人员或组织的职责;建立新市民信息服务治理的考核与评估机制;明确新市民信息服务治理内容和范围;设置国家及地方的新市民信息服务治理规则和标准;规定各类治理主体的治理权限等。

8.4.3 治理内容

从我国新市民信息服务发展的历史脉络看,新市民信息服务事业经历了三个时期:混乱、自发、无序萌芽时期;公众对市场的边界以及对新市民信息服务事业的职能认识模糊时期;明确区分新市民信息服务产业和新市民信息服务事业的二元发展格局时期。新市民信息服务主体的多元性以及新市民信息服务内容的多样性,决定了新市民信息服务治理内容的多样性。新市民信息服务产业和新市民信息服务事业发展格局的划分,使我国新市民信息服务的治理内容变得明确。

尽管新市民信息服务事业与新市民信息服务产业存在差异,但在新市民信息服务建设与发展实践中,二者存在着密切的关系。新市民信息服务事业包含新市民信息服务产业成分,新市民信息服务产业中也渗透着新市民信息服务事业因素。城镇公共信息服务资源本为公共物品,主要由政府管理,因市场经济发展和社会进步,部分信息服务资源因公众消费习惯的养成而逐渐市场化。因此,在新市民信息服务治理中,不能孤立看待新市民信息服务事业与新市民信息服务产业。伴随我国新型城镇化的推进,新市民的信息服务需求与消费水平逐渐提升,之前的新市民信息服务产业部分因为已经广为普及,变为公众平等享有的社会基本信息服务内容,成为新市民信息服务事业部分。而新市民信息服务事业部分也会因少数新市民需求而市场化,变为新市民信息服务产业部分,二者界限处于动态调整中,并非一成不变。此外,新市民信息服务治理主体的多元化,使得新市民信息服务表现形态和新市民信息服务产品不断丰富。在此背景下,新市民信息服务事业包括哪些内容,新市民信息服务产业又包括哪些内容,其判断标准需要根据现实情况不断调整。

8.5 新市民信息服务治理的保障机制

新市民信息服务治理的保障机制是指通过制定关于人员、版权、资金等方面的政策制度以及法律法规,确保新市民信息服务治理工作可以有效进行的一种促进机制。

8.5.1 加强新市民信息服务治理制度建设

近年来,在新型城镇化与信息化深度融合发展的背景下,我国城镇信息化制度与城镇公共服务制度建设取得了较大进步(详见第四章),为新市民信息服务治理提供了有力的制度支持。但是,在实际工作中,仍有一些问题是城镇信息化制度与城镇公共服务制度无法解决的,如新市民信息服务供给主体利益冲突的协调,因此加强新市民信息服务治理制度建设必要而迫切。

新型城镇化的本质是人的城镇化,坚持人本思想是加强新市民信息服务治理制度建设应坚持的基本态度和根本立场。以人为本的新市民信息服务治理制度的建设,不仅基于新市民的视角要考虑到新市民个体信息能力差异、文化适应性差异,还要协调新市民信息服务治理制度普适性与针对性间的关系,消除城乡间和地域间的行政藩篱对于新市民信息服务健康发展的障碍。

8.5.2 完善新市民信息服务治理的法律法规

无规矩不成方圆,新市民信息服务治理工作的开展,离不开相关政策制度的引导与法律法规的规制。一个完善的法律政策体系将为新市民信息服务治理工作的可持续开展提供坚实的后盾。新市民信息服务治理过程中将涉及一系列不可避免的法律问题,如信息资源版权问题、信息服务知识产权问题、信息服务用户隐私权问题等。当前我国对于新市民信息服务治理法制化仍在摸索中,对相应的法律法规问题的关注较少。因此,在开展新市民信息服务治理工作过程中,需要逐步完备各项法律制度,以法律的形式,明确新市民信息服务治理中各机构的责任和义务,确定新市民信息服务治理的奖惩机制。与此同时,还需以法律法规的形式落实新市民信息服务治理的经费保障、资源协调、人才管理的具体规则,将可持续发展理念嵌入新市民信息服务治理的法律法规,推进新市民信息服务治理工作稳定持续进行。

附 录

附录1 访谈提纲

一、访谈基本信息

访谈时间：
访谈地点：
访谈目的：了解新型城镇化进程中新市民的信息行为模式。

二、访谈对象基本情况

性别：
年龄：
文化程度：
职业：
所在区域：
流动目的：
流动类型：
初始户口（农、城）：
在当地居住时间：
是否落户：
收入水平：
语言水平：

三、访谈开场白

您好,我是南京大学 2016 级图书情报与档案管理的博士研究生,目前在做关于新型城镇化进程中新市民信息行为模式的论文。我将耽误您 60 分钟左右的宝贵时间完成这个访谈,希望可以得到您的支持。本次访谈主要通过半结构化的问答形式进行,访谈内容会严格保密!为保证访谈的有效性,请真实地回答每个问题,如有疑问,可随时停止。下面,我们就开始吧!

信息无处不在,常见的信息包括医疗/健康/卫生/养生信息;子女教育信息;与自身教育相关的信息;就业/劳务/技能培训信息;行业发展动态;新闻资讯;落户信息;财务信息;住房信息;购物信息;交通信息;天气信息;休闲娱乐信息;政府政策信息;军事信息;专业相关信息;游戏相关信息;社交信息(如朋友生小孩、亲戚结婚等);宗教信息(如佛教故事、圣经故事等);法律/维权信息(如讨薪、维权、劳动保障、劳动安全等);文化活动信息(如电影预告、读书会通知等);其他。

四、访谈内容

1. 到这个城市后,您所需要的信息类型有变化吗(如果有,请说明前后分别需要的信息类型,如果没有,只需要说明所需要的信息类型)?为什么需要这些信息?

2. 从哪里以及怎么获得这些信息呢?最喜欢哪种方法?为什么?

3. 遇到问题时到哪里寻求信息呢?

4. 在查找信息的时候遇到过什么障碍吗?

5. 找到信息之后会和其他人交流或是分享吗?

五、访谈总结

对访谈内容进行梳理总结,形成访谈小结,并请求受访者确认。

六、访谈结束语

再次感谢您的配合,祝您生活愉快!

附录2　正式调查问卷

新市民信息行为偏好调查

尊敬的先生/女士：

您好！本次调查旨在了解新市民在市民化过程中的信息需求、信息查询行为、信息采纳行为、信息分享行为偏好。根据《中华人民共和国统计法》规定，"属于私人、家庭的单项调查资料，非本人同意，不得泄露"。因此，本问卷仅用于学术研究，您提供的信息我们一定会保密处理，且匿名填写不涉及个人隐私。本问卷将花费您5—10分钟时间。

您的参与对本研究的成功有很大帮助，恳请您的支持，谢谢！

注：

信息时代，信息无处不在，城市生活中常见的信息包括医疗健康、新闻资讯、天气交通、住房落户、购物消费、自身教育、子女教育、行业发展、求学就业、技能培训、休闲娱乐、劳动保障、文化活动等。

南京大学信息管理学院

2018年10月

一、信息行为偏好

本部分是关于您信息行为偏好的调查。请在您感觉最贴切的选项前打"√"。

1. 您最常查找的信息类型是［多选题］*

   □ 就业与职业技能培训　　□ 社会福利与保障

   □ 医疗健康　　　　　　　□ 自身教育与子女教育

   □ 科技与文化　　　　　　□ 住房与交通

   □ 政府政策　　　　　　　□ 休闲娱乐

   □ 经济收入与消费支出　　□ 法律法规与规章制度

   □ 农业与农村　　　　　　□ 时事新闻

☐ 政治参与　　　　　　　　☐ 社会交往与家庭关系
☐ 其他 _____

2. 您查找信息主要是为了 [多选题] *
☐ 满足个人兴趣爱好　　　　☐ 满足工作需求
☐ 提高生活质量　　　　　　☐ 促进个人发展
☐ 习惯性行为　　　　　　　☐ 无聊，打发时间
☐ 获取新闻，了解外界情况　☐ 了解亲友近况
☐ 了解周围环境与事物　　　☐ 解决日常生活中遇到的实际问题
☐ 没有什么目的，偶然间知道的　☐ 其他 _____

3. 对您来说，最主要的信息查找途径是 [多选题] *
☐ 家人与亲戚　　　　　　　☐ 朋友
☐ 街坊邻里　　　　　　　　☐ 老乡
☐ 各种网站　　　　　　　　☐ 手机 APP
☐ 手机电信业务　　　　　　☐ 广播电视
☐ 报刊书籍　　　　　　　　☐ 政府机构与专业人士
☐ 公共文化机构　　　　　　☐ 各种中介机构
☐ 学校与培训机构　　　　　☐ 民间组织
☐ 其他 _____

4. 您最常用的信息查找方法是 [多选题] *
☐ 面对面交谈　　　　　　　☐ 工作单位或学校通知
☐ 即时通信　　　　　　　　☐ 看电视
☐ 听广播　　　　　　　　　☐ 使用手机上网搜索或浏览网页
☐ 使用电脑上网搜索或浏览网页　☐ 阅读报刊书籍
☐ 参加活动或与一起参加活动的人闲谈　☐ 通过他人帮助
☐ 遛弯或闲逛　　　　　　　☐ 其他 _____

5. 您与他人交流最常去的地方是 [多选题] *
☐ 自己家或是熟人家　　　　☐ 饭店
☐ 医院　　　　　　　　　　☐ 网络论坛
☐ 社交群组　　　　　　　　☐ 微信公众号、朋友圈；微博；QQ空间
☐ 小区　　　　　　　　　　☐ 信息中介

☐ 学校与培训场所　　　　☐ 工作单位
☐ 政府办公场所　　　　　☐ 宗教场所
☐ 休闲娱乐场所　　　　　☐ 公共文化场所
☐ 其他 _____

6. 您为什么会选择这些地方？［多选题］*
☐ 比较舒服自在　　☐ 比较安全　　　　☐ 比较可信
☐ 比较熟悉　　　　☐ 比较方便　　　　☐ 比较友好
☐ 节省时间　　　　☐ 不受时间限制

7. 您在查找信息过程中遇到了哪些障碍？［多选题］*
☐ 语言障碍　　　　　　☐ 难以区分真假　　☐ 没有相关信息
☐ 不知道怎么表达出来　☐ 信息太多,无从下手　☐ 没有准确的信息
☐ 不会上网　　　　　　☐ 其他 _____

8. 您主要通过哪种方式与他人分享信息？［多选题］*
☐ 网络转发　　　　☐ 主动告诉需要的人　☐ 别人问时才回答
☐ 聊天提及　　　　☐ 其他 _____

二、城市融合度

本部分是关于您与当前居住城市融合程度的调查。请结合您的实际情况,在您认为最合适的选项前打"√"。

9. 您的收入在本地处于什么水平？［单选题］*
☐ 低收入　　　　☐ 中低收入　　　　☐ 中等收入
☐ 中高收入　　　☐ 高收入

10. 您最经常联络的五个人现在主要住在［单选题］*
☐ 老家　　　　　☐ 现在所在城市　　　☐ 其他城市

11. 您会说或听得懂本地方言吗？［单选题］*
☐ 会说　　　　　☐ 大部分能听懂　　　☐ 小部分能听懂
☐ 基本听不懂　　☐ 完全听不懂

12. 您以后打算［单选题］*
☐ 返回老家　　　　　　　　　☐ 暂无考虑,不好说
☐ 户口在老家,维持现状　　　☐ 本市定居
☐ 去其他城市,不含老家

三、基本情况

请在您认为最贴近您自身情况的选项前打"√"

13. 您的性别 [单选题] *

☐ 男　　　　　　　　☐ 女

14. 您的年龄 [单选题] *

☐ 19 岁及以下　　　☐ 20—29 岁　　　☐ 30—39 岁

☐ 40—49 岁　　　　☐ 50 岁及以上

15. 您的文化程度 [单选题] *

☐ 初中及以下　　　☐ 高中或中专　　　☐ 大专

☐ 本科或专升本　　☐ 研究生（硕士及以上）

16. 您现在所在地 [单选题] *

☐ 安徽　　☐ 北京　　☐ 重庆　　☐ 福建　　☐ 甘肃

☐ 广东　　☐ 广西　　☐ 贵州　　☐ 海南　　☐ 河北

☐ 黑龙江　☐ 河南　　☐ 香港　　☐ 湖北　　☐ 湖南

☐ 江苏　　☐ 江西　　☐ 吉林　　☐ 辽宁　　☐ 澳门

☐ 内蒙古　☐ 宁夏　　☐ 青海　　☐ 山东　　☐ 上海

☐ 山西　　☐ 陕西　　☐ 四川　　☐ 台湾　　☐ 天津

☐ 新疆　　☐ 西藏　　☐ 云南　　☐ 浙江　　☐ 海外

17. 最初为什么来这个城市？[单选题] *

☐ 投靠亲属　　　☐ 就业　　☐ 上学　　☐ 拆迁安置（含回迁）

☐ 随迁（随着父母、配偶、子女）　　☐ 人才引进　　☐ 工作调动

18. 您来这个城市多久了？[单选题] *

☐ 1 年以内　　　　　　☐ 1—5 年（含 5 年）

☐ 6—10 年（含 10 年）　☐ 11—15 年（含 15 年）

☐ 16 年及以上

19. 您出生在什么地方？[单选题] *

☐ 农村　　　　　　☐ 城市

20. 您的婚姻状况 [单选题] *

☐ 有配偶　　　　　☐ 无配偶

21. 您有孩子吗？[单选题] *

☐ 有 ☐ 无

22. 您当前的职业是什么？[单选题]*

☐ 事业单位人员 ☐ 政府公务员 ☐ 企业/公司人员

☐ 离退休人员 ☐ 个体户/自由职业者 ☐ 打工人员

☐ 学生 ☐ 其他 _____

23. 您的专业技术职务等级是[单选题]*

☐ 正高级 ☐ 副高级 ☐ 中级

☐ 初级 ☐ 无

24. 您2018年的月平均收入？[单选题]*

☐ 1000元以下 ☐ 1000—2000元 ☐ 2000—3000元

☐ 3000—5000元 ☐ 5000—8000元 ☐ 8000元以上

25. 您对本次调查的想法、建议以及其他认为需要补充的重要信息。

[填空题]

_____

附录3 正式调查问卷

新市民信息服务采纳行为调查

尊敬的先生/女士：

您好！本次调查旨在了解新市民在市民化过程中的信息服务采纳行为影响因素，以及与当前所在城市的融合度等。根据《中华人民共和国统计法》规定，"属于私人、家庭的单项调查资料，非本人同意，不得泄露"。因此，本问卷仅用于学术研究，您提供的信息我们一定会做保密处理，且匿名填写不涉及个人隐私。本问卷将花费您5—10分钟时间。

您的参与对本研究的成功有很大帮助，恳请您的支持，谢谢！

注：城市生活中，常见的信息服务包括健康信息服务、新闻资讯服务、政务信息服务等。

南京大学信息管理学院
2020年10月

一、信息服务采纳行为

本部分是关于您信息服务采纳行为的调查。请在您感觉最贴切的选项前打"√"。

1 非常不同意　2 不同意　3 不确定　4 同意　5 非常同意

1. 对您来说信息服务容易使用的程度［矩阵量表题］*

	1	2	3	4	5
信息服务内容是容易理解的。					
信息服务使用障碍很少。					
信息服务是容易采用的。					

2. 对您来说信息服务的有用程度［矩阵量表题］*

	1	2	3	4	5
使用信息服务可以获得有用信息。					
使用信息服务可以丰富生活。					
使用信息服务对我来说是有意义的。					

3. 对您来说信息服务的可信程度［矩阵量表题］*

	1	2	3	4	5
我对信息服务是满意的。					
我对信息服务是信任的。					
我对信息服务是持肯定态度的。					

4. 您对信息服务的使用意愿［矩阵量表题］*

	1	2	3	4	5
我愿意使用信息服务。					
我愿意继续使用信息服务。					
我愿意多了解一些信息服务。					

二、信息素养

本部分是关于您信息素养的调查。请在您感觉最贴切的选项前打"√"。

1 非常不同意　2 不同意　3 不确定　4 同意　5 非常同意

5. 信息意识［矩阵量表题］*

	1	2	3	4	5
我喜欢学习新事物。					
在网络上找到自己需要的信息是一项重要技能。					
信息有助于我更快适应新环境。					
获取信息对我个人发展有好处。					

6. 信息能力［矩阵量表题］*

	1	2	3	4	5
我能找到自己想要的信息。					
我能利用信息解决问题。					
我愿意与他人分享交流信息。					

三、信息服务环境

本部分是关于您所处信息服务环境的调查。请在您感觉最贴切的选项前打"√"。

1 非常不同意　2 不同意　3 不确定　4 同意　5 非常同意

7. 信息服务环境特征［矩阵量表题］*

	1	2	3	4	5
我周围大多数人用智能手机。					
我经常待的地方有数字电视。					
我经常待的地方有 wifi。					
我经常待的地方附近大部分店家接受微信或支付宝支付。					
我经常待的地方附近有很多服务机构。					

四、文化适应

本部分是关于您对所在城市文化适应程度的调查。请在您感觉最贴切的选项前打"√"。

1 非常不同意　2 不同意　3 不确定　4 同意　5 非常同意

8. 分离型［矩阵量表题］*

	1	2	3	4	5
我更适应老家生活,感觉还是老家好。					
我坚持在老家的生活方式。					
本地人歧视我们。					
在本地,我感觉自己是"二等公民"。					
年轻时在本地多赚点儿钱,年纪大了就回老家。					

9. 弥散型[矩阵量表题]*

	1	2	3	4	5
我想到现实中的困难就烦。					
有时候,我感觉周围人都排斥我。					
本地人和外地人各做各的,缺乏沟通。					
要想找本地人结婚,很难。					
我感觉与周围人打交道很困难。					

10. 同化型[矩阵量表题]*

	1	2	3	4	5
已经习惯用普通话与人交流。					
我觉得和本地人打交道,比和老家人打交道更轻松。					
在本地待着更习惯。					
我的下一代以后应该会留在本地。					

11. 整合型[矩阵量表题]*

	1	2	3	4	5
只要积极努力,我能适应本地生活。					
本地居民很友善,我们能彼此尊重。					
本地的教育和医疗条件比老家的好。					
我愿意为本地的发展做出自己的贡献。					

五、信息服务内容特征

本部分是关于信息服务内容不同特征对您的重要性的调查。请在您感觉最贴切的选项前打"√"。

1 非常不同意 2 不同意 3 不确定 4 同意 5 非常同意

12. 信息服务内容特征[矩阵量表题]*

	1	2	3	4	5
我认为信息服务内容真实很重要。					
我认为信息服务内容准确很重要。					
我认为信息服务内容实用很重要。					
我认为信息服务内容可靠很重要。					
我认为信息服务内容容易用很重要。					

六、城市融合度

本部分是关于您与当前居住城市融合程度的调查。请结合您的实际情况，在您认为最合适的选项前打"√"。

13. 您的收入在本地处于什么水平？［单选题］*
    □ 低收入　　　　□ 中低收入　　　　□ 中等收入
    □ 中高收入　　　□ 高收入

14. 您最经常联络的五个人现在主要住在［单选题］*
    □ 老家　　　　　□ 现在所在城市　　□ 其他城市

15. 您会说或听得懂本地方言吗？［单选题］*
    □ 会说　　　　　□ 大部分能听懂　　□ 小部分能听懂
    □ 基本听不懂　　□ 完全听不懂

16. 您以后打算［单选题］*
    □ 返回老家　　　□ 暂无考虑，不好说　□ 户口在老家，维持现状
    □ 本市定居　　　□ 去其他城市，不含老家

七、基本情况

请在您认为最贴近您自身情况的选项前打"√"。

17. 您的性别［单选题］*
    □ 男　　　　　　□ 女

18. 您的年龄［单选题］*
    □ 19 岁及以下　　□ 20—29 岁　　　　□ 30—39 岁
    □ 40—49 岁　　　□ 50 岁及以上

19. 您的文化程度［单选题］*
    □ 初中及以下　　□ 高中或中专　　　□ 大专

☐ 本科或专升本　　　　　☐ 研究生（硕士及以上）

20. 您现在所在地［单选题］*

☐ 安徽　　☐ 北京　　☐ 重庆　　☐ 福建　　☐ 甘肃
☐ 广东　　☐ 广西　　☐ 贵州　　☐ 海南　　☐ 河北
☐ 黑龙江　☐ 河南　　☐ 香港　　☐ 湖北　　☐ 湖南
☐ 江苏　　☐ 江西　　☐ 吉林　　☐ 辽宁　　☐ 澳门
☐ 内蒙古　☐ 宁夏　　☐ 青海　　☐ 山东　　☐ 上海
☐ 山西　　☐ 陕西　　☐ 四川　　☐ 台湾　　☐ 天津
☐ 新疆　　☐ 西藏　　☐ 云南　　☐ 浙江　　☐ 海外

21. 最初为什么来这个城市？［单选题］*

☐ 投靠亲属　　☐ 就业　　☐ 上学　　☐ 拆迁安置（含回迁）
☐ 随迁（随着父母、配偶、子女）　☐ 人才引进　　☐ 工作调动

22. 您来这个城市多久了？［单选题］*

☐ 1 年以内　　　　　　☐ 1—5 年（含 5 年）
☐ 6—10 年（含 10 年）　☐ 11—15 年（含 15 年）
☐ 16 年及以上

23. 您出生在什么地方？［单选题］*

☐ 农村　　　　　　　　☐ 城市

24. 您的婚姻状况［单选题］*

☐ 有配偶　　　　　　　☐ 无配偶

25. 您有孩子吗？［单选题］*

☐ 有　　　　　　　　　☐ 无

26. 您当前的职业是什么？［单选题］*

☐ 事业单位人员　　☐ 政府公务员　　　　☐ 企业/公司人员
☐ 离退休人员　　　☐ 个体户/自由职业者　☐ 打工人员
☐ 学生　　　　　　☐ 其他 _____

27. 您的专业技术职务等级是［单选题］*

☐ 正高级　　　　　☐ 副高级　　　　　　☐ 中级
☐ 初级　　　　　　☐ 无

28. 您 2020 年的月平均收入？［单选题］*

☐ 1000 元以下　　　☐ 1000—2000 元　　　☐ 2000—3000 元
☐ 3000—5000 元　　☐ 5000—8000 元　　　☐ 8000 元以上

29. 您对本次调查的想法、建议以及其他认为需要补充的重要信息。

[填空题]_____